公文類纂研讀班」之推廣活動。

為了使相關學術論述能更為普及，以便能有更多讀者分享臺灣史和海洋史的研究成果，本基金會決定借重遠流出版公司專業的編輯、發行能力，雙方共同合作，出版【臺灣史與海洋史】系列書籍。每年度暫訂出版符合基金會宗旨之著作二至三冊，除了國內的學術研究成果之外，也支持翻譯出版外文學術著作或相關史料。本系列書籍於2005年以許佩賢副教授之《殖民地臺灣的近代學校》，與陳國棟教授之《臺灣的山海經驗》、《東亞海域一千年》為首；2007年翻譯出版歐陽泰教授（Tonio Andrade）所著的《福爾摩沙如何變成臺灣府？》。同年又出版林玉茹研究員所著《殖民地的邊區：東臺灣的政治經濟發展》。2008年出版陳翠蓮教授《臺灣人的抵抗與認同：1920-1950》及林正慧博士《六堆客家與清代屏東平原》。2010年出版黃紹恆教授《臺灣經濟史中的臺灣總督府》。2011年出版洪紹洋博士《近代臺灣造船業的技術轉移與學習》及曹永和院士手稿重編復刻本《近世臺灣鹿皮貿易考──青年曹永和的學術啟航》。2012年翻譯出版《利邦上尉東印度航海歷險記──一位傭兵的日誌(1617-1627)》。2013年出版葉淑貞教授《臺灣日治時代的租佃制度》。2015年出版許紫芬教授《近代中國商人的經營與帳簿──長崎華商經營史的研究》。2016年出版朱德蘭研究員《臺灣沖繩交流史論集》，以及東台灣研究會夏黎明教授與林慧珍執行長編著的《編織花東新想像──十四個地方創新發展的故事》，出版成果可謂豐碩。

冀盼【臺灣史與海洋史】系列書籍之出版，得以促使臺灣史與海洋史的研究更加蓬勃發展，並能借重遠流出版公司將此類研究成果推廣普及，豐富大眾的歷史認識。

目　錄

推薦序

故鄉、故人、故事
新思維、新價值、新想像

黃宣衛

（中央研究院民族學研究所 研究員）

　　出生在秀姑巒溪畔的玉里鄉下，及長，又負笈南勢平原上的花蓮，一直到高中畢業到臺北唸書之前，中央山脈與太平洋之間便是我成長過程中主要的活動範圍。離開學校就業之後，長期居住在臺北，但東臺灣卻始終是念茲在茲的故鄉。

　　因為這樣的故鄉情結，我的人類學研究以東臺灣為主要場域，也因此結識了夏黎明教授。記得是1995年間吧，在夏老師居間牽線下，我有機會負責臺東縣史阿美族篇的編纂，也從此跟他一手創辦的東台灣研究會結下不解之緣。屈指算來，與夏老師相識至今，已經整整二十年了。

　　這本書是夏老師生前戮力進行的計畫之一，很可惜他沒有機會看到這個計畫的最後成果。由於我從2012年2月初借調到東華大學任職，也參與科技部人文創新與社會實踐計畫，所以跟夏老師退休後的研究

興趣高度重疊，也有許多機會和他討論書中的案例故事。如今細讀書中內容，百感交集。

東臺灣的未來發展何去何從？相信這是許多人共同感興趣的課題。夏老師在本書的扉頁中以「花東列車駛向何方」，表達了他對這個課題的高度關切。事實上，他於2010年夏天從臺東大學退休，2011年便因花東條例通過，積極籌組「花東公民論壇」，以實際行動投身於東臺灣的區域發展。這本書是他關心東臺灣未來發展的一個環節。

本書作者林慧珍小姐畢業自花蓮國立東華大學中文系，其後又遠赴德國萊比錫（Leipzig）大學與波蘭弗羅茲瓦夫（Wroclaw）大學取得全球化研究碩士，2013年起加入夏老師主持的東台灣研究會，在花東兩縣執行數項研究計畫，包括本書的調查研究在內。由於有這樣的背景，林小姐對東臺灣有相當深刻的了解，也熟悉全球在地化的相關議題，又親炙夏老師多年，是繼承夏老師遺願完成此書的最佳人選。而且中文系的訓練使其文筆流暢，增添了本書的可讀性。

由於地理條件與歷史發展等因素的交錯作用，長期以來，東臺灣在財政上高度依賴中央政府，地方自主治理的權力與能力不足；也缺乏發達資本主義國家的左派勞工與中產階級，公民社會能量薄弱；傳統社群在殖民歷程中逐漸崩解；加上青壯人口大量移出；這些現象都是東臺灣在發展上必須面對的課題。

這本書提出差異化的論點，亦即主張勇於面對花東的現況，設法將以前認為的發展劣勢轉為優勢，創造一個嶄新的地方。書中選擇的

十四個案例，都具有社會創新的意涵，而且展現出很不一樣的思維與價值，提供了對東臺灣未來發展的新想像。若這樣的趨勢持續擴大，成為主導花東發展的主流思潮，則原本被視為偏遠、落後的「後山」也可能變成「前山」，變成整個臺灣未來發展的領頭羊。身為花東子弟，衷心期盼這一天的來臨！相信這也是夏老師的最大遺願吧！

推薦序

根蒂在手，行止在我
編織花東新想像

鄭漢文

（臺東縣延平鄉桃源國小校長、東台灣研究會董事長）

　　花東縱谷本是以原住民作為主體的傳統社會，隨著歷史的變遷，一次次雙向性的移動與遷徙——集團移住與外部移民，不但改變了原有的社會結構，也帶出了當下多元異質鏈接的社會環境。在這同時，人對土地的認同和人際間對應的關係，經常徘徊於逃離與定著之間，這讓無根的苦難超越了歷史化的困境；而困境的部署，卻也讓這裡的人民，在荒蕪的年代栽種出新的希望，一如以臺灣為散布中心的五節芒，在最貧瘠的土地展現最堅強的生命力。

　　布農族稱五節芒為padan，隱含著「引路的人」之意。2013年東華大學人社一館的【文化沙龍】，夏黎明以〈社會創新，行動研究，與面對全球化下的花東發展〉為題開講，開啟了當代東臺灣發展的雙重性：整合與區隔／政府與民間對話的扉頁。這個思維隨著小英基金會的贊助，本著議題之一的〈根著與超越：一些個案分析〉，一路帶著研究人員在花東縱谷上來回穿梭。三年多來超過廿個點的田野採訪與

研究，著實看見地方作為行動主體的力量，在部落、在農業、在生計上，各自以適切的方式，展現不同的契機。

《編織花東新想像——十四個地方創新發展的故事》的出版，呈現了新社會如何在偏鄉角落成形，也引發了邊陲的地方意識如何作為中心決策的再思考，其同時也提供了在地根性與全球普性對於生命價值的重新認定。可惜也可喜的是：「文本誕生，作者已死」；第一作者雖然無緣看見撒下的酵母已化成菌絲的擴展，讓人與物的本質產生根本性的轉變；然而，作品本身在完成的當下，已經給出了自身的生命意義，同時也給出了作者的精神價值。

展望未來的階段，東台灣研究會除了關注縱谷力量的持續散發外，也將關注太平洋濱、離島或山巔等空間不斷積蓄的力量。相信不久的將來，每一個地方的故事，會像成串的根莖一般，以聯繫性、異質性和非預期性的多元生成，豐厚這塊土地的子民，點亮東臺灣的幽暗角落。

最後，藉著序文的一角，以最誠摯的心，感謝慧珍在夏老離世後，毅然的完成本書的編撰；同時也感謝中研院黃宣衛、林玉茹，以及曹昌平、趙川明、李玉芬、陳文德、陳鴻圖和夏老遺孀淑玲等多位老師的指導與校稿；最最要感謝的是東臺灣叢書及期刊的付梓，多年來承蒙曹永和基金會的鼎力襄助，才得以讓持續在臺灣東南邊陲進行人文與地理、空間與歷史的研究成果，一一的擺上作為彼此心靈交通的文化饗宴。

十四個地方創新發展故事列表

發展類型	編號	個案名稱	受訪人	受訪時間	受訪地點	訪談人
農業產銷新模式	1	走進加納納：一個花東部落合作農場的茁壯	顏嘉成	2013/3/12	東華大學社會參與研究中心	夏黎明、許珊瑜
			黃正宏	2013/3/13	迦納納部落發展協會	夏黎明、許珊瑜
	2	大王菜舖子：一個社群支持型農業的微型社會企業	王福裕	2013/3/13	大王菜舖子	夏黎明、許珊瑜
	3	花蓮好事集：搭建生活想像的平臺	吳其瑢	2013/11/21	花蓮好事集	夏黎明、洪翠苹
	4	夏耘農莊：在鹿野扎根茁壯的秀明自然農法社群	林義隆	2013/5/31	夏耘自然生活農莊	夏黎明、林明玉
部落文化與產業自主發展	5	奇美有夢：一個海岸山脈阿美部落的十年耕耘	吳明季	2013/3/12	奇美文物館	夏黎明、許珊瑜
	6	拉勞蘭小米工坊：以文化復振為核心的部落產業創新	戴明雄	2014/10/21	拉勞蘭教會	夏黎明、林慧珍、Saiviq Kisasa
			利曉鳳	2014/10/21	拉勞蘭小米工坊	夏黎明、林慧珍、Saiviq Kisasa
	7	鸞山森林博物館：從街頭到家園，堅守部落的自主	阿力曼	2013/11/18	鸞山森林博物館	夏黎明、洪翠苹
	8	巴喜告經驗：追求學校部落同步成長的原住民教育模式	鄭漢文	2013/10/28	延平鄉桃源國小	夏黎明、洪翠苹

發展類型	編號	個案名稱	受訪人	受訪時間	受訪地點	訪談人
扭轉偏鄉弱勢結構的公益自立模式	9	五味屋：發展偏鄉教育契機的社會企業模式	顧瑜君	2014/3/22	豐田五味屋	夏黎明、林慧珍
	10	向陽薪傳木工坊：兼具公益與營利的部落產業可能性	孫瑞隆	2013/10/16	多良向陽薪傳木工坊	夏黎明、洪翠苹
			陳秀如	2016/10/14	電話訪問	林慧珍
花東生活新價值的可能性	11	O'rip生活旅人：筆觸下的花蓮生活新關懷	王玉萍	2014/4/19	璞石咖啡館	夏黎明、林慧珍
			黃啟瑞	2015/2/15	O'rip生活旅人工作室	林慧珍
			蘇素敏	2015/10/26	花蓮日日×繭果子	林慧珍
			陳亞平	2015/10/26	電話訪問	林慧珍
	12	法采時光：傳遞花蓮生活新價值的傳教士	賴冠羽	2013/12/24	法采時光民宿	夏黎明、洪翠苹
	13	藍色日出：一份早餐裡的創新與堅持	江英煜	2013/11/20	藍色日出早餐店	夏黎明、洪翠苹
	14	黑潮海洋文教基金會：以海為航行座標的行動者	廖鴻基	2013/12/9	黑潮海洋文教基金會	夏黎明、洪翠苹
			賴威任	2013/12/23	黑潮海洋文教基金會	夏黎明、洪翠苹

個案地理位置資訊（花蓮縣）

O'rip生活旅人工作室
花蓮市節約街27號

財團法人黑潮海洋文教基金會
花蓮市中美路81號

秀林鄉　　鳳林鎮

花蓮市

法采時光
花蓮市中華路269號

吉安鄉

花蓮好事集
花蓮市中山路408號旁自由廣場

大王菜舖子
花蓮縣壽豐鄉平和二街8號

壽豐鄉

五味屋
花蓮縣壽豐鄉豐山村站前街34號

萬榮鄉

鳳林鎮

花蓮溪

加納納（Kalala）部落小檔案

加納納部落位於花蓮縣瑞穗鄉舞鶴村，地處舞鶴臺地東北山坳處，東臨秀姑巒溪、北有紅葉溪流經。「加納納」最初由阿美族人聚居而成，歷經多次遷徙而到現址。其阿美語Kalala為籃子之意，形容其所在的盆地地形。部落以阿美族居多，亦有少數客家及閩南人。目前部落除自行成立社區發展協會外，亦設立合作農場，進行綠生農法栽培的咖啡、米與其他作物之生產與銷售。

豐濱鄉

瑞穗鄉

奇美部落

加納納部落合作農場

卓溪鄉

玉里鎮

秀姑巒溪

奇美（Kiwit）部落小檔案

奇美部落位於花蓮縣瑞穗鄉奇美村，地處海岸山脈中。奇美舊稱奇密，為阿美族之發祥地，昔時勢頗強大。地名源自阿美族語，相傳其地「蟹草」（即海金沙）繁茂，阿美族稱蟹草為「奇密Kiwit」，因以名社，1937年日人改譯為奇美。

奇美為一古老部落，具豐富口傳歷史。最早建社的上部落並有一處史前阿美族文化遺址與文物出土。下部落現為奇美村內人口最集中的區域，以原來的Kiwit社阿美族居多，間雜少數漢人。早年交通不便，部落接受現代化與漢化較晚。1980年代因秀姑巒溪泛舟活動興盛，一度使部落成為熱門風景區。2005年部落自行成立文化發展協會，推動部落營造，文化自主意識與權利的建立。

個案地理位置資訊（臺東縣）

巴喜告（Pasikao）部落小檔案

巴喜告部落位於臺東縣延平鄉的桃源村，原稱北絲鬮溪社，是日治時期官方理番政策下所形成的新聚落。北絲鬮之名源於卑南族語「Pasikao」，竹子之意，因北絲鬮溪流域（今鹿野溪）曾為卑南初鹿社的獵場。

日治時期，因內本鹿集團的移住政策，原居內本鹿地區的布農族被陸續遷至日人所規劃的北絲鬮溪社，形成今日的部落，戰後改稱為桃源部落，為延平鄉最大部落。居民以布農族人居多，以鳳梨、梅、水蜜桃等作物為主。

鸞山（Sarasa）部落小檔案

鸞山部落位於臺東縣延平鄉，都蘭山（都巒山）西側，1938年，因內本鹿集團移住政策，被日本當局選作集體移住地之一，將內本鹿地區的布農族移入此區，分上野、中野、下野三個地區管理。布農族人稱鸞山為「Sarasa」，土地肥沃之意。戰後，因其在都巒山下，簡化、訛化為鸞山，並考量其同屬布農族生活領域，而將之劃屬延平鄉，成為該鄉位於海岸山脈的一塊飛地。現居民以布農族為多，以玉米、生薑、梅、李等作物為主。

夏耘農莊
臺東縣鹿野鄉永安村
日卡地部落

巴喜告部落

鸞山森林博物館

海端鄉

鹿野鄉

新武呂溪

成功鄉

延平鄉

鹿野溪

卑南大溪

卑南鄉

台東市

藍色日出Bluesunrise
臺東市洛陽街231號對面

拉勞蘭部落（Lalauran）小檔案

拉勞蘭部落位於臺東縣太麻里鄉香蘭村的新香蘭聚落，在舊香蘭之南，緊鄰南迴公路西側山區。拉勞蘭（Lalauran）為當地排灣族人的自稱，有「肥沃的土地」之意。部落原主要居於大武山脈的香蘭山上（卑南族人稱其為「qalinavet」），後於1937年日本政府將其與舊香蘭的阿美族人遷至新香蘭，形成現在的合居聚落型態。1994年拉勞蘭部落族人開始提倡文化復振與族群認同，相關祭儀、部落組織與協會等籌設，使部落逐步走向自主的道路。

太麻里鄉

知本溪

拉勞蘭小米工坊

金峰鄉

太麻里溪

向陽薪傳木工坊

達仁鄉

瀧部落（Calavig）小檔案

瀧部落位於臺東縣太麻里鄉最南端的多良村，緊鄰南迴公路，多良火車站上方。瀧部落的原名「察臘密Calavig」，源自排灣族語「盾」之音譯，因原部落入口處多盾形巨石而稱，後於1937年在日本化原則下取日語近音，改稱為「瀧」。部落於日治時期從舊社處（南迴公路瀧橋上方高地）被迫遷至下多良，主要集中在區域南端，接近多良國小。居民以排灣族為主，主要種植生薑、小米、洛神等。

花東列車
駛向何方

花東列車，日夜奔馳，是東臺灣的交通大動脈。只是，在臺灣鐵路系統中，花東永遠是最後完成的一段，速度永遠最慢，設備永遠最老舊。

這，是花東的命運？

然而，資本主義邏輯下形成邊陲功能性質的花東，於近年來全球化衝擊下所探尋另一種發展可能性的風潮中，以地方為主體的價值與資源運用，再次被開啟重新審視的可能。

然後，有一群生活在花東的人，試圖翻轉命運，將最遠、最慢、最低、最差，種種區位上的不利因素，發揮充沛的想像力，轉化成為差異化的發展條件。

這群人不但扎根在地，同時又摸索出獨到的策略，帶來新的社會價值，突破在地的困境，逐步實踐其發展想像，驅動花東不斷向前，進而成為東臺灣未來發展上的可能新模式。

夏黎明，2014

全球化與東臺灣當代發展議題

昔日稱為後山的花東地區，自然環境極為特殊，族群分佈差異多元，在其孤立的區位特性下，致使自十七世紀荷蘭時代以來歷代政權介入的力量，甚至治理型態有所不同，形成迥異於西部發展的政經社會與文化的區域特色。然而，東臺灣地區在其發展程度和角色上，與島嶼臺灣進入世界版圖的經貿關係、國際形勢密不可分，連動影響歷代政權針對此區域的特殊性與資源運用，產生了各異的治理思維與政策，也因此造就了東臺灣在當代發展上特有的議題與情勢。

東臺灣：逐步編入全球資本主義
經濟體系的次區域發展

1860年，臺灣開港通商，納入世界貿易圈，東臺灣地區始成為清廷開山撫番與漢人移民拓墾之地，製糖的傳統型產業逐步發展。1895年後，日治臺灣，受當時日本帝國主義影響，作為殖民地的臺灣，逐步發展資本主義系統。而東臺灣，作為一個殖民地的邊區，企業現代化與資本主義化程度明顯晚於西部，殖民政府一度引進日本內地資本和

移民，試圖內地化東臺灣，成效未果。然而1930年代中葉，當世界經濟型態朝向集團經濟發展，以及中日戰爭爆發為應付日本帝國擴張軍需資源的態勢下，東臺灣的區位條件成為帝國產業戰略佈局的重要考量，促使殖民政府積極導入建設和資本，與企業共構下積極推展產業開發計畫，使東部成為軍需熱帶栽培試驗地與重化工業基地，至此整合入日本戰爭經濟架構中。戰後臺灣，以軍備及國家安全為優先策略的1950年代，與資本主義成一陣線。除了美援，並且透過以扶植特定產業、擴大內需為主的進口替代政策下，以農養工，西部遂成為輕工業發展區，東部則被視為邊疆，設立合作農場與兵工墾區，致力於開荒與增產。

1960年代以降，臺灣正式走向開放經濟體制，編入全球資本主義經濟結構中，在發展型國家的架構下，以出口擴張為導向，於1965年成立加工出口區，確立國際分工上的經濟位置。1970年代，因應國際石油危機，臺灣在當局第二次進口替代工業化政策下，發展石化及重化工業為主要產業，替代許多產業所需進口的中間原料。至此，一種階層式的工業生產鏈結構於焉形成。其促進上游部門帶動中下游廠商的發展，也在以削價競爭策略的市場機制前提下，強化對其生產之控制與降低勞力成本。臺灣的產業區位，即受到此生產鏈結構制約，不斷往都市聚集，造就勞力加工密集區與都市化的快速擴張。1970年代以後的臺灣發展，正式由農業社會轉型為工業社會，在全球經濟的競爭中迫使臺灣形構區域政策的不均化；於西部、北部快速工業化和都市

化的過程中，造成農村地區人口、耕地面積的流失，以農業為主的東臺灣地區在不斷被吸出勞動力的情況下逐步被邊緣化，以一種不對稱的形式發展，於島內形成一種內部依賴的發展結構。[1]走向依附西部區域發展的東臺灣地區，明顯表現在交通、人口、財政與文化／地理想像等方面。交通與人口即所謂資源上的依賴，由於產業資源幾乎集中於西部與北部，由東部聯外的交通建設則成為中央最末考量的項目，往往依附於西部交通發展需求而設。同時東部人口也因西部勞動力需求而大量外移。其次，財政上的依賴，由於東部的低度開發，地方政府多依賴中央的財政支持，但建設內容往往非全然適合東部整體區域發展的需要。再者，文化／地理想像上的依賴，當政治經濟與文化產業皆以西部、北部為重心時，區域地理及文化上的差異也連帶造成想像上的不平等，如被視為文化低度發展或次等想像區域。東臺灣地區在這樣的結構發展下，部落與農村經濟型態改變、原住民社會組織與發展面臨衝擊、醫療與教育文化資本不足等議題相應而生。

1980年中期以後至1990年間，因應國際經濟全球化的局勢，按資本主義再結構的邏輯，臺灣經濟結構再度進行工業轉型與產業結構升

---

1. **編註**：以依賴理論視角而論，發展型國家在國際分工位置上，易受全球化經濟體系形成的不對稱發展的依賴性結構所衝擊，影響其國內社會與經濟發展結構的變動與重組。其國家的內部區域往往發展成核心經濟與低度發展等極化不均的狀態，形成區域間發展上的依賴關係。此關係展現在一個地方社會的生存與社會關係的再生產能力，會大部分依賴於和強勢社會間的鏈結。因而一個依附型的社會往往失去其經濟的自主性，以及其社會關係受核心經濟區域的利益支配而經常被改變及塑型。(HSIA, CHEN and Yorgason, 2011)

級,因而推波跨國資本與中小企業外移、勞動國際化擴張,並進一步
市場開放,2001年加入WTO(國際貿易組織)加劇對農業的衝擊。
然而失衡的區域政策僅是更加速城鄉差距兩極化,引發本土勞工、移
民、環境、農業與弱勢族群社會問題等更為強大的後遺症,而東臺灣
在區域產業的生產與消費鏈結上被邊緣化更甚,上述發展問題隨之加
劇,成為臺灣經濟地景中人人稱謂的「偏鄉」。

反思經濟全球化趨勢下地方主體的追尋

1980年末的臺灣,全球新一波新自由主義浪潮風起雲湧,同時也經
歷一波政治解放的年代,國內勞工權益、環境保育、原住民權利等運
動紛紛走上街頭,迫使政府正視國內因應全球化與區域發展政策失能
的問題。面對這幾十年間經濟發展所造成的片斷化社會,與政治民主
化過程中不同政治力量的增長,政府在1990年代提出社區總體營造政
策,試圖由最基層單位的社區營造集體認同,推動公民意識的建立,
企圖要求新的社會重建,進一步塑造國家生命共同體。社區營造等計
畫進而於臺灣各地推行,試圖達到社區參與、地方振興與文化認同等
目標。且不論這近二十年之成效為何,但確實埋下地方認同意識之種
子。然而在產業方面,面對臺灣東部區域發展的長期失衡,1990年政
府所提出「產業東移」政策,將產業開發重點由西部移向東部,卻在
不脫移植西部工業化模式來繁榮地方經濟的邏輯下,僅高耗能之傳統

產業水泥業東移，未見整體性的區域成長。

1990年末至2000年末，政府積極透過修訂東部地區相關的發展計畫，明訂以觀光休憩產業作為發展取向，面對東部環境資源，以適性而永續的治理方針提出發展願景與規劃。時值東臺灣地區發展條件過去因缺乏積極的開發與治理，雖處於公共基礎設施不足、產業與就業機會低迷的狀態，卻也因而保留相對自然乾淨的環境與景觀資源，以及節奏緩慢、豐富多元的人文特質。東臺灣地區的差異化條件，在二十世紀末反思經濟全球化過程中，逐步受到政府及民間的重視，「有機」、「慢活」、「養生休閒」——成為代言新生活的名詞，並特地被導入東部產業發展的規劃中。然而政府以觀光政策作為推動東部產業的主要發展取向，仍憑恃資本主義市場法則的必然性，來解決地方產業低度發展的問題。其企圖透過觀光產業的財團式經營所創造出規模性的勞動需求與商業利潤，作為就業機會與投資環境的提升，在實際操作中著重大型觀光開發的規劃，並將農業發展、交通建設、勞動就業、原住民文化朝觀光市場面向整合推展。顯見東臺灣的區域治理上依然續行其內部依賴結構，相關政策與建設多服務於西部市場及投資環境，是以引入都會資本和目標消費群作為產業發展的主要效益標的。

然而當二十一世紀初跨國企業體與自由市場化更形競爭擴張的同時，資本主義全球化操作下所造就的經濟脆弱體質，以及種種生產與貿易體系的複雜與壟斷、第三世界勞工剝削、食安、環境及消費倫理

等問題日益嚴峻。種種這些激發世界各地的公民團體與草根組織對新自由資本體系的抗議，質疑其將市場化獨大為單一經濟的運作機制，以及國家政策制訂護航市場化的立場。這股反全球化的力量經由世界各地的當地團體、群眾的示威活動與日常的實踐行動來展現，試圖找尋或創造以及實踐除了自由市場運作邏輯外的經濟生活可能性，如抵制性消費、公平貿易、農民市集或交換經濟等。同樣在二十一世紀初的東臺灣，當其民間出現自主意識，揚沸起對蘇花高速公路開發與否的爭議將近十多年，東部地區居民與公民團體對於交通開發與「地方發展和生活」的想像，開始有了不同層面的討論與需求的聲音，事實上也呼應了這波全球化的反動力量，經由爭議與辯論，再度反省東部發展如同全球經濟中被邊緣化的地域，其所面臨的衝擊效應。

全球經濟市場化的擴張與地域性反動力量的角力，顯然涉及國家內部區域發展不均的狀態，也將影響地方經濟社會與權力關係再度重組的可能性。2011年呼應政治風向與地方公民運動要求正視區域發展的呼籲，政府通過與施行「花東地區發展條例」，並於隔年配合完成「花東地區永續發展策略計畫」，此相當程度代表當前國家層級對東臺灣區域治理的基本認知與定位。立法同時，為避免法條與計畫架構在操作上包裹自由市場法則下的開發主義行為，地方民間與公民團體相繼提出條例修正與計畫實施參與權的要求，在條例較為具體的「花東地區發展基金」十年四百億的編列上獲得民間直接對中央的實施方案的提案權。民間於2012年開始自辦公共討論平臺，促成「2022花東

願景公民論壇」的運作，並於2013年由中央通過第一個民間提案：
「推動花東合作事業強化地方產業發展方案」。自此之後，從清代開
山撫番以來由國家支配東臺灣發展的結構，開始產生變化，區域發展
決策模式的建構，宣告具有地方自主意識，公民有機會參與決策的時
代來臨。

與此同時，在這近十幾年間，既根著於在地脈絡，卻又試圖超越在
地局限，具有社會創新意涵的許多嘗試，以各類微型經濟或自主方案
模式，在花東的各個角落發生。無論來自社區營造埋下的地方認同意
識，或者來自全球化反動思潮下另類經濟的追尋與嘗試，皆反映在花
東地區的農業、部落發展、觀光模式、文化復振、教育與社會公益，
以及返鄉與移民築夢的生活價值追尋等面向上，在地個人或團體均不
斷努力尋找自主並可持續發展的各種可能性。這些具有地方自主意識
的動能，及其嘗試自足發展的另類經濟性，深切回應東臺灣特殊的社
經結構發展下所造就的困境與議題，成為區域發展的一種由下而上的
構成，對其整體性的影響，不亞於臺灣其他各地，毋寧為東臺灣的發
展模式帶來一種新的想像。

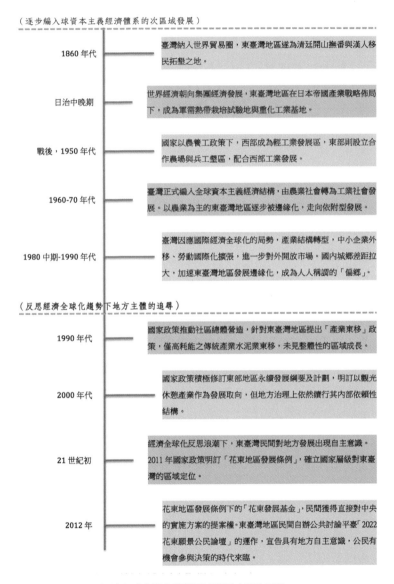

（逐步編入球資本主義經濟體系的次區域發展）

1860 年代　　臺灣納入世界貿易圈，東臺灣地區遂為清廷開山撫番與漢人移民拓墾之地。

日治中晚期　　世界經濟朝向集團經濟發展，東臺灣地區在日本帝國產業戰略佈局下，成為軍需熱帶栽培試驗地與重化工業基地。

戰後，1950 年代　　國家以農養工政策下，西部成為輕工業發展區，東部則設立合作農場與兵工墾區，配合西部工業發展。

1960-70 年代　　臺灣正式編入全球資本主義經濟結構，由農業社會轉為工業社會發展。以農業為主的東臺灣地區逐步被邊緣化，走向依附型發展。

1980 中期-1990 年代　　臺灣因應國際經濟全球化的局勢，產業結構轉型，中小企業外移、勞動國際化擴張，進一步對外開放市場。國內城鄉差距拉大，加速東臺灣地區發展邊緣化，成為人人稱謂的「偏鄉」。

（反思經濟全球化趨勢下地方主體的追尋）

1990 年代　　國家政策推動社區總體營造，針對東臺灣地區提出「產業東移」政策，僅高耗能之傳統產業水泥業東移，未見整體性的區域成長。

2000 年代　　國家政策積極修訂東部地區永續發展綱要及計劃，明訂以觀光休憩產業作為發展取向，但地方治理上依然續行其內部依賴性結構。

21 世紀初　　經濟全球化反思浪潮下，東臺灣民間對地方發展出現自主意識。2011 年國家政策明訂「花東地區發展條例」，確立國家層級對東臺灣的區域定位。

2012 年　　花東地區發展條例下的「花東發展基金」，民間獲得直接對中央的實施方案的提案權。東臺灣地區民間自辦公共討論平臺「2022花東願景公民論壇」的運作，宣告具有地方自主意識，公民有機會參與決策的時代來臨。

經濟全球化與東臺灣區城發展時間軸示意

十四個發展故事的背後
——在地能動與社會創新

在回應過去東臺灣社經結構發展下所造就的議題，以及面對當前更形嚴峻的觀光經濟全球化挑戰方面，許多花東的民間團體或個人，於近年在地經營的努力過程中，以企圖解決問題的創新思考試圖轉化地方限制為優勢，建立自主並可持續的發展模式。

這樣的一個個故事，長則十多年，短則三五年，更有許多尚在起步階段，錯落於東部海岸、縱谷與南迴山區之間，個別甚或交疊地回應著這些重要課題。發展故事的背後所表現的社會創新模式與價值，將逐漸成為驅動地方發展的新動力，並作為東臺灣形塑發展想像的重要參照。

回應花東議題的故事本身及其背後

在上述脈絡下，本計畫工作團隊於2013年至2015年間，以「東臺灣社會創新現象」與「地方返鄉／移居築夢、部落／社區產業更新現況」作為觀察分析之切入視角，挑選和走訪許多不同類型的發展故

事。透過資料蒐集及深入訪談，了解這些在地社會創新類型的理念與
價值及其經營歷程。並藉由分析其個別經驗，梳理出花東發展的局限
性與可能性，及其主要的驅動力。

本書前後共擇定十四個具有明確社會創新意涵的例子，作為分析討
論的經驗材料。這些故事分別對應東臺灣當前四個重要發展課題面
向：「農業產銷新模式的可能」、「部落文化與產業自主發展」、
「扭轉偏鄉弱勢結構的公益自立模式」、「花東生活新價值的可能
性」，依其經營模式重點與發展現象屬性，分述類型如下：

【一】農業產銷新模式的可能

◎花蓮加納納：部落合作農場模式
◎花蓮大王菜舖子：社群支持型農業的微型社會企業
◎花蓮好事集：支持在地好農的通路平臺
◎臺東夏耘農莊：友善土地耕作的秀明自然農法社群

花東農業發展因其區位特性與自然環境等條件關係，過去功能被定
位在支應西部加工業與出口市場的一級產業補給位置。因應此種銷售
模式，物流成本較西部高，當地農民生產成本往往因此受到壓迫，生
存環境相對困難。且因大環境下的擠壓農業政策，農村及部落長期勞
動力人口外流，致使當地缺乏經濟生產競爭力，產業投資與就業機會
低迷。田地荒廢，配合政府休耕補助者所在多有。

近年來相對西部的開發飽和，保留豐富自然資源的花東地區，在政

府投以觀光政策為主要發展取向之下漸漸受到重視，「有機」、「休閒」、「觀光」農業成為當地農業新闢路徑的發展選項之一。民間方面，在環境保護意識的提升、食物安全與生產消費鏈結的反思，以及尋找另一種生活可能性的思潮下，東部逐漸成為一處實踐友善土地耕作、建立公平安全產銷機制的潛力環境。

位在花蓮瑞穗鄉舞鶴臺地的加納納（Kalala）部落，以經營八年的合作農場模式，嘗試將部落農業轉型為友善土地的綠生農法耕作，透過小農入股合作組織聯合產銷的方式直接與消費者互動，形成彈性而平衡的穩定通路，保障農民的生產與銷售權益。值得一提的是，此類產業的操作機制，促進了部落小農生產者功能性角色的轉變，提供青年得以返鄉的就業位置。

而同樣位於花蓮的「大王菜舖子」與「花蓮好事集」，則在這七、八年間分別為在地農業生產者及消費者，建立一種更為直接、合理、友善土地的通路體系。藉由彼此的共同參與，相互影響其生產與購買的行為，逐步在今日食物生產銷售體系中尋求更密切的關係。

相對於花蓮，臺東在支持小農友善土地、多元產銷與農民市集發展方面，尚未出現較為成熟的模式。然而卻有一群將友善耕作理念實施得相當徹底的自然農法農夫，順應臺東更為自然的環境，積極推動自然農法理念與環境教育，其自然而然形成的社群關係，不僅影響在地消費族群，也賦予農夫新價值，超越傳統型農夫的農業觀與生活觀，喚起更多人投入友善耕作的意願，作為實踐生活價值的一部分。

【二】部落文化與產業自主發展

◎花蓮東海岸奇美部落：追求部落自主的文化及產業發展
◎臺東拉勞蘭小米工坊：復振小米文化為核心的部落產業發展
◎臺東鸞山森林博物館：推廣部落文化為核心的生態旅遊經營
◎臺東巴喜告教育方案：以原住民教育為核心的學校部落認同與發展

　　原住民比例偏高的花東地區，過去一直是西部、北部工業的勞動力輸出區，人口長年大量外移，部落內勞動力結構瀕臨瓦解。加上早年原住民土地、文化與教育為強勢族群所壓迫，傳統社會組織逐漸凋零，文化有斷層之虞。部落所在村落，往往地處偏遠，不僅基礎設施不足，衍生醫療、教育與資訊等問題，同時產業低度開發，就業機會明顯不足。1990年代本土勞工生存環境相形困難，不少在外地受挫的族人返鄉，但置身在已然現代化社會的部落，家庭生計謀求更形困頓，相關問題往往無法經社會救助資源獲得根本性解決，經常落入負面的循環狀態。

　　近年來原住民意識逐漸抬頭，除了1990年代以來原民、勞工運動等影響外，中央挹注經費營造社區、部落或重建等計畫，也間接促進地方族群針對主體文化認同與經濟利益等方面議題的討論，包括主體意識的滋長、衝突與再建構。一方面，花東各族群部落陸續意識到各類外來開發持續不斷影響著其傳統領域的權益，並且這些在部落既有的結構問題下衍生更多存續相關的難題；另一方面，不少部落有識青年

或移入部落的認同者，以行動展現，在正視部落存在的問題之下選擇回／留鄉，主動投身部落文化復振或產業的經營，因而在縱谷、海岸與南迴山間等不同地區，就其地緣與族群的特性，各自發展出不同層次的運作模式。

位在花蓮瑞穗鄉海岸山脈之間的奇美部落，以及臺東太麻里鄉中央山脈腳下的拉勞蘭部落，同樣因部落文化存續、組織凋零的危機，而展開長達十年或者十年以上的文化復振運動。兩者依據各自的族群文化特質，以及發展所面臨的問題，皆試圖透過凝結部落認同的操作，來回復與建立文化傳統與社會組織。同樣地，兩者皆從文化主體性的建立延伸到部落產業的創發與自立：奇美部落的文化泛舟旅遊產業，依傍著與阿美族生活傳統息息相關的秀姑巒溪流域；拉勞蘭部落的小米工坊產業，則依循著排灣族小米耕種的歲時祭儀傳統而來。兩者彼此相異的經營模式，卻同樣說明必須以部落文化主體為立基，才能為現有的產業型態帶來新的價值與機會。

同樣透過掌握布農族文化詮釋權而發展生態文化旅遊產業的「鸞山森林博物館」，位於臺東延平鄉的鸞山部落附近。與上述部落發展不同的是，博物館的建立來自部落珍貴的森林與土地資源被買賣的外部事件，激起部落對生活場域的空間保存意識。其以「現地博物館」的概念推動生態文化旅遊產業的經營模式，為所謂部落傳統領域或生態資產的保存與活化帶來可續性的發展想像。而位於臺東延平鄉的巴喜告部落，發展了以原住民教育學習與認同為中心，全面性地結合學

校、部落與外部力量的發展方案。其主要回應長期以來非以原住民文化環境為主體的教育困境，以及偏遠部落家庭教育環境不健全等問題。並認為學校教育無法自外於部落的結構發展，部落也應當與學校同視為一個整體成長的學習場域。實際操作上，巴喜告部落發展各類主題工坊，結合學校教育資源與部落文化資源，有效地促進學校作為部落的學習中心、在地文化知識的生產樞紐，同時也藉由部落與學校共同發展的工坊產業與社區照護，帶動部落發展本身的認同價值感，健全部落家庭本身，進而由家庭社區照顧到學校的孩童。

【三】扭轉偏鄉弱勢結構的公益自立模式

◎花蓮豐田五味屋：發展偏鄉教育契機的社會企業模式
◎臺東向陽薪傳木工坊：兼具公益與營利的部落產業發展

自早期的「後山」稱謂到今日人們口中的「偏鄉」，顯見長期區域發展不均下，導致相對低度開發的花東地區，普遍給人一種交通不便、資源不足，以及充滿經濟與生活困頓的弱勢族群等主、客觀現實的認知。許多公益性社團或組織服務偏遠地區經年之久，在地資源弱勢者亦多半習慣受惠於各項社會救助或社福機構的照顧體系。然而近年在社區營造長期推動的影響下，如且不論其成效為何，地方培力與賦權的概念，亦逐步使用於資源弱勢者本身信心與能力增長的可能性，相對有機會突破既有的弱勢結構環境。

　　位於花蓮豐田村的五味屋，正是以自足型和在地培力型的發展模式，對應當前偏鄉教育環境的結構性問題。其以二手店鋪為開端的微型企業操作模式，陪伴所在兩個村里及鄰村的學童，讓不少處於學習困境或家庭教育資源弱勢的孩子於生活實踐中接觸教育與學習的本質，除培養實務上的自立，意在建立孩子與家庭、學校連結的支持性系統網絡。八年多來，由二手店鋪的運作系統不斷連結相關社會資源所發展的各類活動與社會企業體，是在偏鄉教育與社福系統限制下，嘗試發揮在地資源，建立起更適合學童運用學習並能自主營運的教育資源平臺，而逐漸成為一種突破偏鄉教育困境的非典型發展型態。

　　而位於臺東多良村的向陽薪傳木工坊，是另一種在面向部落災後重建、振興經濟、廢校空間活化等偏鄉議題上，透過各界資源扶植成立而自主運作的部落產業發展模式。利用部落在地既有的自然資源漂流木，及廢棄的學校空間，結合產、官、學三方的合作模式，建立木工班，開啟工坊運轉的契機。經營六年多的向陽木工坊，透過兼具公益與營利的運作模式，提供部落族人培訓與就業機會，試圖發展出一種能突破部落現有勞力困境、發揮在地資源與特性的產業營運模式。

【四】花東生活新價值的可能性

◎花蓮O'rip生活旅人工作室：傳遞在地生活價值的新型文化傳播者
◎花蓮法采時光：匯聚外地與在地社群網絡的人文空間
◎臺東藍色日出早餐店：推廣健康料理早餐的先行者
◎花蓮黑潮海洋文教基金會：開啟花東海域新想像的社會實踐先鋒

對花東生活的想像與價值判定，隨著特定的時代經濟脈絡發展所形成的條件差異而有所演變。農業墾荒時代，「後山」相對於「前山」的本位想像中，充滿治理落後、窮困、疾病、不文明等詞彙；工業化時代，則以西部、北部為中心，稱花東為「偏鄉」，代表資源不足、缺乏就業機會、人口外流、社會問題叢生之處。

今全球化時代，相對於開發飽和的西部，花東被視為臺灣最後的淨土，豐富多元的族群文化與自然資源，成為定義花東的新元素。已然成形的生活步調、休閒養生、觀光旅遊、退休養老等，陸續成為已開發飽和的城市人民對東部生活的想像名詞。然而與此同時，多數觀光與服務產業，正以觀光永續的名義，挾帶所謂進步的西部開發模式，以及新自由主義經濟市場的運作模式，進行各項開發。就在地不同的群體，乃至地方政府到中央而言，對花東生活功能與價值的想像，至此出現多元、異質、不同立場爭論的聲音。

這十年間，在大環境影響下為尋找另一種生活的可能性使然，一批批青壯年陸續移居花東，透過務農、開餐飲民宿、辦刊物，以及各項藝文或公民講座等活動，連結在地的生活環境與特質，提出花東生活價值的新想像。位於花蓮市區的O'rip生活旅人工作室，所發展的刊物營運模式有其創新意涵。其自許為橋梁，扮演傳遞在地生活價值的角色，展現花蓮的地方觀點、特質與能動的美好，進一步撼動花蓮長期被定位為邊區的發展地境中，往往以北部主流觀點操作傳播的省思。

　　而花蓮的「法采時光」與臺東的「藍色日出」，皆堅持其生活理想，以微型展店的形式在花東生根立業十多年。兩者皆可謂認真於在地過生活的移居者，同時也是傳遞美好生活想像的行動者。一家經營民宿，一家則經營早餐店，除了分別透過經營項目彰顯在地生活特質外，以推動友善環境、在地食材、健康飲食的簡約生活自居，也以店家自身空間為基地，拓展成為一處匯聚在地社群網絡的人文空間。對移居花東者的啟示是，兩者不求商業利潤導向，在追求工作和生活的平衡之餘，學習在地經驗，傳遞美好生活價值，是更符合花東生活本身自然簡單的調性。

　　除上述透過發展微型產業以安居花東、傳遞生活新價值的發展故事外，亦有以推動花東資源保育與發展價值為核心理念的非營利組織，其發展模式值得探討。花蓮的黑潮海洋文教基金會，為最早開啟花東海域新想像的社會實踐先鋒，也影響後進民間團體對臺灣海域保育的重視。早期作為非營利組織與觀光營利事業結合的創新模式，是讓黑潮能經營近十八年的關鍵之一。其以環境教育為軸，結合觀光事業，與在地資源的連結，達到多面向的環境教育推廣，開創了多元整合的海洋教育經營模式。

方法與文本説明

本書所撰述之十四個花東發展故事，範圍涵括花東縱谷、海岸及南迴線許多不同類型的發展模式，以資料蒐集、現地觀察、在地關鍵人物的深入訪談為調查方法，最後依具有明確「社會創新意涵」的類型擇定而成，列入本書進行說明與探究。

社會創新是一個相對的概念。某些當前蓬勃發展或十分普遍的發展模式，在十年前可能是前所未見，具有開創性；某些在西部或北部司空見慣的模式，在東臺灣可能是具有相當風險的先行者。因此，每一個具有社會創新意涵的發展模式，都必須以其發生形成的時間空間背景，作為分析討論的座標。

本書將這十四個發展故事的訪談和分析，編排成每個獨立的故事篇章，以「背景前言」、「故事簡述」、「關鍵人物訪談」、「案例參考意義」作為文章內容之架構，分述於第一至第四部分，以突出其經營理念、歷程，及其創新價值或模式。

故事文本的擇取

這十四個發展故事的擇取，除了符合花東發展的社會創新意涵之

外，同時，必須是在其長期運作下，逐步發展出較為成熟的架構，有一定的積累和影響，成為值得分析討論的經驗案例。擇取指標包括：

● 時間上，至少是三到五年或更久，不僅發展相當成型，也較有把握，並保有持續發展的潛力。因此，雖然地方有不少新進的發展故事，但未知能否穩定發展，故暫不列入。

● 空間上，盡可能涵蓋城市、鄉鎮、山區，也考量花東臺東兩縣，以及海岸、縱谷及南迴線等地理區域的差異。

● 類型上，盡可能考慮不同面向和型態的創新類型，有青年個人創業，有NGO組織，也有農業、部落再發展，有觀光，有弱勢關懷。

● 代表性上，這些發展故事，均有一定的社會知名度或影響力，當中不少皆受過數次報導。然而，在符合社會創新意涵下，也會選擇少數未經採訪報導過的對象。

● 在地性上，不少發展故事的關鍵人物並非在地人，或本身就是移民者，也有一些是倚賴外部資源或外在協力團隊而發展。但是，所有的類型，就花東發展而論，必須是由地產出，或由外地植入後，力求在地化，全然連結在地網絡，卻又能超越在地局限，而開展另一可能性的。

● 本書所選擇的故事文本，不必然是該類型的翹楚，同時，不少未被擇取的故事，同樣具有前述的相關條件。只是，本書並非普查計

書，擇取及分析文本的目的，在更具體地探討社會創新與地方發展
的關係，並非尋求更完整或更多的例子，提供參考。未來或許仍可
考慮持續進行發展故事的探究，持續累積花東社會創新的經驗材
料，作為思索花東面向全球化的重要參照。

文本資料

●本書的主要資料來源，是對關鍵人物的訪談。第一作者幾乎親自參
與了所有的訪談工作，以確認一些核心的提問和回應。同時，有幾
個案例會分別訪談倡議者和現有的主要執行者，以更多面向地了解
其發展和實際運作。與關鍵人物的訪談內容，本身不僅是一份重要
檔案文件，更真切表露出發展歷程的真實，以及經營想法上的曲折
與堅持。本書將訪談內容以「與發展推動者的對話」形式置於每個
故事篇章中，突顯其推動者想法的真實性。而所有的訪談文章，均
請受訪者校閱過，以避免不應有的疏失。

●此外，除了實地到訪，許多案例有不少相關報導與研究，均是重要
參考資料來源，會整理在每個故事篇章的最後，作為延伸閱讀資
料。

參考文獻

1. Li-Ming HSIA, Yi-Fong CHEN and Ethan YORGSON, (2011),
Regional Marginalization of Eastern Taiwan: Interior Dependency,

Geographical Imagination, and Civic Development, in R. Yin-Wang KWOK (ed), *The Second Great Transformation: Taiwanese Industrialization in the 1980s-2000s*, Taipei: Chengchi University Press. P.303-331

2. Reginald Yin-Wang Kwok, Introduction : Globalization, Cross-strait Political Economy and Post-Development State Intervention in Taiwan's Industrial Regionalization, in R. Yin-Wang KWOK (ed), *The Second Great Transformation: Taiwanese Industrialization in the 1980s-2000s,* Taipei: Chengchi University Press. P.11-17

3. Tsu-Lung CHOU and Te-Chuan LI, (2011), Globalization and the state: Effects on Regional Specialization, in R. Yin-Wang KWOK (ed), *The Second Great Transformation: Taiwanese Industrialization in the 1980s-2000s*, Taipei: Chengchi University Press. P.21-52

4. 林玉茹（2007），〈國家在東臺灣歷史上的角色〉、〈殖民地邊區的企業〉，《殖民地的邊區—東臺灣的政治經濟發展》，臺北：遠流，頁73-85、頁212-260。

5. 林玉茹 （2011），〈第六章〉，《國策會社與殖民地邊區的改造：戰時臺灣拓殖株式會社在東臺灣的經營》，臺北：中研院臺灣史研究所，臺灣史研究專刊第一號，頁324。

6. 吳翎君（2008），〈編者序〉，《後山歷史與產業變遷》，國立花蓮教育大鄉土文化學系，2008年6月，頁3-7。

7. 邵偉達（2008），〈清代開山撫番下後山的駐軍、移民及聚落〉，《後山歷史與產業變遷》，國立花蓮教育大鄉土文化學系，2008年6月，頁31-64。

8. 周志龍（2003），〈第一章 全球化與臺灣經濟圈再結構〉、〈第五章 臺灣都市及區域發展結構變遷〉，《全球化、臺灣國土再結構與制度》，詹氏書局，2003年2月，頁3-36；頁139-173。

9. 夏鑄九（2008），〈全球經濟中的臺灣城市與社會〉，《流動與根著—臺社都市與區域讀本》，臺灣社會研究雜誌社。2008年11月，頁191-226。

10. 陳宏維（2008），〈黃金變雞肋—荷蘭東印度公司眼中的東臺灣〉，《後山歷史與產業變遷》，國立花蓮教育大鄉土文化學系，2008年6月，頁9-29。

【PART 1】

田地裡的新芽

走進加納納

一個花東部落
合作農場的茁壯

　　花東地區因其特殊的自然環境與孤立的區位特性，在歷史上的產業型態多配合於臺灣社經發展的需求，無論在區域治理、產業發展及交通建設方面明顯位居邊陲特質，缺乏地方性的自主發展動能。過去三十年間，在全球化貿易體系影響下，花東鄉鎮人口、農地明顯不斷流失，對原住民部落的衝擊更是顯著。部落的勞動結構現狀多半分為兩種，一部分是營造業為主的臨時工，另一部分是從事農業生產，兩者的工作穩定度都不高，固著性不強。以農業為例，部落農民除了照

中央山脈鳥瞰加納納（顏嘉成提供）

顧自家田園土地上的蔬菜、水果及檳榔外，便是農閒期間到鄰近地方打零工貼補家用。

　1990年代中期的社區營造政策，推動在地文史結合社區產業的方式來因應WTO及全球化所帶來的衝擊；原住民的相關政策也在2003年中被正式納入行政院六星政策，推動部落永續發展相關計畫，藉由重構部落組織運作，發展部落自主的產業模式。在花東農業政策方面，則由行政院國發會於2007年推動的東部永續發展計畫開始著墨，例如鼓勵有機稻米及蔬果種植，增加農產附加價值，以及有機產銷體系推廣。2011年通過花東發展條例，強調花東地區產業發展與居住環境的和諧，以因應東西部區域發展的平衡。

　在這些政策背景下，花蓮縣瑞穗鄉加納納（Kalala）部落發展協會，於2008年末成立，開始發展部落合作農場的產銷模式。透過重點部落計畫經費，試圖規劃部落產業發展，目的無非藉提高經濟收益，讓青壯年勞動力留在部落，以提升部落產業的體質及對外的競爭力，並藉由多元就業的協助與輔導機制，從中創造部落就業的可能性，最終希望發展出部落能持續自我經營的產業主體。

部落願景：
從合作農場的誕生開始

　　加納納部落位於花蓮縣瑞穗鄉的舞鶴臺地，與馬立雲部落相望，一東一西。加納納部落位於盆地當中，周邊的地勢較高，正如阿美語所稱Kalala，即小竹籃之意。相較於臺九線沿線熱鬧的漢人聚落，這裡是一個以阿美族原住民為主的獨立聚落，在過去加納納部落的社區發展中，附屬於舞鶴社區發展協會。然而這個以漢人聚落為主體的社區發展，並不全然適用於加納納的部落需求。2008年10月部落自己成立了加納納部落發展協會，期待能以部落為主體自主發展起來。

　　而咖啡，是部落產業發展最關鍵的作物。在北迴歸線通過紀念碑附近的加納納，1932年曾被日本人選為試種臺灣咖啡的其中一個產地，為東部最早的咖啡種植地之一。近年來，這股全球化的咖啡浪潮再度襲捲臺灣，一向只倚賴農會或附近消息的加納納農民，也加入搶種行列，但因缺乏相應的技術與行銷方面的支持，隨即面臨的是咖啡生豆的滯銷。

　　2008年，因緣際會來到加納納做調查的顏嘉成，協助部落族人思考

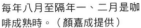
每年八月至隔年一、二月是咖啡成熟時。（顏嘉成提供）

解決單一產業（咖啡產業）的問題，包括一連串的部落產業發展策略。一方面透過協會協作來運用重點部落計畫經費，辦理咖啡產業與技術面的培訓，協助農戶轉型友善耕作；另一方面由協會成立「加納納部落合作農場」，提供願意轉作友善農法的農戶銷售管道，並透過累積合作基金的方式協助社區發展與人力財源。在願景舖陳的過程中，每一個面向都需要人力的支援，包括銷售、經營、管理，部落因此有了相對多元的就業空間，在外地的部落族人開始有回到部落的意願。這不僅是一個就業機會，而是提供返鄉人一個最佳生涯發展的位子，能與部落的生活、產業緊密相接，在這塊土地上生根發芽。

近年來，部落合作農場以「加納納咖啡」為領頭羊的品牌，逐漸讓外界注意到這個位於東部海岸山脈的原住民部落。然而品牌背後的經營模式，實際上在在回應著，市場上現存的通路架構下，部落農民耕作環境、產銷狀況、與在地就業等問題，應如何有更好的解決與發展。

部落合作農場的啟動者：
顏嘉成

訪談時間：2013年3月12日

訪談：夏黎明、許珊瑜

訪談稿：許珊瑜

編撰：林慧珍

中央山脈鳥瞰加納納部落（顏嘉成提供）

部落轉型的契機：從土地的故事到產業的創立

「當初來到加納納部落，是因為水保局與原民會的重點部落計畫，那時並不是要做合作社組織，而是想要解決單一產業，也就是咖啡的問題。」

2007年，顏嘉成來到加納納部落做調查研究。過程中，他發現地名的背後，記錄著農民種植的作物及其方法。因此試著與族人一同從文史的角度，發掘部落農業的價值。2008年末，隨著加納納部落發展協會成立，顏嘉成看到部落的人正在曬著前年還沒有賣出去的咖啡豆，

於是開始思考咖啡作為部落產業的可能性。這也與他過去的調查經驗中所重視的作物與土地的故事相連結。

「透過這個過程，會發現地名的背後涵括農民、種植、作物與土地生活而來。所以一開始做咖啡這件事時，我心裡有個理想，就是讓部落內可以有很多不同的咖啡故事。一個部落地名放大來看，就是加納納，深入了解後，可以看到不同的地名，代表著每個農民的角色，與他的土地背後的故事。」

顏嘉成提到，因為自己的研究興趣，想釐清每個時代大規模農業地景的變化，例如香茅、檳榔、咖啡、樹薯等，而非只是追尋流行產品。他期待農場裡每種作物的背後故事，都能被留下、被提及，也因為有文化及歷史背景的著力，部落農民因此有能力對話，可以自己詮釋自己的農業地景，不是只有外來者單方面在詮釋。

思考部落及產業的長期發展

身為一個外來參與者，顏嘉成談到投入部落之初的心路歷程。在2007年因為研究工作與加納納結緣，工作結束後一度短暫離開，後來選擇回到部落，過程中，累積了對部落發展的思考，以及與部落建立關係的看法。

「剛回來部落有一點慌，開始申請林務局及國藝會的案子來做部落地圖、摺頁等，也慢慢有一些時間可以幫忙小事情，接一些小案子來進行。我開始體會到以打零工維生的感覺，也如同大部分的族人一

樣，必須四處打零工，有一些生活情境是相同的。因此，當我在思考部落產業時，就希望部落未來不要只做政府補助的事，而是去思考如何獨立運作的各種可能操作方式，不要讓部落的人只是去打零工，或是做一些沒有工作保障的事，常常因為累了、受傷再又回來。所以，從2009年開始，我就更投入部落的事情。」

因此，當顏嘉成構思著部落產業的長期發展時，無論是產品、人力、組織操作等，目的是讓部落產業能涵納返鄉青年，並且持續經營下去。「這必須是一組人，分別負責銷售、經營、管理。所以，當時許多部落的年輕人回來，我說明這個不只是一份工作，而是你在這個部落以後可以找到一個最佳的位子。」

顏嘉成與協會透過原民會的重點部落計畫，申請到一筆三年期（2009-2011）的資金。除了硬體、文化補助、歷史調查外，當中有一塊是產業的計畫。「我們在跟原民會提案時，無論是建設或文化調查計畫都包含了產業這個部分。因為土地上的故事跟未來農產品是有關係的。」

而在他所提的第一年計畫中，就很清楚認知到當三年計畫完成時，有一種產業模式是可以留在部落操作，不會受到任何外在事物影響其生存的。然而當時，原民會並沒有重視產業這塊，第一年加納納走產業導向的計畫，被其他以文化為主的部落經營者質疑。不過對顏嘉成及部落的人來說，這三年的計畫比較像是「政府的投資是用在相關的生產器具，以及部落的環境整備上，去預備你第四年開始可以運行得

下去」。

　　顏嘉成在這三年來一直試圖替部落找一個機會，發展一個自足的微型經濟系統，去形成一種彼此協力的方式。「這個方式是從他們彼此生活的經驗中就能看到的可能。也許是換工，或是閒話家常，其實就是將原本的生活社群，讓它有機會轉換成經濟社群。」顏嘉成清楚描繪著與部落一起合作的願景。

思考與部落關係的建立

　　與部落經營的合作關係，顏嘉成有他堅持謹守的態度。他一開始在著手部落事務時只是單純地建立關係，定位這是一個「軟性盤整」的過程，無論是經濟、文化等方式。這樣即使後來部落年輕人有不同意見，阿公阿媽都會幫忙來擋。另外，他也提出第二個重要的關鍵在於一開始介入的時間，「回鄉與進入部落的人，都需要一點時間來理解地方。」他自己也是經過兩次豐年祭，才比較了解部落。在放假及過年時回來到部落，找待在部落的年輕人，找有可能回來的人談。第三點，領外人進部落的人是重要的。他說：「現在的理事長是有媽媽性格，所以這件事才會走得非常美好。」

　　此外，他認為到目前還能與部落保持有友好的關係，是因為不介入決策系統及帳務的部分。「一開始要經營農場這件事的時候，我跟我老婆是跳下來直接帶著部落族人做銷售和面對客訴的。我們很清楚，那階段透過政府部門計畫來操作，所有的現金都不會進到我的口袋，

而是進到部落原來的系統裡。唯一我們不碰的就是金錢與會計，即使我們知道剛開始操作是比較亂的，但我們知道這個是學習的過程。」然而就計畫提案來說，他了解到這對部落是比較大的挑戰，因此在初期他一肩扛起這個重任。不過顏嘉成與部落討論時，即清楚表達不會永遠留在部落，「現階段我幫忙做提案，三年之後，我一定會離開這個地方。因此他們花了三年多的時間在學習如何提案。接下來，他們就開始自己修正，自己提案。」

作為一名外來的參與者，顏嘉成對自己有清楚的角色認知，也明白指認未來加納納部落必須走的道路方向。他擔任的是一個觸媒的角色，在計畫支援的三年當中，全心地陪伴、協助、關心部落的發展，提出解決方案。目標是在三年後全然退出，而部落的產業屆時可以不依賴外援，獨立運作。

部落合作農場的成立與運作

顏嘉成在那個不太流行「微型經濟」字眼的年代，用了「合作社」這個概念，讓農民清楚了解這個背後是有「合作」的意味存在。但農民似乎往往與「產銷班」的模式混淆，以為是繳錢加入就好。

「其實我們在第一年有收咖啡金，一棵十元。因為種植咖啡樹或不同的作物一定會用到這裡的資源，所以不同作物要繳交不同比例的股金。但並不是為了收這個錢，而是因為你繳了錢，你才會進來討

論。」嘉成指出這個股金的另外一層社會意義,是增加農民參與討論的意願,是預期第二年要促成公共討論的手段。

不過,後來顏嘉成跟部落幹部們討論到成立一個合作社,以及未來管理的問題時,容易被誤解成這個單位是要收錢,有捲款潛逃之虞。後來,就決定退回股金,「等農民開始有像樣的共識時,大家就會重新再來談這件事。」

當部落的人有共識後,合作社再度啟用繳交股金的制度。

顏嘉成說道:「合作社成立要符合相關規定,要符合三十個人及相關的股金。要成立合作農場,要有三十公頃的土地證明及一定的資金,這個對原鄉部落來說是很困難的。所以,我們才會想說用扣的制度,比如今天收成之後,交到部落來,拿回去99%利潤,但1%留下

部落合作農場聚集的地方(顏嘉成提供)

來當股金，當時並沒有設上限，因此有些人會一次繳清股金。」

顏嘉成補充道，農民是以入股的方式來參與，利潤就是看他們的投入程度，按照實質的比例抽成。

以合作社為窗口，減少產銷的中間運轉

對農民來說，相對於他們自己行銷，參與這個合作社最大的差別在於獲利的成數。顏嘉成表示，這種微經濟是減少中間運轉，直接由產地或合作社送到消費者手上。

「舉例來說，一顆鳳梨，在鄉下都是盤商來收，價格很固定的。假設消費者收到的市價是五十元的話，扣除掉運輸等成本，回到農民身上是將近五到七成的獲利。但若是交給中間商，便只有十分之一以下。就米來說，若是交給糧商，一百斤就是九百元；參與這樣的合作事業時，交給部落農場時，一包穀子的價格是二千五或者三千都是很有可能。

「這個價格的差異就確定了這件事。就算要分比例給部落，農民也會很清楚，農場有一群人來操作這整件事情，而這群人是需要固定工作，所以不會從中賺取大量利益，因此願意投入股金，收成作物交付部落農場處理，不然，誰來幫他們爭取合理的價格。

「我們第一年完全沒有收這個費用，但第二年開始扣費用作為合作社股金時，他們就會有這個想像，第三年確定不再申請政府案子的時候，就會底定這件事情，當每一年每一項農產品來收的時候，慢慢就

會形成常態性做法。」

透過合作社股金制度，創造部落的就業機會

顏嘉成將這個股金制度與部落就業機會的關係連結起來。

「比如說，有十個農民，每一個農民都提供10％的利潤，我們才可能讓一個部落的年輕人的角色存在下來，這個制度是在創造這個人的角色。」

而這個角色也是多功能的設定。「他會打電腦，懂溝通，也有都市的聯繫網絡。當他回到部落來的時候，不要讓他只會務農，而是讓你跟你的鄰居產生連結，去協助他們務農、銷售，他也會請部落裡的親戚來做這件事情。我們是用這樣的想法來培育這些人。」

而聘一個人能在部落裡工作的決定機制，顏嘉成指出一個我們未曾想像的對象：消費者。他提到：「一開始是用消費者來決定，而不是農民。以咖啡來看，是先看有多少消費者，再來決定有多少的生產者。一個消費者買半磅的咖啡，可以讓部落靠賣咖啡來讓一個人留在部落，而且是將近三萬多元的費用。」

人才培訓是部落經營的重點

對於回鄉工作且聘為臨時工的年輕人，顏嘉成心中有一幅清楚的工作藍圖：「有些人負責農場的觀察，去了解農民是如何地種東西；有些人就負責做所有的行政事務與對外的聯繫。」

「通常在原鄉部落，大部分的職業訓練都是讓族人接受各種木工、水泥工等勞力技術的訓練，但從來沒有那種會訓練他們做部落經營管理的工作，還有其他像電腦文書、網頁設計等，這個在定位上是非常不同的。當花東地區開出這類的職缺，或者提供職訓培養這類的農村人才，對農夫來說，卻是看到鍵盤就頭昏。」他們真正回到部落之後，仍然是以重勞力的工作為主，然後才慢慢學一些基本的技能。顏嘉成坦承，一開始是不太理解這樣就業上的斷裂，因此後來，計畫第一年他主動接下管理及客訴，讓年輕人在場從旁學習。

顧及生產端與消費端平衡所形成的產銷模組

顏嘉成透過了解消費者端的可能需求量，來推算可能創造出來的產值；另一方面，他也考量部落農地的可能生產量，試圖去維繫去平衡，因此並非一直著力於開發客戶，而不考量供應端的部分。

「以米為例，我一天吃兩碗飯，一年需要多少的米，再去推要多少農地。一戶四口的家，一年要吃到兩百公斤的米，我要用多少地去支持它，如果用友善的農法去做，大概可能近兩分的地。所以當一個家裡一年要吃到兩分的地時，我今天要做二十甲的農田，我要去找多少個消費者這個是很清楚的。這中間的利潤，即可拆出一定比例出來之後，看可以請多少人。這個模式就是一邊組消費端，一邊在組生產端。」

使用蜜處理方法所製成之咖啡豆（顏嘉成提供）

就加納納咖啡產業來說，「生產端的咖啡田有兩千公斤，就是兩噸的生豆，烘培成兩百公斤的咖啡豆，便可以分成多少磅的豆子，具有多少產值，可以養多少人。以這個方式計算，整個舞鶴臺地的咖啡產值，做到最末端，大概約七千多萬。這個產值平均除下社區的人數後，所得的國民生產毛額是五十多萬。」

顏嘉成透過產值與供應量的估算，進一步說明以合作社組織形成足夠供應量的重要性。

「看一個地方產業時，往往是盤商會把大部分的利潤拿走。如果地方的人看清楚這件事，並且組織起來的話，每個人都會有不錯的收入；若不組織起來，不合作，這些利潤就會被盤商拿走，或是被大地主拿走。」

顏嘉成認為合作社組成的目的也是在透過小農的集結產銷，去形成另一種型態的經濟規模，因為小農個體無法量產，必須透過合作社的方式銷售出去。

了解流行經濟作物特質，多樣種植

至於合作社農產品的種類，顏嘉成有策略地以消費市場特性來規劃農場產銷方式。

「咖啡具有一種流行的特質，我們很清楚，就是設定咖啡是領頭的角色，一旦消費者因為咖啡而注意到加納納，也就會看到部落生產的其他東西。所以我剛開始推動的時候，就是賣咖啡，利用一種平常人容易知道、接觸到，具有流行性的產品特質，用一種商品的流行性格去拉著後面所有的產品走。也就是以咖啡作為加納納的品牌，通路商或代理商一開始會聞名來買咖啡，但隨後即明白，其實加納納部落生產的並不是只有咖啡。」

除了咖啡以外，如何鼓勵部落的人多樣性種植也很重要，顏嘉成對

單一農作經濟有自己一套的想法：「當你思考單一農作整個經濟的時候，就會有缺口，即是風險，而且是固定的。今年若有大災難，風險就很高。我畫了一張圖去說服部落的人，咖啡一年只有八、九月到隔年的一、二月份，其他時間就喝西北風，該怎麼辦？那就種別的。再複雜一點，那就一個咖啡園內種二、三十種作物。」其實，小農在某程度被設計要以合作方式為主，因為每一種產品產量都不多，仍然是小農。唯有一群人多樣種植，但一起賣同一種，量才會出現。

至於栽種的品種，則是大家一起討論出來的。「一方面是市場有需要，另外是這個地方適合，或曾經種過，他們有經驗去種植。市場的經濟作物都是跟著市場流行走，但是種完之後，若跟不上流行，就不會再種了。所以，就應該看流行經濟作物的特質，然後在四季裡去分散它的風險。」

我們是賣一種關係，而不是產品

關於合作農場與農會，或與其他大農的關係，顏嘉成提到「彼此知道彼此的定位與價值，便不會有衝突」。至於曾經加入加納納合作農場，而後離開自立門戶的大農，看似成了另一個競爭者，但顏嘉成有不同的解釋：「無論大農離開與否，我們一開始會覺得要離開而感到生氣，但是後來我們理解，這個也成了另一種微型的經濟，由單核心變成多核心，保持了產業型態的多元性。事實上，應該要開心，因為所有的利潤都留在部落，這就是好事。」

以加納納咖啡作為領頭的角色（顏嘉成提供）

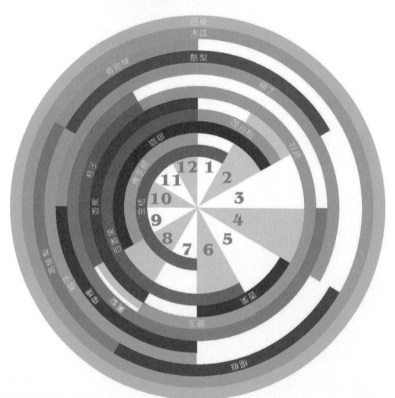

kalala食物輪 FoodWheel in Kalala Tribe
水果篇

輪是以圓形而構成，主要以減少為主。部落間要減少磨擦的方式，才會是最有利的情況。都落的食物生產就像一個輪子的構成，彼此有關種植與收成的時間，必須要在更有規劃的想法下進行，而不是因為一時的流行而買然種植。

加納納的部落曆食物輪—水果篇（顏嘉成提供）

　　此外，加納納合作社也是歡迎農夫回來的，只要遵守不用農藥、除草劑的基礎，並遵照部落合作農場友善耕作的方式來操作，「我們是賣一種關係，而不是產品。」所以，農夫的離開或用藥的問題不會公開或標記起來，只會下架而已，如果他要再回來，都可個別清楚的處理。

合作農場成熟運作的關鍵

理解市場的需求，建立與消費者的友善關係

　　就合作農場經營的經驗而言，顏嘉成認為客服及接受消費端訊息是很重要的。都市人對鄉村的消費態度，第一次通常以愛心或支持的立場買東西，但若要維持一個長久的關係，了解消費者的需求與市場相關的訊息交換就變得非常重要。

　　「因此，第一年在做鳳梨及咖啡，我們就強調客服是很重要的。理解市場的需求是重要的，告訴部落的人要耐得住性子去了解對方的需求。比如說對方買了一包米，然後就要告訴他怎麼煮，設想如果對方不知道，他還會再買第二包嗎？」透過溝通的過程，消費者便會時常來這裡，或是委託朋友來看。「這是要讓消費者變成你的朋友，重點不在一直開發客戶，而是讓因為彼此的互動而維繫友好關係。」

　　加納納合作農場模式成熟的關鍵，即是建立了消費者與生產者之間的直接互動關係。而在這個過程中，年輕農夫在理解市場趨勢、與消

費者溝通的環節上扮演了某種銜接的角色。

「農夫會認為種好他的東西是重要的，但實際上年輕農夫的專業不在這裡，他無法跟二三十年的老農比，因為他有一段時間是在城市，有他的社群，因此應該運用他原本的溝通能力去做連結。我們不是一定要年輕人歸鄉就要做得非常專業，而是在這裡他可以連結城市，讓老農來做一些他們自己擅長且專業的事。年輕農夫只是轉化老農的做法，提供目前市場的偏好消息與狀況，而不是靠地方農會或產銷班的方式來決定他們要種或賣的東西，老農夫就會看到另一種市場價值在這裡。」

因人而成事

另一個關鍵的因素，是人。顏嘉成表示當時的理事長及農場經理等都是很重要的人。現在的農場經理，是部落的青年。

「我們一開始給他的工作是擔任農場管理員，不是農場經理。因為對於咖啡這個產業一開始還不是相當理解，所以就讓他去看田，讓他重新學習。我告訴他，你不要只是看田，若是老農夫在搬肥料，你去幫他搬，去建立與這個社區的關係。」第二年，他就轉化成為經理的角色，開始學習管理、接單與寄送。

事實上，顏嘉成在協助部落經營方面的角色也至關重要，不過他謙虛地表示自己是個幸運的人，遇到部落這一群人如此地願意相信外人。

「我花兩年的時間在部落做文史，初衷並不是發展產業，蹲點、醞釀及泡在裡面的時間夠久，才建立起一種信任，資源的運用及模型的建立都是基於信任。當初我的角色，是去找一個即使沒有我這件事仍然能運作的產業模式。有點像是觸媒的角色。處理地方產業經驗的方式，需要時間去熟成，花個兩三年時間去完成一件事。假設部落沒有這樣一個模式浸泡與熟成的話，是捏不出來的。如果加納納沒有這群人，那要發展這個模式就會困難。」

陪伴與信任：外來者參與部落經營的關鍵

就身為外來者在部落推動合作農場的經驗而言，顏嘉成認為「陪伴的角色與信任的關係是很重要的。這個不是基於案子本身的陪伴，而是一種長期的朋友關係的陪伴，特別在困難以及決策的時候。」他建議專業的培力團隊需要有常態性的官方角色，例如東華大學及花蓮鄉村社區大學，讓部落社區知道去找常態型的組織，而不是單純接案子的。

顏嘉成在觀察及接觸部落的過程中，常常會找受雇的員工談話。他的目的很清楚且簡單，就是找出適合的人，充分發揮每一個角色。他說道：「陪伴的角色就是在重整，協助他們找到適當的位置。某種程度有點像熟悉地方脈絡的人員，像導師帶每個人處在適當的位置，不在當中找自己的利益。」

以訓練農場經理人的導覽解說為例，原本他在人前講得不順暢，但

農場經理正為來訪客人
們解說（顏嘉成提供）

他相當努力學習如何做好解說工作，不僅天天聽顏嘉成解說的錄音
檔，內化之後再增加笑話。不過顏嘉成一開始並沒有讓他碰解說導
覽，因為認為他一旦很快上手，很快就會迷失，導覽即會破壞原來發
展產業的本質。他就是專心面對消費者及農業，是到第三年才開始培
養帶團。「人的部分很關鍵，如果沒有斷尾，他不會求生。」

　　這三年中全力的陪伴與訓練，三年後的撤退並不是完全不管，而是
在背後陪伴，隨時都可以支援。顏嘉成認為，未來花東要操作合作事
業的話，陪伴的模式就得有階段性。

農場經理人黃正宏、協會理事長陳玉英

訪談時間：2013年3月13日

訪談：夏黎明、許珊瑜

訪談稿：許珊瑜

編撰：林慧珍

　　黃正宏，一名部落青年，回來加納納部落學習新觀念的農業經營理念，在對內的農產及對外的農銷之間，扮演著守門人的角色。共同與談的還有加納納部落發展協會的理事長陳玉英女士。關於合作社在實務操作面的問題，尤其是加納納農場的發展歷程及困難的突破點，以及未來政府可以協助的部分，黃正宏及理事長在對談中提供了更加具體的細節操作內容。

友善耕作為前提，集結部落力量相互扶持

　　黃正宏首先提到合作農場的形成，是部落發展協會向政府單位申請計畫經費。

　　「合作農場是在協會底下的體系，參加的人多是主要發展協會的

人，規模不大。在加納納，並不是每一個有農田的農戶都會參加合作農場的，因為部落發展協會所推動的農業經營是著重採綠生農法及友善耕作，與老農的慣行農法不同，並不是每個人都想做這樣的事。」

理事長補充道：「若是慣行或是觀望的農民，會請他們先不要進來。我們覺得取得共識及多數決是重要的，因為希望基礎能先穩固下來。大家都知道進來這個合作社的第一關就是友善耕種。」

友善耕作是農民進入合作農場的關鍵。在推動加入的過程中，就需要透過觀念與輔導的操作，讓農民有機會來學習這種新思維的農作模式。

黃正宏提到：「第一次就帶外面的老師，也就是輔導單位來教他們，等技術純熟了之後，輔導單位會把這個工作交給部落的人，由年輕人教老農。有時者老這一輩讓年輕一輩的來教，會產生一些衝突，覺得『他們的經驗會有我多嗎？』所以，我們的做法就是跟著他們一起做。其實農民對於新的農作方式接受度不錯，像農民以前會提到說都不用戴口罩就可以噴益生菌，但因為這個與健康息息相關，所以農民也會願意試試。現在我們不講農藥了。已經好幾年都沒有用這個東西。」

合作農場的運作情況

一開始，合作農場是股金制，後來改成拆帳的形式，亦即「農民拿

走部分所得，就要留一部分來支付管銷費用，像農場辦公室水電、電話費及機器的損耗，還有運費，這在銷售的過程佔最多。」至於人事費用，只有初期申請政府計畫時有編列人事費用，當計畫執行結束之後，人事的部分是義務幫忙，沒有支領薪水，在目前這個規模之下，還能運轉得過來。黃正宏以瑞穗當地的某個部落為例，當時申請公部門計畫來作咖啡行銷，計畫結束之後，沒有人事預算穩定銷售端的人力資源，後續的品牌管理經營就不可能了。「但在加納納這邊是看重銷售端的經營，直接由年輕的農民多做一些銷售的部分。」

建立起消費者與部落的信任關係

合作農場販賣的是一種關係，即消費者與生產者之間信任的關係。加納納部落歡迎客戶直接來部落參觀，希望由消費者自己來產地認證。

「目前消費者回客率不低，同時網路很發達，透過網路把產地的消息釋出，客戶會在不同季節下訂單，也有不少客戶真會來這裡看。對於認證，我們比較希望消費者來幫我們看。認證應該是政府做的事，對於小農來說是很大的負擔，而我們比較希望建立的是一種信任，讓消費者來認證，我們也讓你們相信，如果你們要來看我們的田，也是沒問題的。」

合作農場對農夫耕作條件有很高的要求，希望以品質穩定為前提，與消費者建立信任的關係。此外，生產端也會因應消費者的需要而達

成部分作物的契作。

農產品的形成、管理與銷售分配

關於合作社的作物選擇、管理與銷售分配情況，黃正宏提到：「我們多半以農民的想法及習慣為主。假如擔心賣不出去的時候，我們會跟他討論這個東西是否可以賣。如果他習慣種高勞力密集的，我們就不會建議他去種那種懶人種植的水果。」理事長也補充，部分的種植是固定下來的，其他的就要各自去試試看。

至於消費者需要量如何影響種植農戶，黃正宏也給了我們明確的例子。「比如鳳梨，前幾年打出名牌，有些人就會來訂，若沒有人種，那我們就去找農民來種，請銷售端不用擔心。今年的旱稻及水稻也是這樣的狀況，他們相信我們的做法，達成一種契作。」黃正宏提到除了生產端受銷售端影響之外，也會有反過來的狀況。「我們之前有種枇杷，但他們不知道，我就會跟他們說我們有這樣的產品，因此不一定完全由銷售端來決定。另外也有客戶指定作物，如果我們沒有辦法種，就會跟客戶介紹其他的。」

量與質之間的平衡，黃正宏及理事長都認為產品的品質以及農夫的品質是應當優先重視的，而不完全是消費者的規模。

合作農場的銷售獲利狀況

目前，合作農場的農戶每年都有人進進出出，但大致維持一個定量

規模。黃正宏說：「因為現在會有農會價格及盤商的價格，還有我們的價格，農民會自己決定要不要加入。」

價格制定方面，黃正宏說明主要是參考當季盤商、農會和有機的價格，取中間值而定。不過因為價格常常優於農會或盤商，而成員又往往不固定，因此需要一些防範措施，免得有農民取巧。至於如何避免這種現象的發生呢？黃正宏說：「一開始是一個人在看，後來就變成一群人在彼此看。初期也有人這麼做，後來就變成相互的制衡。」大家對彼此狀況也會關心，然後就會互相討論，心態都是很正向的。信任，是這個合作農場與經營的重要關鍵。

加納納經驗的移轉與未來

加納納合作農場相對特殊且成熟的模式，目前已有別的部落前來學習，理事長提到像是港口、海稻米，最遠還到屏東，都來看過加納納的合作模式。對加納納的經驗是否能移轉，黃正宏認為「一切都可以分享，這個系統互助的模式，在這裡是很好的，但他們學到之後，在他們自己的部落，未必會運作得像這裡一樣。」

而對加納納未來的發展，黃正宏希望可以持續自主地發展下去，不過即使不申請經費來支援常態性支出，還是會希望能獲得一些經費購買機器，製作咖啡包裝等。然而，關於這方面的發展卻遇到瓶頸，因為農會系統的輔導對象是產銷班，而縣府在意的是觀光產業，至於過

去支持三年的原民會,也不再行補助。下個階段,加納納合作農場希望可以繼續累積資本,除了可以增加支付人力成本的收益,亦希望將部落農業再一步的精緻化,但勢必增加固定成本的開支。因此即便加納納的經營模式已被視為各部落參訪的模範,卻不容易再申請到經費,朝精緻化的目標前進。

今日加納納部落農場自成一個獨立運作的微型經濟。以人力來看,回到部落的年輕人陸續增長中,有的部落是人口老化需要照顧而回來接手,另外也因合作農場的營收增加,使年輕的勞動力得以留下,顯現部落勞動力結構改善的契機。

「在整個部落已經可以看到很多年輕人在農忙時期會回來幫忙,這是過去比較少看到的。以前年輕人會覺得這是老人家的事情,但是當老人家做不來的時候,他們就會回來幫忙。後來,慢慢看到合作農場的情況越來越好,只要有銷售數字超過以前傳統模式的銷售情況,年輕人就會有意願回來。」黃正宏說道。

在部落用餐時一定會遵循部落
的規則進行(顏嘉成提供)

他山之石

加納納模式的參考意義

主要的創新關鍵

●參與部落陪伴者的發展培力觀點

促成部落產業革新的關鍵過程，在於其參與陪伴者的角色、關係界定與一套永續性的發展培力思維。

主事者顏嘉成經過一段時間的蹲點、進行文史工作之後，適逢部落尋求新發展可能性時，以陪伴的關係，協助部落提案，以長遠的時間尺度思考部落發展的可能方向與策略。

顏嘉成首先透過蹲點與部落建立信任關係，深度了解部落發展情況。在開始採取行動方案時，界定清楚陪伴者的階段性與非營利性角色，開展計畫前事先向部落說明僅參與發展三年，目的為透過陪伴發展出部落產業能獨立自主的經濟模式，三年後則退居幕後輔助的角色，並且於陪伴三年過程中，不過度介入部落政治事務，不掌控合作農場經營帳務，以表明非營利性的陪伴發展角色。三年當中陪伴參與者所帶入的適合在地且永續的發展機制，其概念、策略與操作至關重要，包括符合加納納部落情況的合作農場模式、綠生農法與人力培訓

等。

●自主微型經濟的操作機制：合作意識、公共討論、直接而彈性的產銷模組

首先，透過合作農場的扣繳制度累積其社團基金，支持農場的公共事務運作外，同時建立了加入合作社的每名小農的股金參與概念：小農之間需要透過合作集結產量、提升農產品質、建立利潤回饋合理的通路，以對應當前市場競爭機制的邏輯。合作過程中因股份參與概念，促使小農積極參與關於農場公共事務的討論，同時也改變部落中這些小農生產者彼此間相互扶持的生活關係，對部落凝結力量產生作用。

其次，部落農場直接與消費者群互動，並由生產端直接思考銷售端，了解市場需求來調整生產狀態。同時以部落農場為主體，透過產量與產品特色發展開發消費群，使加納納的農產品生產及銷售之間形成一種彈性、平衡的穩定通路。其中合作社的農場經理人扮演重要的媒合角色。透過農場經理人，消費者可以表達對於農產品的需求及喜好，同時亦可獲得最新農場生產的現況消息，可選擇不同的時序食物；而當地的農民則透過農場經理人了解市場現況，進一步調整農作種類。部落農場生產者直接與消費者互動，透過農法的友善土地經營與農產健康品質而與消費者建立信任關係，消費者進一步認識產地與部落本身，產銷結構因而進一步單純化，供需之間於是形成公平合理的利潤回饋機制。

果園裡常保持
著生態平衡的
狀況（顏嘉成
提供）

● **重新定義生產者功能性角色，促進部落勞動力結構的轉變，開發
新型態的人才位置提供部落青年返鄉工作**

在合作農場的經營架構下，原被視為單純技術種植功能性角色，所
謂的「農夫」，不僅多了股東的身分，同時也是處理銷售端的服務業
身分，甚至部分包括農產加工的二級產業身分，這多重身分的經營模
式，讓各級產業的工作機會留在部落。其中甚至為因應部落合作農場
裡的管理銜接問題而開發新的專業功能角色。這些農場裡的新角色改
變了部落勞動力的分工，提供了部落青年得以回鄉工作的位置，並使
得部落青年在適應與學習新的工作角色中獲得生活的意義，而非單純
為回鄉補足一級產業的勞動力。就現況來看，老農仍是農村的主要種
植生產力，而年輕農人則作為接受市場及農作模式新資訊，並輔助老

農的角色，在二者之間存在良性互動的關係。透過農場分工，使得世代傳承間能彼此配合，並各自在部落裡找到位置。

● 引進綠生農法概念與操作方式，恢復部落與土地之間的友善關係

加納納力行綠生農法，也是目前花東的樸門部落之一。樸門（Permaculture）是permanent（永恆的）與agriculture（農業）及culture（文化）之縮寫，若是能將自然森林中各要素重新設計成可食用的，就可以營造能自我維持的「食物森林」。在加納納已經多年不用農藥，而且農民會感受到不用戴口罩就可以照顧好農作物，不同於過去噴農藥時的狀況。同時部落小農間不受外來農藥與肥料的控制與壟斷，而能回到原先自然農作的鏈結。綠生農法的產品同時作為部落農場的健康品牌。

現階段的弱項

● 目前發展，規模仍有限，合作農場累積的資金多用在管銷上面，長期經營的利潤回饋還不足以累進足夠資本，用以投入人事及設備成本的進一步發展。

● 農作的學習與溝通。由於老農是主要生產者，具有相當的經驗，對接受新的農作方式不容易全盤接受，甚至可能會因為銷售轉好而回到過去種植的經營方式，企圖增加銷售量。

可轉移性

●關係的建立。參與陪伴者的角色界定與信任關係的建立相當重要，
尤其是在農民遇到困難及決策時。同時，陪伴的角色也是在重整，
協助他們找到適當的位置。

●培力發展的重要原則：非營利性、階段性任務，以及謀求符合在地
的、永續性的發展機制策略與實務操作。

●人力培訓模式。一個工作機會不只是工作本身，而是與地方產生關
係，並賦予責任。此外，善用返鄉青年的優點，培養其成為部落對
外的守門人。

●彈性的產銷模組。在微型經濟中，縮短消費者與生產者之間的關
係，不只是一種交易，而是在溝通互動之間形成一種彈性的平衡。
同時，合作社經營的規模有利於生產者彼此關係的維繫，保持可以
自由加入或離去的彈性，也減少取得共識的成本，並維持個別農戶
的自主性。

●評估與分析消費市場特性來規畫農場的產銷方式，採取多樣化種植
以分散風險。

對花東發展的貢獻

●加納納農場為花東少數生產型的合作事業體，對東部部落產業極具

開創性。其自主營運的合作農場方式，從開端有效利用公部門的經費補助進行部落培力與發展，到後續部落能自己提案找經費，不因公部門的補助結束而抽離銷售端的管理及品牌經營。相較於其他部落以向政府申請經費作為主要經營部落資金來源的模式，加納納長期的可持續發展模式，值得作為東部其他部落經營產業的參考。

● 加納納以合作農場為架構，將族人單純生活關係轉變成生產上的伙伴，並以小農為基礎，在不改變原有生產條件下，集結達到一定的規模。此一模式，不只逐步強化其農業生產的經濟效益，同步也達到部落原來關係的正向重組，維繫並強化鄰里關係的社會效益，堪稱適合當前花東社經條件之一可行模式。

● 部落小農的生產者功能性角色的轉變，突破一般人對「農夫」只生產種植的工具化想像，同時促進部落勞動力結構的轉變，於部落生活與社會關係開啟正面性的鏈結。此改變對花東部落產業分工的經濟不利定位、長期勞動力結構的問題，以及其所衍生的部落社會關係斷裂問題，有其緩慢且正面的翻轉結構的力量。

● 加納納合作事業體的發展，非取代部落其他農業經營模式，而是藉由此一微型經濟的成形，促使部落農業發展模式由單核心變成多核心，與其他如大農戶、農會體系並存，為壟斷型的農業體系尋求另一種產業發展體系的可能性。在保留多元產業類型及價值的可能性的同時，將所有的利潤都留在部落，對部落產業發展有其正面影響。

延伸閱讀

1. 加納納部落合作農場臉書專頁：https://www.facebook.com/kalalacafe
2. 迦納納部落發展協會臉書專頁：https://www.facebook.com/JiaNaNaBuLuo/
3. 吳祖華，〈加納納Kalala：美麗的籃子故鄉〉，2012/1/21，上下游新聞平臺。https://www.newsmarket.com.tw/blog/2469/
4. 王玉華，〈打造一座食物森林：加納納部落的香醇故事〉，2012/10/17，主婦聯絡環境保護基金會。http://www.huf.org.tw/essay/content/1296
5. 〈走出部落農業新生活—綠生農法在加納納〉，花蓮樸門部落系列講座。2011年12月。https://www.youtube.com/playlist?list=PL823031CC4AE1EF72
6. 花蓮樸門部落：http://hualien-permaculture.blogspot.tw/p/blog-page_15.html
7. 〈籃子裡的部落，推咖啡體驗活動〉，2016/1/14，原視新聞。http://titv.ipcf.org.tw/news-18192

大王菜舖子
一個社群支持型
農業的微型社會企業

臺灣農村凋零問題，一部分與小農無力競爭、連帶土地流失的問題有關，亦與過去為因應臺灣在全球產業分工定位與WTO衝擊下，政府所提出的農業政策所造成的失衡相關。無論是早期的以農養工政策、休耕補助政策、到「小地主大佃農」政策，甚至近年頗具爭議的「農村再生條例」，多半未能從根本上解決小農的困境，反倒在鼓勵農民離開土地。諸如消極性鼓勵小農休耕、田地失去生產力；變相鼓勵小農離農、放租農地給大型農場以發展休閒農業；偏重工程建設的農村再生條例，未能實質契合農村真正的問題與需要。這些農業政策的偏差，事實上加重了小農的生存壓力，間接衝擊農村社會結構與地景。政府政策似乎未能正視，臺灣的農業與農村在面臨全球化經濟衝擊後，對多數支撐農村結構基礎的小農來說，亟待解決與復振的，是市場供需不公平的問題。

花東地區的農業環境，因自然地形關係田地相形分散，分屬山間海岸聚落的小農居多，屬規模經濟的農業較少。又因交通運輸相對西部不便，農產加工多小型規模，銷售通路多倚賴農會產銷體系與市場盤

商，對小農生產風險的分散性低，銷售市場除了多服務於西部，相對
的東部在地銷售購買更加地不平等。1990年代末期在有機耕作推動風
潮下，花東地區因天然的優勢條件，成為地方政府積極推廣的地區。
然而近年不少大企業投入有機消費市場成為大型通路，成立相對具規
模經濟的大型農場，小農在面對可以合作銷貨的通路與有機認證的部
分，因缺乏足以負擔的資本與穩定的生產，無法適應大型通路的經營
模式而難以競爭。

　2008年1月大王菜舖子負責人王福裕，在花蓮建立了一個商品通
路，通路顧及的一端，是注意食品安全的消費者，另一端是小規模且
多元的農業生產者。其建立一種屬於臺灣的社群支持型農業模式，收
購各農場不同的蔬果，以配菜方式定期提供給訂戶，讓在地小農的農
產銷量穩定，願意留在農村繼續耕種。其所強調的以共同購買支持在
地小農，才能直接在面對市場失靈、小農在市場供需不公平的問題上
有針對性的解決。

播種（王福裕提供）

找一群人，挺一群人
一個支持小農的社會企業平臺

「大王菜舖子」是王福裕在花蓮成立的通路系統，用以推動「Buy Fresh, Buy Local！」的概念，也就是向在地友善耕作的農夫購買有機食材的行動，同時廣召追求健康飲食的朋友們，形成一股集體力量，支持用心的在地有機農夫。

王福裕建立的微型通路系統，相當接近美國的「社群支持型農業」（Community Supported Agriculture, CSA），即是「找一群人，挺一群人」，創造支持小農的組織。CSA是一種新型態的農業類型，由一群消費社群共同支持農場運作的生產運銷方式。透過CSA，在農民與消費者之間建立溝通管道，除了直接銷售與購買的關係之外，消費者也有機會參與農場的生產過程，共同分擔種植的潛在風險與收益。

2008年初，大王菜舖子正式開張，主張「享受新鮮」、「守護自然」、「支持農夫」三大原則。整體架構可分為三個部分：生產端、消費端、通路端。以生產端而言，王福裕堅持「取近不取遠」，只與在地有機農牧漁場合作，採取一週出貨兩次，配送當天到各農牧漁場

不一樣漂鳥2010（王福裕提供）

取貨的模式。目前的商品種類擴大至在地的加工食品及工藝商品；就消費端來說，消費者可至網站查看下一週的菜單，透過網站訂購商品，於指定地點取貨。目前銷售圈已擴大到外縣市，即外縣市的消費者加付運費即可到特定地點取菜；就通路端來說，可分為行政及食材整理兩部分，行政單位以建構更新網頁及聯絡事務為主，而整理及分配食材的工作則成為在地的工作機會。

最初菜舖子的地點是在花蓮市，在規模擴大且逐漸穩定之後，王福裕將原有的集散中心搬移至花蓮縣壽豐鄉平和村，期待在平和小村落開始落實社區營造的小小夢想。

關鍵人物訪談

大王菜舖子的重要賣菜人：
王福裕

訪談時間：2013年3月13日
訪談：夏黎明、許珊瑜
訪談稿：許珊瑜
編撰：林慧珍

大王本人（王福裕提供）

緣起

　　從事城鄉規劃與研究多年的王福裕，因為負責成功大學研究發展基金會的東部永續發展計畫，選擇移居花蓮。時常上山下海，在鄉間走動，熟悉這片土地的人文與自然風貌，認識許多花東縱谷的有機農場。2008年，王福裕的小孩出生在即，他開始思考土地與食物安全之間的問題，於是有了在地食物共同購買的想法。

　　一開始只是親朋好友之間的集資，尋找好的農夫、吃好的食物，甚至親自下田採收、在海邊等著漁船歸來，甚至，王福裕希望學習「自然農法」，成為一名生產者。但是田間的農夫卻告訴他：「我們壽豐鄉下這邊，缺的不是農夫，是賣菜的人啦！」喜愛友善土地食材、並

時常幫親友代買的王福裕，才赫然理解，追求健康的消費者和友善耕
作的在地農夫一直存在，只是缺少一個將他們連結起來的管道。

於是，「為朋友送菜」這簡單美好的舉動，轉而成為一個支持有機
小農的社群，創立了大王菜舖子。這個社群的影響，已經擴大到社區
媽媽的食材運用，甚至讓村子的休耕地開始復耕，也讓想體驗農耕生
活的人有親身經驗的機會。

結下與花東發展的緣分

出身自臺南農家子弟的他，在就讀成功大學都市計畫博士班時，特
別關注鄉村的發展。他的恩師姜渝生老師當時帶著一群成功大學的學
生來做花東地區的規劃案，因此有機會將田野調查結果和規劃想法轉
化為政策。

「當時，在還沒有東部條例之前，我們完成了《洄瀾2010：創造花
蓮永續發展願景規劃案》。我們相信，花東這片獨特的土地和人文環
境，可以發展出不同於西部的全新經濟模式。當時行政院長謝長廷認
為這個規劃案的架構及想法，事實上是攸關整個東部發展。」於是，
在諸多人的努力之下，修改成為《二十一世紀東臺灣領航計畫》。當
時行政院長謝長廷先生在序中表示：「東部新的發展模式，將是未來
治國藍圖」，姜老師與王福裕對這段文字很感動。姜老師帶著這個想
法，到各部會宣導這個理念，當時身為博士生的王福裕也參與其中。

爾後，當蘇貞昌擔任行政院長時，這個計畫轉為《東部永續發展綱要計畫》。為了讓東部的新經濟模式獨立於西部之外，計畫成立一個發展條例，並編列特別執行基金。但王福裕並不認同，他認為：「條例只是工具，容易被有心人使用，這最後一定會變成怪獸，而概念只會被懸為神主牌。」後來，果真如此。

然而當時，在王福裕的心中仍持有原初的夢想，於是便向姜老師提出自己的想法：「我覺得賣菜是一個途徑，可以建立一個小型的經濟系統。」此話一出，好像賣菜與都市規畫有些落差，但王福裕很認真地說：「我們在綱要計畫中談到新莊園經濟，其實是超越農業，談到的是土地可以創造出很多就業可能性。」

後來，姜老師因為罹患淋巴癌離開了人世。王福裕感嘆地說：「如果他活下來，我想帶他來東部，跟底層的人在一起，不要再每天都高來高去，救不了底下的老百姓。」他笑著說姜老師常會跟其他人說：「我有個怪學生在花蓮賣菜，他搞的，就是我們共同的理想——新莊園經濟。」

實踐「新莊園經濟」，建立新型態通路系統

王福裕提到：「《東部永續發展綱要計畫》中的新莊園經濟，談的是在地、小型、底層工作者的合作模式。」

對王福裕而言，新莊園經濟是想要維持社會公平，想解決的是社會

的不公平。目前就區域來說，政府的稅收都集中在都市，不是在鄉村。使得鄉村的人即使努力工作也找不到飯吃，這就是弱勢。為何會造成這個問題？王福裕不諱言：「即是消費者與生產者的疏離。」

再者，目前政府休耕政策有很大的問題。農民除了讓農田休耕可以拿到補助，若選擇轉作其他作物且確定有收購對象，政府也會有補助。此一動作表示政府不僅有規避責任之嫌，甚至無視於農夫若大量地種植相同作物時，銷售市場的平衡又可能因此而崩壞。既然市場失靈了，批判政府其實於事無補，介入市場才有機會改變，而事實上政府自己也受困於政策失靈。

「大家其實應該一起想辦法，挽起袖子，撩落去幫忙，想辦法讓小通路長出來。當通路出現，有了消費者的支持，農夫就可以擴大田地。現在我們的目標就是將山下的休耕地重新復耕，大約有3甲地，帶著青年人歸農回到鄉村。雖然這個很小，卻很有意義，是很底層的。」復耕的土地作物將成為菜舖子裡媽媽們的手工新食材，例如醃菜、饅頭、水餃、草仔粿等。「透過這樣的連結，至少可以養活十幾、二十個家庭。」

王福裕提到，傳統上我們往往把農業想得很大，例如擴大規模生產或外銷。但就現實的角度來看，自給自足的農夫不會餓死，不過一旦走向市場化，便立刻會出現問題。王福裕認為，大規模種稻的結果是有大量的產出，卻不容易找到合適的通路；儘管現在年輕人透過網路方式銷售，也是小眾，而且一旦這樣角色的人過多，整個市場也會為

之混亂;再者,若是單純只賣特定的產品,也會被其他提供多樣商品的通路所取代。

王福裕以在大王菜舖子工作的研究生為例,試著說明以社群支持型農業概念所建立的新型態通路。這些研究生實際進入田野,進行有關社群支持型農業的研究。這類農夫在東華附小及幾個附小開闢菜園,他們可以透過講述及農作經驗知識的所得養活自己;同時,土地所產出的農產品也會進到這個通路來獲得利潤。這樣不僅可養活自己,還可養活四、五位分菜的媽媽;接著,農產品分送到兩三百個家庭,這個就是「社群支持型農業」(CSA)。這不是過去所謂的小型社區,而是有點流動性但穩定而虛擬的社群。這裡所需要的小通路就是「找一群人,挺一群人」,一群是特定的消費家庭,需要得到健康的食物;另一群是特定的有機小農,生產健康的食物。他們彼此需要,透過這個新通路,能讓他們互相支持。

在王福裕心中,「新莊園經濟」即是以產業與人為主的連結關係,消弭固定疆界的空間規劃概念,發展對人與環境更為友善的交換經濟模式。因此新莊園經濟概念的核心精神,為促進人、

大王菜舖子外觀(王福裕提供)

產業與環境間的鏈接，而非僅只是實質空間之開發與營造。

想法付諸實現：創立大王菜舖子

王福裕略略提起當年一邊準備博士班資格考，一邊幫忙三戶人家配菜的生活。時常幫忙社區配菜或代買各種農產品的他，聽到一群小農告訴他：「因為有這一群消費者的存在，支持了我們繼續耕作。」這使得王福裕心中立下決定，要努力建立支持系統，於是在人力有限的狀況下，決定進行一場CSA的實驗，成立一個小菜舖子做為通路平臺。

美國CSA的重點是「重新把人找回來」。透過像菜舖子這樣的通路平臺來連結，為兩端傳達語言及印象，建立社會信用，消費者不用問農夫是誰，但他們也具體地支持了某一些農戶。王福裕認為：「我們菜舖子是致力於穩定這個社群，透過穩定供貨兩三百戶的消費端，則生產端的農戶具有『特定』、『穩定』、『長期』的要件，是不太變動的。生產是需要一段時間的，若消費端人數變化太大，對生產端是一個可怕的變動風險。」

之後，大王菜舖子開始成為小農的銷售平臺。平臺的建立匯聚一股穩定的消費力量，同時，透過這個平臺，讓消費者認識土地、食物及農夫，在商業買賣過程中，轉化成朋友之間信任的網絡。而且一做就是八年的時光，「這就說明市場需要它的存在」。

通路平臺機制的建立

大王菜舖子在每一階段發展的過程中，時刻檢視在地需求，協助解決小農有機認證的困境、推廣農村生活體驗，甚至引進農法知識的分享等。這樣的通路平臺不僅為平衡在地生產社群與消費群兩端的單純功能，同時也希冀藉由菜舖子各項機制與活動的建立，連結兩個社群之間的認識與信任，回過頭來讓通路本身居間也獲得兩端以及社會的信任。

以微型通路平衡生產與消費關係

對於消費端及生產端的比例關係，王福裕表示，消費端約兩三百戶，而生產端則不一定。一則因為季節性商品屬性不同，例如一年一季的檸檬，再者也可能是同一農戶有三種不同的菜種。菜舖子的配菜方式，以向供量穩定的農場取貨為主，並視情況向小農取少量的貨，數量較不固定。目前一次取貨的對象大約是二十多名農夫，提供各種食材，甚至也有在地手工作品。

從王福裕的角度看，消費者與生產者之間很難透過自然機制達到平衡，即使有此可能，也是建立在「恐怖平衡」上。因此他期待透過菜舖子這樣一個平臺，交換商品之餘，也顧及二者之間的平衡關係。他補充道：「在我的舖子，是什麼都賣，內容不輸大品牌通路。」例如酒和油，都透過在地的米及山茶花籽製作而成。「透過跟小生產者的

網絡連結，透過土地的產業連結，讓大家都有工作。重點不在多，而是在於模型穩定，而且是可以複製的。規模小倒也沒有關係，很快就可以存活複製。」

協助小農有機認證，通路取得社會信任

有機認證是社會判斷食物安全的一種指標，但是對小農來說，認證過程繁瑣及昂貴，讓

共同購買是建立社群支持型農業的起點，也是消費者與農人共同的需要（王福裕提供）

許多小農怯步。為了解決認證的困境，大王菜舖子開始用「以物易物」的方式幫有機種植的小農做檢驗：由菜舖子支付檢驗費用，農人只要交付生產的食材抵付交換。待確認食材之後即可進入配送系統中。在建立的社會信任（即有機認證）之餘，也解決了小農面臨的信任與通路困境。越來越多的在地有機小農，因為加入菜舖子而獲得支持，存活了下來。

食材生產訊息透明化，建立與消費者的信任和教育關係

大王菜舖子官方網頁並不只是一個購物平臺，而是以食材為核心的

分菜包裝工作（王福裕提供）

知識網，包括訂菜資訊、食品安全概念、田間觀察、物產情報、活動報導等，將食材生產的訊息透明化，提供消費者健康的產品。例如訂菜模式是以「組合」方式配菜，由於目前農民供貨的類別多元且完整，食材庫已完備，因此以蛋白質、澱粉、水果、蔬菜四大類進行不同的組合，來提供均衡的營養。

從食物產業開始的在地合作性經濟

菜舖子有了穩定的消費群及小農之後，商品類型擴大至自然手作物，將從事加工的匠師也納入這個社群中，即菜舖子小農依契約生產的農產品交給年輕匠師製作加工品，而將加工品納入菜舖子的銷售商品。這同時穩定了農民的收入，也支持了能力好的手作匠師。王福裕稱這種小型的、底層的生產者之間的合作互助是一種「新莊園經濟」。這種「合作性經濟」非常適合在有許多小眾生產者的鄉村地區發展。

王福裕坦言，他主要的重點是放在工作機會的數量上，希望能提供

更多在地農業生產鏈的工作機會。

「像你們看到的窯，是用來烤製我們共同購買的麵包。我正透過它來養一個年輕人。你們不要小看農業，一塊土地是可以養活兩三百個家庭，反過來想，他們就是來支持農業行為的。農業不是只有耕作，而是一整個生產鏈。一個可以進嘴巴的東西，中間可以有很多工作機會。所以，如果一直從生產端來想解決農業的問題，是無解的。」

連結擴展社群，體驗農村好生活

大王菜舖子由自然的手作物與食物著手，追求一種自然美好的生活方式及態度，同時也誘發了人眾對於在地生活的好奇及興趣。因此，王福裕與他的團隊設計了「在地好生活」的小旅行，即「換生活」的體驗生活，例如一日分菜小幫手、一日樵夫、一日主廚等。這些小旅行帶來了一群群朋友，形成一個有相同生活理念的人們開始有互動，在這個CSA支持之下，過自己想過的生活，同時也開啟各種無限可能的合作性經濟。

以自然建築方法建造紅土麵包窯（王福裕提供）

種紅豆（王福裕提供）

鼓勵回鄉，在地學習的農法學堂

為了讓更多的人順利地進駐鄉村，王福裕設立「農法學堂」，即由菜舖子提供的乾淨土地，邀請擅長自然農法的農夫們擔任帶領者，讓有心回歸農村的年輕人專心學習耕種，真正成為一名自然食物的生產者。在為期半年的鄉村農耕生活中，創造讓他們有機會落地生根的可能，甚至在他們真正歸農之後，菜舖子也提供資金與通路的合作，支持他們的農夫生活。更遠大的理念是，讓新農夫開始關心土地、發展、未來及各種可能。

經營上的挑戰

非專業財務管理帶來的風險

大王菜舖子發展至今，訂戶人數相當穩定。然而王福裕提到現階段在財務經營上仍有部分問題，認為是身為知識份子在沒有受過人事管理及財務

管理的訓練前提下，容易對這樣一個微型企業在財務經營上有失判準因而掌握不佳。目前已請會計專業人員來處理財務相關事務。

人事規模化所出現的管理挑戰

另外一個則是人事的問題。王福裕不是科學化管理的信仰者，喜歡人性化管理。過去員工人數較少時，王福裕與員工的關係很親近，一同吃飯一同勞動。「當員工規模達20多人時，小團體問題就來了。我無法像過去一般與大家一同工作，各小團體就會有頭出現，人事關係就會疏離。此時，管理方向變得非常重要。」不過，對王福裕來說，他仍然確信：「只要人事及原料成本控制得當，這個通路系統是沒有問題的。」

需考量在地社會關係的維持

若供貨的商品穩定性是選擇上不上架的關鍵，那麼與小農之間的合作關係的選擇關鍵是什麼呢？王福裕認為，農產品的合作長期穩定並非首要，品質才是關鍵。

然而，不得不承認，他所做的是社會關係的維持，是談感情的，這有時會造成收貨上的困難。例如在收雞蛋時，對方希望多收時，他也必須考量消費端是否有消化的能力。無論是適度的多收，或是介紹其他通路來解決多產的問題，都是他必須協助處理的。若是一般通路商，只是按規定收件，不談感情反而簡單。

以大王菜舖子運作經驗看農業產銷發展

期待微型通路模型的成功經驗遍地開花

「其實我希望這樣的模式被複製，可以遍地開花。當消費者訂戶數超過我一個單位的承載量，就表示消費端及生產端都需要另一個單位出現來擔任平衡及服務的角色。某種程度，也表示有更多的小農被照顧到。至於相互之間的競爭，倒是可以用特色化產品加以區別，不會有競爭關係。」

王福裕真心認為，其實不必拘泥哪一種組織形式，只要能「找一群人，挺一群人」，那都是好的。在臺灣各地，有農民市集以及農友小舖等等各類組織，都是CSA，對小農們都很重要。

公部門的補助應放在有利於生產端的基礎上

對於花東基金政府目前鼓勵民間提案，希望將公部門的資金投到東部農民真正需要的地方，王福裕對這個議題有兩種不同的看法。

「新莊園經濟是必須把公部門的補助排除在外，若透過政府單位申請到預算，雖然可減少成本，產品的價錢會降低。然而，一旦補助消失，這個農業系統並不見得可以存活。」

就他的觀察，銷售層面的補助無形中扼止了經營者思考永續經營及創新的可能性，民間參與的力量也會跟著減少。就菜舖子這幾年的經驗發現，王福裕認為「社會企業」型態的CSA是最好的模式。因為在

這裡，把小農一個社會的弱勢族群納入成為合作夥伴，當CSA像企業一樣營利時，小農就可以共享其利。食物的供需都在，只要用市場中需求者的力量就可以支持供給者，只要建立小型通路企業實現公平交易，就能解決市場失靈的問題，可以不依靠政府或民間的補貼。

然而，王福裕也認為許多地方仍然需要公部門的補助，特別在公共基礎設備的投資、人才教育、協助弱勢方面。例如，國有土地仍有很多是處於廢耕或休耕的狀態，若政府可以鬆綁法令，同時建立支援系統，協助整地、引水等農業耕作上所需的龐大費用，讓年輕人經營土地的成本降低。同時，政府可設立輔助金，給有經驗且願意栽培新農夫的人，讓有心回鄉創業的年輕人，透過近身的觀察學習，很快地進入農業生產的行列。當他們與輔助小農的通路搭上線，他們即可在維生之餘，在土地上用心經營，甚至有餘裕來關心所在的社區。

大王：根著在地的理想實踐者

大王是一位用雙手實踐自我理想，同時不吝創造機會，提供他人實現理想生活的人。他的角色及任務，隨菜舖子的穩定經營也逐漸改變：由實踐者轉向輔導者，由人性化管理轉向小型企業化管理，一間小小的菜舖子從無到有的形成與發展，帶來另一種社會企業發展的可能。

曾經從事城鄉規畫的王福裕，此刻正進行另一階段的計畫：嘗試讓

這個社群支持性的農業（CSA）在一個村子落地生根，擴大社群支持
的力量。2013年，王福裕把菜舖子搬進一個人口外流、長期沒落的小
村。菜舖子提供社區媽媽參與食材配送的工作，同時租下休耕地轉為
社區幼兒園菜園，成為孩子與家長們的食農教育場域。王福裕現在更
看重的是教育的力量，成立了生活講堂，將小農、小村、好生活的概
念與更多人合作和分享。

醃製品課程（王福裕提供）

他山之石

大王菜舖子模式的參考意義

主要的創新關鍵

●社群支持型農業的概念，建立新型態的通路平臺

作為同樣尋找生產者與消費者能直接鏈結的通路模式，大王菜舖子以社群支持型農業的概念建立，透過集結一群認同友善耕作、支持在地小農的消費者，共同購買在地生活農產品。這樣的運作方式，為在地小農在突破產銷困境與維持穩定上提供相對可行的模式。其重要意義在於，所集結的共同購買社群，範圍廣至面向花蓮縣市外的消費族群，其社群購買理念的傳播與生活食材運用的實踐，有助理念社群的擴大，穩定社群支持農業的運作型態。

●以微型社會企業的模式經營菜舖子與週邊社群，實現新莊園經濟

菜舖子的運作模式，以社會公益的概念，透過商業模式經營，除了通路方面的經營，也更掌握產地資源的優勢，舉辦相關消費者認識小農、產地等教育性活動。此外，本身也提供社區在地工作機會、食品安全教育、新農夫養成的協助等。因此不僅在經濟面，也在社會面支持小農，並與在地社群發展出緊密相連的合作關係，實質上具有社會

企業的特色。而以一間小小菜舖子從無到有的形成與發展，也為通常需要一定資本才能成立企業的限制，帶來另一種微型發展模式的可能。

● **通路的兩端分別發展學習型社群，嘗試改善生產與消費之間認知上的疏離**

通路的消費端，菜舖子建立以食材為核心的知識網，也將食材生產訊息透明化，並設計在地好生活的產地體驗活動，推動消費社群對產地、食材、飲食生活的認識與接觸。另一端生產端更為重要，除通路穩定本身有助支持小農友善土地耕作外，菜舖子亦協助小農通過有機認證，並發展在地合作式經濟，推廣生產社群之農產及手作產品，使其具有地方特色及自然健康元素。且設立農法學堂，以專業教育的角色，將農作的知識及經驗有系統地傳輸，鼓勵新農夫加入社群，並提供資金和通路合作，協助其投入生產。

現階段的弱項

● **商品價格偏高**

有機農產品與手作物的產量較有限，單一價格仍偏高，故消費市場擴大有限。

● **面臨企業經營及人事管理的挑戰**

當經營規模逐漸擴大之後，企業經營更

菜舖子店內擺設（王福裕提供）

趨複雜,對習慣人性化管理的菜舖子經營者來說,財務與人事方面的經營是其主要挑戰。

●產業經營涉及多方行政資訊,經營者不易取得

王福裕出身都市計畫背景,熟悉各種土地資訊的取得途徑,但在經營產業方面能獲得的資訊相對不足。因此王福裕曾建議政府,成立類似工業局在推動產業發展專案時之「障礙排除小組」,降低民間取得資訊難度,以及在各層級政府成立專責單一窗口,協助民眾溝通協調。

可轉移性

●通路模式的建立

以CSA模式推動,不依賴公部門補助,建立消費者社群,以購買支持生產者。其長期而穩定的通路關係,有助於維持小農對土地良益的專業與生產。

●學習型社群的建立

不論面向消費社群或在地生產社群,透過實際的參與,了解在地產業的運作及社群氛圍,可培養潛在的支持者,吸引有相同理念的人加入社群。

●農法學堂模式:教育未來新農人的機制

撿樹枝作彈弓（王福裕提供）

　　菜舖子的農法學堂模式，是以實地耕作方式，推動友善土地的自然農法，並透過經驗帶領，學習相關系統性的耕作知識。此方式可幫助新農人減少摸索及嘗試錯誤的時間，並鼓勵其投入有機或自然農耕生產。

● 社區農園的食物教育

　　食物的生長及選擇在我們現今的教育系統中是較為缺乏的。社區農園的產量有限，但可呈現一個微型的生產基地，成為觀察及認識作物與環境的好基地。

對花東發展的貢獻

● 大王菜舖子以CSA模式為花蓮諸多友善耕作的小農建立穩定的通

曬高麗菜（王福裕提供）

路，除了為花東小農在農業銷售困境上展開一條可行之路外，也形成另一種穩定在地農民留在農村耕作，並鼓勵更多人投入農事生產的產業經濟型態，為花東農村人口及農地流失的問題提出一種解決之道。

● 菜舖子的通路平臺與在地合作經濟的發展模式，就商品通路方面強調透明化與教育功能，讓消費者認識與認同食材的生產與產地環境，成為花東小農的穩定支持者。生產通路方面則嘗試連結產地社區人力與消費社群，開創更多在地工作機會，使土地價值重新被看見，並讓新農人有機會在土地上發展實踐、安居立命，鼓勵更多人投入農村生活與農事生產。

延伸閱讀

1. 大王菜舖子網站：http://www.buylocal.tw/
2. 〈博士生的有機舖〉，2009/1/21，公視我們的島。https://www.youtube.com/watch?feature=player_embedded&v=yYJ3TqYHngY

3. 陳歆怡，〈博士生王福裕，把把自己重回土裡〉，2009/2/11，臺灣《光華雜誌》。

4. 紀錄片，東華大學數位中心攝製。

　【在田間】

　http://www.youtube.com/watch?v=SjNQ0qR4XMs

　【在海邊】

　http://www.youtube.com/watch?v=HiEFPzubS2w

5. 【TVBS一步一腳印】博士花蓮賣菜去，用菜舖子實現城鄉再造計畫

　【上集】http://www.tvbs.com.tw/Program_Manager/channel/

　【下集】http://www.youtube.com/watch?v=dFaRW2C4ElY&feature=related

6. 呂增娣，〈大王菜舖子：出勞力・收一筐有機鮮翠—體驗小農分享情〉，

　【專題：臺灣傻瓜，遍地開花】，2011/6，《商業周刊》。

7. 大王菜舖子，〈小農・小村・好生活：看見CSA的力量〉，2011/10/8，上下游新聞平臺。

　https://www.newsmarket.com.tw/blog/2529/

8. 〈新莊園經濟示範方案討論會議記錄〉，《推動東臺灣養生休閒產業暨促進人才東移計畫－新莊園經濟示範方案》計畫執行成果，2012，內政部營建署城鄉發展分署。（網住花東情www.easthealthpark.com.tw/about/7873）

9. 謝佳玲，〈農村地區微型社會企業研究〉，2012/1，國立東華大學社會暨公共行政學系社會學碩士班。

10. 朱永光，〈創業的愛／大王菜舖子—經營小哲學〉，2013/4/8，《經濟日報》。

11. 〈不缺農夫—大王菜舖子幫花蓮小農賣菜〉，2014/6/24， ENSIT社會創新人才培育網。http://www.ensit.tw/?p=2082

12. 張煥鵬，〈我們賣的不是有機蔬菜，而是人與人的信任—花蓮大王菜舖子〉，2015/4/15，The New Lens關鍵評論。https://www.thenewslens.com/article/15006

花蓮好事集

搭建生活
想像的平臺

1960年代，在全球綠色革命的浪潮下，農業產量劇增，食物的生產也進入了標準化的工業生產時代，從此，食物的產製及分配過程變得集中而不透明。近年因為農業環境的顧慮，全球開始出現另類農業體系的嘗試，有機農業成為此脈絡下的產物之一。多樣化種植型態、相關安全認證機制、銷售通路體系隨之應變，深究的是重新找回生產者與消費者間合理的鏈結關係。當中最重要的問題恐怕不僅在於農業生產體系的自然健康，更在食物的供應鏈如何透明化，分配體系如何公平正義。「農民市集」的出現，或許可看成是改變過度垂直的食物供應鏈，重建人與自然、人與人之間的信任關係，同時也是一種願意與在地農民分攤農業風險的倫理消費市場，更是為臺灣慣行的農產物流與銷售的資本邏輯開啟另一扇想像的窗。

當1990年代末臺灣開始反思農業及環境永續引進有機農業時，花東地區反而因為其遲未進入工業化發展的邊陲性，耕作環境保持了未受工業化污染的優勢，率先發展出無需等待轉型期認證的無毒農業體

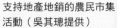

支持地產地銷的農民市集
活動（吳其瓃提供）

系。惟農產品依賴西部市場的東產西銷、農產運輸方式替代性低、通路單一等問題，農民面臨的經營風險相對仍高，在地小農朝向多樣性生產發展的結構性條件無顯著改善。2007年，「農民市集」的概念引進臺灣，再加上食安問題日益嚴重，2010年由公部門與學術單位合作，間接促成花東地區第一個鼓勵在地農民友善耕作，並且將作物銷售給在地人的市集。

　　不同於西部一般有機認證的農民市集，花蓮好事集藉由所嘗試建立的參與式認證的市集機制，試著主動回應花東區域發展不平衡所存在的農業問題，發展出另一種適宜地方農銷體系的可能性。他們在東部所建立起來的是，試圖形成合適於花東在地環境的友善農耕驗證機制，同時也是鏈結在地生產者與消費者共同參與，並相互教育、影響彼此生產與購買的機制。事實上，好事集更試著要經營的，是今日的食物運作體系中最重要卻也最難的：信任資本，搭建另一種生產與消費生活想像的可能。

一個找回在地 農產銷售鏈結的過程

在這樣的背景下，多數在花東從事友善土地耕作的生產者大概都會同意，花東有許多全臺灣最好而安心的農作物，但大多數食用這些作物的人都不是本地人。究其原因，不是這些生產者不想賣給在地人，而是面對經濟或糧食類作物，花東地區所能提供的市場利潤有限，同時，北部與西部市場導向的農產需求，同樣在改變花東小農背離原生自然耕作環境，朝向規模經濟與單一作物耕作方式發展。雖然十多年前無毒農業是從花蓮發跡，其效應主要是在生產方式的改變，但銷售體系並未有太大的變革。同時在地有意願及能力支付友善耕作的消費者相對有限，有機驗證的農產品還是依賴北部與西部市場。

當時花蓮縣政府農業局的農產運銷科顧問許志銘，正進行無毒農業推廣工作，也見識到這些問題，便與認識的農友提議合作，做一個在地的市集。這個想法獲得當時東華大學蔡建福老師的支持，逐步形成輔導團隊，試圖舉辦與推廣。

過去，友善耕作的農民難以想像可以「把花蓮的東西賣給花蓮人」

這樣的事，在公部門與學術單位的促成下，「花蓮好事集」在2010年12月4日誕生了。初期有著定位、加入市集認定標準、安全驗證以及行銷推廣種種亟需解決並完善的機制問題，在合作的市集農友與輔導團隊向外觀摩、參考等琢磨學習下，五年多過去，花蓮好事集累積將近一百位的穩定支持者，為農友分攤一成至五成銷售的通路，市集的運作亦漸趨穩定，也另外發展出配送產品的銷售窗口。

對長年仰賴「出口」又缺乏多元運輸系統的花蓮農業來說，好事集的成立就像是株偵察「內需」的蒲公英種子，在一次次的飛行裡尋找合適的土壤，植入一顆地產地銷的種子，為每逢聯外道路中斷而產生的農產滯銷情形提供另一種因應的想像。

2015年光復自然田農場體驗綁辣椒（吳其璁提供）

花蓮好事集的創始經理人：
吳其璁

訪談時間：2013年11月21日

訪談：夏黎明、洪翠苹

訪談稿：洪翠苹

編撰：林慧珍

　　作為推動與執行「花蓮好事集」各項營運事務的創始經理人吳其璁，自2010年好事集成立到現在即參與其中。其由最初研究身分進到好事集的草創運作，再到以「經理人」身分實質參與組織與市集的聯絡協調工作，並於2015年花蓮好事集形成立案協會組織後，另以個人網絡成立「好事友善小舖」，提供好事集農友產品另一處銷售通路的天地。一路走來，幾乎全程參與好事集運作的吳其璁，有其務實的理想與經驗值得探照與參考。

　　最早時期，吳其璁以東華大學蔡建福老師的輔導團隊志工身分，參與好事集的運作。當時的他正投入探究「參與式認證（Participatory Guarantee System, PGS）在花蓮好事集的應用」這方面的論題，滿腔熱血地希望藉由參與研究過程中，試圖找到適合花蓮友善耕作農產品

的一種在地驗證方式與市集銷售模式。隔年底，吳其璁擔任好事集聯絡人，進一步參與好事集的各項行政事務與聯絡工作。自2012年9月起，吳其璁進一步成為好事集兼任經理人，參與策劃各項活動、市集營運與檢討會議等，了解好事集運作模式與瓶頸。在好事集不同時期扮演不同角色的吳其璁，一步步深入好事集的成長過程，好事集本身也在其輔導團隊、合作農友和支持的消費者互動下，逐年發展與修正中，建立相對完善的好事集運作制度。

初衷：堅持把花蓮的友善作物賣給花蓮

好事集的成立，來自一群試圖解決花蓮農產品銷售與有機認證問題的人，企圖發展出一種能長期支持在地小農友善耕作的方法。這樣的一群人，有來自公部門農業局，也有來自大學的研究團隊，更多則是認同這樣理念的小農。

最初好事集的成員，主要來自花蓮縣政府推動無毒農業時期彼此相識的農友，然而即便是縣政府支持的時代，農友也對市集運作缺乏信心，因為「把花蓮的東西賣給在地花蓮人，似乎是一件

吳其璁本人（吳其璁提供）

沒有人在做的事情」。

「一開始，我們嘗試在花蓮的一些觀光地區，像觀光酒廠或舊酒廠擺攤，然而幾次經驗後發現，靠著那些活動帶來的是觀光人潮，但我們要做的，應該是針對在地。因此需要的應該是一個有固定地點、能定期舉辦的市集，而不是哪裡有活動就往哪裡去。所以後來我們決定要找農友，一起固定在明義國小前面擺攤，因為花蓮市區賣吃的地方基本上都在那一帶。」

為提升士氣，在好事集試擺兩三週後，行政團隊帶著農友至高雄微風市集學習觀摩，「了解怎麼樣跟消費者溝通，介紹他們的東西，或是讓他們如何更有信心的推銷自己的產品。」

經過那次的觀摩後，「農友開始會自發性的想，需要什麼東西在這個市集裡面？」隨著一次又一次的擺攤，市集漸漸有了相對固定的農友，也開始發現如果想提供更多的攤位給農友，明義國小的場地顯然不夠。在尋找更合適場地的過程中，建築系畢業的蔡建福老師提起善用花蓮閒置空間的想法，好事集團隊因而找到了鐵道文化園區二館，從館外的兩條窄軌鐵軌的石頭地上開始擺起市集，最後，一場週六的大雨促使好事集進入二館擺攤。在文化局的默許下，鐵道文化園區二館與好事集成了花蓮一道相互映襯的美麗風景。[1]

---

1. **編註**：後因全縣文化資產空間收費政策調整，自2015年6月開始，好事集改與花蓮市公所合作，於中山路的自由廣場（舊花蓮監獄）開市。

長出自己特色的市集經營模式

吳其璁談起好事集的「特色」是在模仿的過程中漸漸雕鑿出自己的模樣，特色的找尋有時並非事先規劃，反倒是在實作中隨著風土與人物的特性漸漸浮現出來的。

「觀摩微風市集之後，剛開始我們會把一些微風的東西帶進來好事集，那農友比較會做的是模仿它外在的形象。比如說微風有染布，農友他們回來隔週就做了染布的體驗，他們也想要塑造一個一樣的環境，但是我們其實想跟農友強調的是，我們要有自己的特色。雖然剛開始可能很難，但是漸漸地他們會發現，其實好事集有好事集的特色，甚至我們是自己的意象被做出來了之後才知道，我們跟微風好像不太一樣。對農友提出的想法，我們剛開始沒有介入太多，通常討論事情都會讓農友一起參與。」

此外，好事集因應農友各自忙碌不同的作息，採非固定且經常變動的攤位模式也是其特色之一，更促發農友間互動與學習的效果。

「我們市集的位置大概一季會調整一次，一般市集很多都是抽籤，但我們位子的排法則往往根據農友的需求。例如有人需要用水，或是有新來的人，他可能排在誰的旁邊比較適合。有的是根據商品的展示，不同的排列方式可能會有不同的效果。在這樣的過程中大家得以認識到其他人。」

市集定位：回歸生產與消費的信任關係

本著「把花蓮的農產品賣給在地人」的初衷，好事集從在地人的角度思考，要如何讓在地人認識與了解。

「推廣給在地人最簡單的方法，除了賣東西就是從辦活動開始。一般的家庭主婦，最喜歡的就是可以試吃，或者能做些東西帶回家。另外要有能讓小朋友出去玩的，我們就辦農場體驗。參加體驗，大家自然就會到田裡去，就會了解整個田裡生長的環境，以及農友們在耕作實際遇到的一些困境。人潮有了，好事集的初衷算是完成了一半。」

不僅面對在地消費者，在面對加入市集擺攤的農友，好事集也堅持其販賣在地農產品的初衷，並落實在市集內部的規範中，強調「友善耕作」的定位、加入農友的申請標準，以及參與式認證，重視生產者與消費者的信任關係。

有機農產品（吳其瓏提供）

即便好事集在成立之初先行確立定位與訂立相關規範，然而隨經營的時間越久，加入的人越多，也需要隨之調整。例如關於市集定位，究竟為「有機」或「友善環境」市集，這牽扯到後續驗證與相關規範，同時也需回頭再思考市集的定位。後來團隊討論取得共識後，重新定義核心，決定回歸理念：「農夫與消費者之間的信任關係」，根據核心再走向下一步。

「時間一久，我們需要去思考，我們的市集要不要叫做有機。因為有機市集會有必須遵照法規的問題，我今天賣的東西全部都要貼標章。假使農友今天蘿蔔大產，賣不完，他們可能會把它做成蘿蔔乾或是醃蘿蔔，但這樣就沒有辦法在有機市集裡面販售。我們討論過後發現，其實做有機市集對農友來說可能綁手綁腳，而且那時也沒有補助，因此覺得有機市集沒有必要，而改用友善環境市集。針對農糧署補助有機農夫市集，我們也討論過，覺得與其拿二十萬的補助，要把市集全部都變成有機的，倒不如回歸到我們最初談的：『我們強調的是農夫跟消費者之間的信任關係，而不是透過那個標籤去做信任』。」

友善與信任：走向在地化的參與式認證機制

如果說，市集是去拉近生產者與消費者的相互信任與支持關係，那麼建立一個兼具主、客觀的認證機制，將有助關係的長期維持。因此在決定不以「有機市集」而以「友善耕作」為定位，好事集仍需要一

種有別於「有機」認證那樣高成本、取信專家的複雜機制，但對環境、消費者與農友都友善、人性化的監督機制。

「我自己在寫論文找方向的時候，發現國外在做的一種驗證方式叫參與式驗證，它比較適合的是一個區域性的有機驗證。它最完善的要求我們沒辦法達到，可是它所提倡的幾個精神，即大家在互相信任、檢驗過程的透明與開放狀況下所做的友善式的工作驗證，其實跟我們市集的理念很像，於是就提出來討論。這個理念被大家認可，市集因而有機會朝這個方向邁進。」

好事集的驗證機制，初期階段在其所成立的發展委員會中設驗證組，主要由委員會中的三名委員組成，身分分別為兩名農友，一名從事文創者（協助農產品與文創商品的整合）。自2011年小組設立之後，便開始針對市集各項農產品進行品項的登記，且逐一檢視各農友販售之產品。後來也針對加工品、熟食進行檢查，請生產者將其加工產品、熟食之原料來源、添加物等各項資訊填寫清楚，並由市集統一製作標籤貼紙，讓消費者在購買的同時可更清楚產品來源，以保障消費者的權益。先前這些會先由吳其璁進行第一手資料的確認，做初步的把關。確認後再交由驗證組負責委員確認，最後交給委員會進行最終確認。

同時，將「產地體驗」結合於「參與式保障體系」，主要進行「農場體驗」與「農場訪視」兩種活動模式。定期舉辦農場體驗，邀請消費者與市集農友共同參加，內容將學習過程與責任共擔融合在活動

中，拉近農夫與消費者的距離，使消費者能夠進入生產區域學習、體驗，透過親身感受與接觸農業生產，建立更加穩固的信任關係。另一方面，在農場訪視的部分，則由委員會委員及專家顧問不定期地前往農友的生產區域進行訪視，除現場的查核機制以外，亦要求農友進行水質與土壤的採樣檢驗，均須符合國家的水土檢驗標準。一般對新申請進場的農友，一律需經由委員會現場的訪視，通過後方可進場。

「為了強化這個驗證方式，除了帶消費者到田裡，另一方面是我們希望建立消費者的組織。一開始先透過活動，讓消費者聚集，那他們可能共同會對某一個議題有興趣，比如說黃豆，我們便開始嘗試舉辦一些黃豆體驗，或者相關的分享與講座，談關於基因改造的一些問題。我們希望這一群消費者聚集之後，能建立組織性的社群，那麼未來好事集在做農產訪視的時候，這群消費者便有代表能跟著農友、專家學者一起到田裡進行參訪，去了解狀況。」

這當中，市集扮演的角色不完全像個負責主導與管理的組織，反而像個交流平臺，讓市集各方利益關係人，無論生產者、消費者或第三方監督者，共同參與驗證和銷售機制，甚至在這個平臺上互換角色、各自發揮運作，生產者同時也可以是消費者，消費者本身也可以是監督者，而平臺整體的運作樞紐則由市集經理人來做聯絡與統整。

本著重視本質而非形式的理念，在以人為本的訴求下，「在地化」的參與式認證慢慢成形，無意間成了好事集與大多數農夫市集的不同之處。

夥伴選擇：建立在人性化的互動機制上

好事集的運作特色，除了基於理念發展出適宜在地的平臺機制，還包括在地農產在地消費、平權參與、參與式保障的驗證體系等。加入好事集的農友也有一套十分在地性與人性化的篩選標準，除了規則，更重要的是理念的相符與認同。而這種在地化的人與人之間的信任關係，成為吸引更多志同道合的農友加入的主因，也成為消費者對市集認同與對品質、安全信任的保障。

好事集的農友，有一半是從一開始參與至今，另一半則是因各種原因而持續變動。在夥伴的選擇上，他們認的是人品。「我們除了看農田、作物外，有一點很重要的是人品。關於這個部分我們通常是透過溝通聊天才會發現，因此市集後來有個規定，新進的農民需要有半年的觀察期，在這期間符合至少一項條件之後，才可以升為正式會員。

不過通常如果是在心態上或是在理念上不合，不會到半年這麼久，可能一季就離開了。」

好事集農產品銷售
（吳其璁提供）

　　去過好事集、感受過市集上農友與生產者身上散發出的特質，大概
可以想像吳其璁說的人品是什麼意思。「我們不見得說，農友說這個
人不好，我們就否決掉這個人。我們還是會想盡辦法先了解他周遭的
狀況，然後再去跟他聊聊，通常跟他談的不會是只有一個人，可能是
兩三個人，甚至我會在場，用比較中立的角色判斷可能是怎麼樣的狀
況，不過實際遇到這樣的情形並不多。」

　　好事集的夥伴選擇，像是一個讓有心加入者對好事集有更多認識的
機制，藉由彼此確認、拉近彼此認知距離的過程，省去雙方不必要的
磨合時間。然而這樣一個對人具高度敏感的人性化互動方式，或許也
是今日遍地開花的農夫市集，在花蓮這塊土壤中長出的獨特模樣。

逐步摸索成形：組織構成與運作

　　2010末好事集成立之初，多由蔡建福老師的輔導團隊、縣政府農業
科顧問，與原先推行無毒農業的農友協助發展。好事集優先訂出生產
者規範，但未有委員會的組織，因此在事務的執行上遇到許多困難。
直到2011年4月才由農友推選出理事長，並籌組委員會，運作上是眾
人分工、農友也能在當中擔負行政工作。他們逐步將所擬定的生產者
規範確認，並於當年8月份開始執行，主要是希望可以保障消費者在
購買產品時的權益，並確立花蓮好事集的定位與理念。

　　「我們市集大概有25位農友，當中7位是委員會的委員。因為我們

不是社團法人,所以我們並不完全照政府規定的章程做。發展委員會的組成另外還有3位顧問,包括我,共十一個人。而我是從學生時期志願性參與,一直到後來被聘進來。另外7位委員我們每年會進行改選,選理事長、副理事長跟5位委員,他們各自有自己的主業、負擔的工作,基本上都是農場的工作。市集有事的時候大家留下來討論,或者是上網收信,討論一些事情。」

委員會設立之初,驗證的問題是首先遭遇到的困境,包括農產品規範、農友申請的制度、入場方式、寄賣產品、手創產品等部分。2011年10月委員會進行改組,除了理事長、顧問、市集聯絡人、市集委員抬頭與職責的確立外,也將市集委員分責出具體如蔬菜類、水果類、加工品與手創產品等負責項目,不過事務執行效率進步仍有限。

同時期,蔡建福老師的團隊,在角色上扮演也參與市集事務討論,並給予建議,以及透過相關計畫的補助提供在市集前期的設備與活動費用。最初以穩固市集的營業額為首要策略,從推廣一些活動開始,透過活動,讓更多人知道市集,就有比較穩定運作的機會。

2012年3月,好事集委員會的組織架構再次重新調整。委員的工作更有系統地分為檢驗組(新鮮品與加工品)、器材與場地組與值日組,同時由一位農友負責市集的財務。市集委員會重新擬定更適合的各項規範與辦法,使得委員會的運作上更有效率。

身為好事集經理人的吳其瓏,說明他在市集組織運作中具體扮演的聯絡與統整功能的角色。

「以市集管理的規模，當時我一個聯絡人，處理各項行政事務還算負擔得來。有時某些部分可能會跟顧問做一些連結。比如說，市集活動的部分我可能會跟賴冠羽[2]討論，確認一些事情。若是關於市集營運或是農友的問題，便跟蔡建福老師那邊做討論，有具體建議之後，再跟委員會彙報。有時候也會請委員幫忙協助某些部分，比如說檢驗、或是討論場地的事情，由委員會提想法，我們再來執行。

「另外在市集的規範擬定上，通常是我做完之後跟農友討論，覺得基本上OK之後再跟委員會討論，討論沒問題後再跟單位公告。我們在訂原則與規範的時候，原則上希望不要把規範寫死，都會有一些彈性，讓委員會可以有一些彈性去做決議。」

好事集裡眾人的主動承擔與分工，除培養生產者的行政能力，也使這個細瑣繁雜、且往往累積在單個人身上的行政工作變得相對輕盈。

一步走穩再走下一步：營運與財務

初期市集經過半年的嘗試，確立了每個週末上午擺攤的時間，市集的營業額總算漸漸穩定。對吳其璁來說，穩定有分兩塊，一塊是對外營收，一塊是與農友的合作，也就是人員的穩定度。在每週固定時間

---

2. 編註：賴冠羽，花蓮「法采時光」、「靜巷裡的二十七號」的民宿業者。時任花蓮好事集行銷顧問。

擺攤方面，市集會向每個攤位收取營業額的一成作為市集公基金。除了前期籌備所需的硬體或活動花費，是透過輔導團隊計畫支持外，市集的必需費用以及辦活動所需提供的禮物回饋，皆由公基金支付。

「公基金多半用在添購一些器材，或做農藥殘留檢驗、抽查等，其他可能用來舉辦一些農友的教育訓練，以及幫農友做包裝。農友的產品其實都不錯，但因為不會包裝，就算價格沒那麼高，還不一定賣得掉，因此會透過行銷包裝來幫農友增加銷售量。此外，也會用在市集辦活動的時候，透過公共經費購買農友的產品，作為市集的禮物回饋給參與活動的講者或表演的團體。」

此外關於人員的穩定度，與農友的合作方面，在市集成立第一年的過程中，變化較大，後來則相對穩定。「農友其實前半年是來來去去的，到後半年開始，會比較確定哪些人是固定的，哪些人是來一陣子、生意不好就不來的這種，這個機制算是自然的淘汰。後來成立委員會後，就由市集的委員會針對市集的規範、活動與財務等等事務，進行討論和評估。」

搭建生活平臺的想像：化限制為可能

「我們發現，花蓮在地人口其實蠻有限的，花蓮大概二十萬人，跟高雄動輒兩百萬人起跳是有很大的落差。我們往往找那麼多菜農來，但實際沒有辦法賣那麼多菜，因此在想是不是有辦法讓觀光客也停下

2015年花蓮好事集過年全體合照（吳其瓛提供）

來買一些東西，這些東西盡可能與我們生活有關，因為好事集就是跟友善土地、綠色環保這些相關的。」

　一般對「市集」的功能想像，多半局限於一處販賣農產品的場所，多屬於在地範圍，批貨的產品卻來自各地。十多年前臺灣興起「農民市集」的概念，作為大型超市、批發商農產物流壟斷的反抗，也作為對食物生產鏈安全性的反思，有意拉近生產者與消費者的距離，減少鏈結中層層剝削與不實的操作。花蓮好事集則更進一步，落實「地產地銷」，並透過「參與式認證」模式找到在地購買的信任關係，同時也是種學習型態。而這背後，都在擴大一個市集所能發揮的功能與想

像，直指核心，搭建一種生活想像平臺的可能性，將市集定位成一個生活的好所在，包容各項與友善土地相關的生活關係與產業。

「我們希望市集是一種生活，所以我常常在宣傳的是，來市集不要買東西，你就來市集逛，聽音樂也好、聽演講也好，這是一個很適合營造出很棒的生活環境的地方。很多人來市集，就是真的來找農友聊天，有些不見得真的是來買東西的。

而好事集作為一個生活的好所在，很多資訊或者是產品的交換都會在這裡發生。像有的客人會在市集做起宅配，拿著相機拍，傳照片問朋友說要買什麼菜，又或是像主婦聯盟的人，會在市集裡找到很多朋友。」

這樣一個好的生活平臺，對吳其璁來說，也是他在畢業後願意留下來的關鍵。

「我覺得在好事集是有點像是家人的互動關係，有些農友感覺就像家人。有時候好事集遇到一些問題，農友也會很坦白地說，大家偶爾也會彼此鼓勵，只不過每個農友的表達方式都不太一樣。」

未來的每一步，走在當下真實的需求上

談到好事集未來的目標和規劃，吳其璁分享了十分具花蓮特色的討論方式，可以很明顯得知，對農友來說，要去談一個大的方向或者願景、目標，不如就現有遇到的問題或有待改善的地方，亦步亦趨地解

2015年光復自然田農場體驗活動（吳其璁提供）

決問題，等走完這一步，再來看下一步。

「我曾經試過跟委員會提關於市集的願景、目標這些事。我不知道其他市集怎麼操作，可是我發現，我如果只是說『請大家提』，過了一個月後結果可能還是『請大家提』！如果說：『那我們今年來做這件事情，大家覺得好不好？』大家自然就進到這個狀況來，開始慢慢區分狀況與提出想法。」

「比如說，我們要把市集的品質顧好，我們就先確認他們到底賣了哪些產品，然後加工品應該怎麼樣去查核。查好後，只要是好事集的加工品可以上架的，我們便設一面牌子，有這個牌子，就確保這個東西沒有問題。

「關於下階段的打算，我們會希望去設計產品的包裝，這是在行銷的部分。另外未來我們也會跟市集討論是否做深度的產地旅遊。」

除了產地旅行之外，為了因應市集受花蓮市場規模產生的有限利潤，以及對地方居民而言同質性產品過高的問題，吳其璁也計畫著宅配增進農友銷售量的可能性。

「很多臺北的客人，或者像花蓮有些機構、公司，都會反映週六要上班，無法來市集的狀況，我就想說，是不是有可能開店，提供無菜單或者選菜的方式做寄送。不過我們還是強調，市集歸市集，店歸店，但它可以跟市集有某種程度的合作。」關於開了小舖的好事集，是否會跟其他幾個走實體店舖的市集一樣，面臨關店的命運，吳其璁回應道，因為知道別人關店的可能原因，因此在經營上會盡量避開那

綠籃子年菜產品（吳其瓙提供）

些風險，同時，因著需求的增加，也讓好事集有機會可以協助更多具相同理念的農友。

訪談後的2014年初，吳其璁開始實踐上述的想法，與好事集合作，在過年推出年菜綠籃子。陸陸續續開展小舖事業，在東華大學校園內嘗試綠籃子宅配。2014年11月，好事友善小舖正式成立，開始每週一次的綠籃子訂購，持續至今。

而花蓮好事集的委員會組織也於2015年底發起協會立大會，形成正式協會組織，由市集農民（協會會員）重新選舉出理監事與總幹事，目前理事長由彌勒果園的黃彥儒擔任。市集事務，將主要由市集理監事會進行討論與執行，落實市集能自主運作管理。原先委員會的顧問如蔡建福老師、許志銘、賴冠羽等人持續在市集遇到困難時提供協助與建議。市集目前持續有新農友加入，產品也逐步走向多元化。

就像建立一個人性化的互動機制平臺，好事集始終把握這一點，面對未來可能的每一步，只求看清現階段的問題，從互動過程中確認在地需求再長出下一步，步步回歸核心，持續創建一種適宜花東在地生產與消費生活的想像。

花蓮好事集模式的參考意義

主要的創新關鍵

●產官學的合作機制：市集研究者與經理人角色的功能發揮

　　花蓮好事集營運過程中，聯絡市集各方事務，將各項營運步驟接軌的市集經理人角色相當重要，特別在營運之初，還是研究生身分的吳其璁，帶著研究視角的身分，有助釐清市集在發展過程中的某些問題癥結點，並試圖將其所研究的「參與式認證保障體系」導入市集產品方面的驗證運作，提供有機驗證方式以外更適於在地的選擇。好事集某種程度能顧及在地，並透過制度性的建立而得以發展延續，這個集研究與管理功能於一身的經理人角色發揮實屬關鍵。

●市集定位、理念與組織運作的在地化

　　相對西部的有機市集，花蓮好事集有其強烈的在地特色，表現在其定位、理念，甚至組織運作等方面；市集組成以農友為主，定位地產地銷，市集運作亦由農友及組織成員共同分擔行政、品管與驗證、推廣等事務，而問題的討論與解決，依循在地脈絡與文化。市集在「信任」、「理念認同」的前提下，配合制度面的營運系統，使其能顧及

在地需求，並彈性經營，關鍵在於農友之間的默契與信任。此一特質，同樣吸引著理念相同的消費者前來，成為市集強烈在地特色的一部分。

● **地產地銷模式：適宜花東區位產銷環境的做法**

花蓮好事集當初設立的初衷，便是堅持把花蓮的友善耕作作物賣給花蓮，目的是解決花蓮的經濟與糧食作物往往在外銷北部西部的物流模式處境中，被動地吸收因天災或遠程運輸不便所造成的農業風險。花蓮好事集堅持地產地銷的運作，證明在地消費者有其購買當地當令的友善土地作物需求，也印證了對外縣市消費族群具有一定程度的吸引力。地產地銷模式，可說是個更適宜花東區位產銷環境、同時照顧小農以及更為環保的做法，為花蓮農業環境保留更多樣性的種植型態。

● **一種生活想像平臺的建立：在地化的參與式認證機制**

帶著找回在地生產者與消費者鏈結的核心理念，「參與式認證機制」在好事集的操作下，試著突破「有機耕作與認證制度」在花蓮諸多條件限制下不易施行的困境。此認證機制成效雖有待時間與實際執行情況的考驗，然而其推動的「農場體驗」、「農場訪視」的操作方式，漸漸形成一種搭建生活想像的平臺。生產者、消費者、第三方監督者的角色得以在平臺上因應需求而相互置換，同時彼此間建立一種互信、互相學習的過程，給予地方另種農產銷售機制的想像，同時，也是一種屬於在地生活與消費的另種可能性。

支持地產地銷的蔬果銷售（吳其璁提供）

現階段的弱項

●市集經理、行政相關人才有待培養與傳承

當前好事集的發展，於2015年底成立協會組織，具體事務由市集農友（協會會員）選舉出理監事與總幹事來負責，逐步落實市集的自主營運管理。然原先由市集經理人此角色所擔負的行政聯絡事項，亦將回歸到協會運作本身，則協會將有必要透過行政技能與農業專業培訓，培養出在每一項工作項目都能有相對應的人才，如此將更進一步幫助市集品質的穩定與發展，以及在推廣、活動舉辦上更有效率。

●走向規模化與多角化經營的考驗

好事集的下一步規劃與發展，立基於現階段的需求與問題解決。方向主要在產品完善和多角化經營方面，包括產品品質的穩定、加工品的識別標識、產品的包裝設計，以及與好事友善小舖的銷售合作等。如何在協會走向經營規模化、多角化的方向，以及持續新農友、新產品的加入的同時，健全組織本身，並培養適當的經營人才，在協會內的分項事務上彼此取得共識，承接組織轉型後更順暢的執行模式，將是不可忽視的考驗。

可轉移性

●回應在地特色與問題的市集定位與理念，任何操作模式都必須回

到此核心

在全臺各地遍地開花的農民市集，其風格與理念定位等訴求皆不盡相同，所欲回應並解決的在地問題亦不一致。就好事集的發展經驗來說，形式可相互討教、模仿，但終須長出自己的風格，並能回應在地特色與問題。市集定位與理念變得相當重要，好事集的經驗裡，必須確立是要定位「有機」還是「友善環境」，是要「地產地銷」還是「地產外銷」，才能建立起合理而符合需求的運作機制，包括驗證方式的採取、市集夥伴的選擇、消費者如何參與與購買等等。

● 建立以分享、人性化互動概念為主的市集平臺

好事集除了在營運方面擁有強烈的在地性，在功能方面亦扮演一種交流平臺的角色，此與許多西部有機市集的功能運作不盡相同。無論是先前的委員會或是現正進行的協會組織，事務管理與執行的幹部、參與市集的會員皆是面對生產與銷售第一線的農友。他們透過彼此相互分工、共同討論與承擔的機制來運作。不僅在內部工作是平權發言、共同學習分享，也在對外將好事集定位為一個好生活所在的平臺，不僅止於農產販賣與購買，也可以是生活訊息、農業議題交流與各式活動發生的所在。

● 參與式保障體系的觀念與操作：建立生產與消費的信任關係

面對未來分攤在地小農的農業風險上，除了有機耕作的驗證體系外，在市集通路上，參與式保障體系是另一種可考慮的操作模式，特別適合地方性的小區域範圍，並以地產地銷目標為主的友善耕作農

每週六上午在自由廣場上的「花蓮好事集」活動（吳其璁提供）

業。其相對於成本較高、規模較大的有機驗證體系，更直接對應到市
集通路的目的本質，即建立生產者與消費者的信任關係。然而，此觀
念與操作方式要真能落實穩定發展，有賴組織營運健全，並有兼具行
政管理與農業專業人才長期執行推動，才能有效形成其制度規模。

對花東發展的貢獻

●花蓮好事集在參與式保障體系所運作的驗證機制，試圖回應了花東

地區在區位發展不平衡下所存在的農業問題，形成適宜花東在地環境的友善農耕驗證機制，發展出另種適宜地方農銷體系的可能性。

● 花蓮好事集在東部所建立起來的，不單是個地方農民市集，而是一個能回應地方特色與問題，創建一個好生活想像的平臺。鏈結在地生產者與消費者，彼此共同參與並相互教育、影響之生產與購買的行為與機制，找回在今日食物運作體系中生產與消費的更密切的關係，與之間的信任資本。相對於西部複雜的農產物流與銷售關係，花東地區透過好事集類型的運作，更有希望成就生產與消費更為直接、自然、健康的體系。

延伸閱讀

1. 吳其璁，〈花蓮好事集邁向參與式保障體系的發展〉，國立東華大學自然資源與環境學系，碩士論文，2012年6月。

2. 李建緯，〈農夫市集消費者綜合態度與忠誠度之探討—以花蓮好事集為例〉，國立東華大學自然資源與環境學系，碩士論文。2012年2月。

3. 花蓮好事集臉書專頁：https://www.facebook.com/hualienfm

4. 花蓮好事集部落格：http://hualienfm.blogspot.tw/

5. 網住花東情：http://www.easthealthpark.com.tw/news/41/43946

6. 好事友善小舖臉書專頁：https://www.facebook.com/hualiengreenbasket/

夏耘農莊
在鹿野扎根苗壯的
秀明自然農法社群

　　臺灣近年來燃起的農村復興熱潮，在媒體大肆報導鄉間生活緩慢步調的美好，加上一系列描寫下鄉務農築夢者的書籍出版，以及政府鼓勵青年返鄉務農的號召下，吸引了許多甫畢業的年輕人與嘗試轉換人生跑道的中年人，前來自然環境相對富足的花東地區，尋找農村生活的新天堂。有些人先以在農場擔任志工的方式體驗農事，確認自己務農的可能性；有些人則選擇以「半農半X」的模式，在經濟允許的條件下體驗鄉間生活的美好；更有的，是抱著破釜沉舟的決心，將自己扎入土地，一步一步踏實努力的經營，從非農轉為根著在地的小農，

一步又一步地超越傳統農業生活既有的價值。

　這股務農風潮中，夾帶一股友善土地的新農業價值，以對自然環境侵害最小的無毒農業為主流。除了須經專業單位認證的有機農法、強調自然永續設計的樸門農法之外，由日人岡田茂吉創辦，強調順應自然尊重自然的「秀明自然農法」，也是臺灣目前頗受青睞的自然農法之一。秀明自然農法協會網站上，開宗明義寫著：「孩子的未來，正掌握在我們手上。」花東土地相對自然低度破壞的環境，提供了相對更能實現友善農法理念的優勢條件，召喚一個個理想先行者前來。

　「夏耘自然生活農莊」，同樣作為移民東部務農逐夢者之一，看似乘著這股大環境的務農浪潮而來，卻是清楚地握持著秀明自然農法的羅盤，為生活在符合自己尊重與享受自然的理念下，在個人與家庭生涯規劃中尋求更健康自得的平衡出口，而做出的人生抉擇。這多少回應了諸多現代人對大環境失衡發展的失望，對個人生活與工作價值的迷惘；夏耘農莊移民務農的決心與實踐，其實反映了不少這樣一群人，勇於為追求符合人性、健康的生活價值而努力；其發展與茁壯，除了做到自給自足外，更是在移居東部過程中開創一種自然農法農夫生活價值的參考典型。

2013年農莊與稻田全景（夏夏攝，林義隆提供）

一個致力秀明自然農法
扎根鹿野的過程

移居臺東鹿野鄉，經過數年努力而逐步建造夏耘農莊的主人林義隆，本是典型的竹科人，39歲時辭掉知名光電公司主管職位，與先前曾在外商銀行工作的太太和一對年幼的兒女，一起移民臺東當起農夫。當初選擇臺東鹿野作為移民務農的地點，並選擇以秀明自然農法作為其種植的理念與方法基礎，這段過程，除了機緣，更多是人為的努力，加上許多人的協助，才讓他們一家移民東部務農的夢想得以實現並且茁壯。

最初林義隆曾向推廣秀明自然農法的幸福農莊陳惠雯取經。位於淡水的大屯溪自然農法教育莊園（又稱幸福農莊），由眼科醫生黎旭瀛與陳惠雯夫妻共同經營，是最早將秀明自然農法介紹到臺灣的人物。兩人是典型由非農轉農的例子，為了小孩的健康而決定自己栽種無毒的蔬菜，進而成為全職農夫。陳惠雯是現任秀明自然農法協會理事長，是將秀明自然農法推廣到各地的推手。她不僅在農莊定期舉辦課程，開放農園參觀體驗，也開設農民私塾，以連續的課程講授自然稻

作、飲食教育、現代糧食危機、化學農業、基改食品、進口食品、肥料與硝酸鹽的問題，都是針對近來市面上一連串食物與食品安全疑慮的解惑，幸福農莊也成為全臺知名的自然農法朝聖地。

而林義隆選擇以鹿野鄉龍田村作為前幾年居住地點，有其機緣性的說法。他在紀錄全家移民臺東、當起全職農夫過程的書《種下200%的樂活幸福》裡說，是因為當時還在念國小的女兒喜歡鹿野龍田國小前的百年老樹，想在那裡上學。

爾後，他選擇鹿野鄉永安村作為務農的基地，則有其地理環境和產業條件的考量。首先，鹿野鄉屬於亞熱帶海洋性氣候，氣候溫和，屬河階地形，鹿野溪為主要灌溉水源，再加上乾淨未受污染的豐富地下水，非常適合農業發展。除了主力的茶產業外，當地還生產多種高品質的農特產，包括香蕉、鳳梨、稻米、紅龍果、水晶楊桃、土雞等。原本以農為主要的生產力，在整體社會環境的變遷之下，龍田和永安也逐漸轉變成農業與休閒產業並重，每年吸引數十萬遊客參訪。永安社區經過十年的社區營造努力，於民國96年榮獲全國十大經典農漁村，優質的生活空間使永安成為軍公教人員退休和新移民的首選。這樣的背景條件對秀明自

自家楊桃（林義隆提供）

然農法社群在此地的形成與茁壯有關鍵性的影響。時值2006年，林義
隆是當時臺東最早實行秀明自然農法的四位農友之一，其他三位則是
王旭朗的「源緣園自然農場」、「羅傑農場」與楊坤城（前荒野臺東
分會分會長）的「培農自然農莊」。

　　相較於臺灣散落各地單打獨鬥的秀明農友，臺東地區的秀明農友最
為密集，目前包括剛開始起步的共有15位，多數集中在鹿野地區，並
逐步增加中。本計畫選擇夏耘自然生活農莊作為移民東部務農築夢者
的代表性範例，一方面是該農莊不僅做到自給自足，也證明秀明自然
農法能達到某種程度的經濟產值。它並成為臺東特別是鹿野一帶秀明
農友社群的指標之一，吸引並協助越來越多計畫移居當地務農的青年
和中壯年。

採收鳳梨（林義隆提供）

關鍵人物訪談

築夢在地的夏耘農莊主人：
林義隆

訪談時間：2013年5月31日
訪談：夏黎明、林明玉
訪談稿：林明玉
編撰：林慧珍

林義隆本人（林義隆提供）

「我在平衡生活與事業企圖
的兩極之間不斷擺盪，終於在
兩年多後，在職務調整時出現
生命的出口，我大幅度的將人
生擺到了平衡生活的一端，這
才有接下來書中所描述的生活。」

林義隆在《種下200%的樂活幸福》一書裡侃侃而談他移民臺東的
念頭，正是在西部城市上班族身分的生活壓力下，對所要的工作與家
庭生活產生了疑惑，而下定決心，選擇以務農為生、挑戰極大的秀明
自然農法之路。移民從農的歷程同樣充滿新環境的適應、機會的開創
與爭取，更需要解決新問題的智慧。一路走來，如今和家人一同返璞

山野、根著在地，過著務實自足的農村生活。

2006年，從一塊楊桃有機地開始

一開始，林義隆對於農作物的選擇，是因為機緣、個人喜好，風險考量加上銷售經驗。除了請教幸福農莊陳惠雯關於秀明自然農法，並基於地理環境與產業條件考量，選擇了鹿野龍田、永安作為務農基地。林義隆說一開始買到一塊有機種植的楊桃園是緣分，一方面是自己喜歡吃楊桃，同時是在衡量過有機銷售通路與收入問題，並以家庭勞動力為主能負擔的情況下，所作出的決定。「原地主告訴我們，楊桃銷售給里仁和主婦聯盟的數字，我算一算每個月的收入應該沒問題，就這樣放心了。」

然而預期的估算與後來實際操作有落差，使他在銷售管道與作物選擇方面，採取更能降低風險、符合經濟效益的方式。

從產銷有機通路到自產自銷

初期楊桃園以秀明自然農法的產量，實際無法達到預期出貨給里仁、主婦聯盟兩個通路的數字，如第一年的收成雖順利，出貨8,000斤，只出貨兩箱給里仁，其他的都靠自己的人脈和口碑賣掉，開始確認有能力自產自銷。他同時思量有機商店的通路品項很多，銷售人員

不可能了解每項產品。「我自己銷售不但可以省下有機通路30~40%的成本，直接跟消費者溝通，可以讓消費者了解我們為什麼要做秀明自然農法。透過店面銷售，品項這麼多，絕對不會有時間一項項解釋。」林義隆於是決定自產自銷。

增加第二主要作物，按季節輪作

林義隆表示他們是靠後來鳳梨（夏季）產量支撐楊桃（冬季）適應秀明自然農法的轉變過程，到2013年楊桃產量已達到5,600斤，整整增加3,600斤，對家裡經濟的改善非常大。

初期幾年楊桃產出的數量不太能支撐家庭，在種植的第二年又遇上旱災，產量銳減，從8,000斤跌到880斤，接下來連續四年都只有1,900到2,100斤之間的產量。認知到天災的重要變因，不能只依賴政府補償，為降低風險，並支撐楊桃適應秀明農法的轉變過程，林義隆選擇鳳梨作為第二項主要作物。

選擇鳳梨，除了鳳梨本身就是鹿野在地作物，林義隆曾有照顧過他人鳳梨田和行銷的經驗；也是地利之便，可跟當地農民的經驗和技術交流、種苗來源取得方便，鳳梨不怕颱風，只怕乾旱，可以拉水管補救，鹿野臺地地勢較高，也不用擔心淹水；更是機緣，林義隆幸運地跟一位老師無償借到一塊剛好位於他住家旁的土地，這塊地之前曾休耕兩三年，地力已有所恢復。他與太太在二十個月內學會所有有關鳳

梨大面積種植的技術和經驗,並且順利收成。

作物選擇加上加工品附加價值,收支平衡

「鳳梨有一個勝過楊桃的優勢,就是做成加工品,酵素。鳳梨酵素的銷量是楊桃酵素的三倍,被普遍接受。6,000斤鳳梨之中25%的次級品(太早採收、過熟或被老鼠咬了一小口等等)拿來做加工品,對農家來說就是走到二級產業,附加價值至少提升三倍。

大面積種植鳳梨的產量在初期即有不錯的收成,然而扣掉種植成本與人工除草的工時與費用,即使加上楊桃的收入,對維持一個家庭經濟仍十分勉強。不過以家庭加工的方式製作鳳梨酵素,為林義隆一家帶來另一項轉機。

楊桃採收配送(林義隆提供)

做酵素也是林義隆口中不斷提到的機緣，鹿野的秀明自然農友阿榮、夢萍，請自行做酵素養生斷食的歐陽臺生老師到鹿野指導酵素製作，後來也教了林義隆的太太，他們就開始用老欉鳳梨製作酵素。從100瓶、300瓶到1,000瓶，每次製作都擔心賣不完，太太卻很樂觀地說，既然是老天爺給的就慢慢賣吧！這些酵素的銷售對林義隆一家是個重要關鍵，他們在那一年對生活比較有把握了，才決定自己蓋房子。

鳳梨酵素比單賣鳳梨的獲利高出三倍，雖然投入的人力也是三倍，從採收、切片、過濾到包裝等流程都需要花很多時間與氣力，然而相較於附近慣行農法的鳳梨田，林義隆的鳳梨產量為其六至七成，加上酵素，產值反而勝過前者。加工品製作帶來的附加價值，對土地來說是提高了生產力，林義隆曾估算他的鳳梨田一分地的產出大概是十多萬，附近慣行農法一分地產出大概是三萬多。楊桃加鳳梨這兩種作物產生的收入，平均月收與臺灣國民平均家戶所得差不多，對農家來說還不差，無需動用存款。

兼顧生活品質，不擴大加工規模

即便鳳梨加工品的附加價值高，林義隆一家並不考慮擴大規模，只堅持做兩項農產加工品選項（鳳梨和楊桃酵素），酵素宅配方便，不會增加銷售困難。林義隆和太太只做兩人負擔得來的酵素數量，勞動

力是他們最大的資產，不聘員工是因為不想增加管理的複雜度，尤其
加工品的過程控管很重要。在充分利用現有設備，不另購買設備、不
擴充勞力、不增加工作場域的考量下，不多樣化開發農產加工品。

這樣的決定取決於林義隆對家庭生活品質優先的思考，同時也是珍
惜自家的生產勞動力，勞動力背後的意義不僅是單純的雇傭關係、效
率問題，而應存在勞動間的信任與精神。他很慶幸太太能成為他務農
最重要的支持，也是精神與勞動力的夥伴。根據林義隆的經驗，夫婦
兩人一起務農的成功機會較大。對農家來說，很多時候是1+1=3，夫
婦兩人合力的成效往往勝過其他組合。比如採收季時，義隆和太太都
是熟手，就算太太動作比較慢，還是比雇用外頭的人來得有效。加上
兩人對作物的品質都有一定要求，討論會比較充分。

增加兩大作物間的次要作物栽種

楊桃和鳳梨兩種主要作物穩定之後，林義隆會在兩大作物農忙期間
穿插較小規模的作物。作物選擇條件是較不需要管理，工作量少，收
成快，他再以小比例來種植，可以替他們賺取一些外快。目前適合長
期栽種的次要作物有：9月份的火龍果和11月的葡萄柚，4月的次要作
物尚未找到。還有數量更少，以自家食用為主的水果、玉米，勞動量
較低，產量多時再銷售給龍田與永安的朋友。林義隆家的水稻田，以
不出自家勞動力原則為主，規模則僅供自家食用，不對外銷售。

以「小農也是小型企業」的觀念建立銷售方法

　　「從一開始耕種，我們就知道銷售將成為度過自然農法轉型瓶頸後的最大困擾。」《種下200％的樂活幸福》一書裡林義隆如是說。

農事志工（林義隆提供）

在堅持施行秀明自然農法自然耕種下，於農作物選項、農產品加工與勞動力分配下工夫，並決定以自產自銷的方式進行銷售，林義隆有他的一套銷售方法。除了取自曾在竹科擔任主管工作經驗外，也搭配著秀明農法背後的哲學，與在地生活的人際信任網絡。

他認為，小農也是小型企業，該有的公關、行銷和業務不能少。透過自產自銷的方式，林義隆直接面對消費者，以建立客戶名單建立穩定的聯絡關係，並透過部落格、臉書、演講等宣傳方式，介紹自己的產品和種植的甘苦經驗，透明化對自然農法的農耕思考，讓消費者更認識以秀明自然農法生產的農產品價值。同時，也將產品的訂購說明、貨到付款等流程透明化，建立信任的銷售關係，透過在網路上的親身經驗分享，特別是臉書，因認同而成為新客戶的不斷加入，他也可以藉此維繫與客人的良好互動關係。

除了網路行銷，人際網絡也是他主要的銷售管道。藉由參與秀明自然農法的推廣教育，以及荒野保護協會各項活動事務，結識並逐步影響許多對此理念產生認同的朋友，因而建立起一層層有如直銷模式的關係網絡。同時，林義隆因為曾在都蘭山上釀醋的徐蘭香打碗花農場擔任過志工，既有的經驗也促使他決定招募農事志工，提供農事相關的學習經驗。有些志工也成了客戶，更有決定務農者，佔總志工人數的百分之二，目前因為這個成熟的網絡，林義隆已經不太需要擔心產品的銷售。此外，有少數熟稔親友代為銷售農產加工品，林義隆會提供25%的利潤，也是銷售管道之一，積少成多。

直接面對消費者、生產者種植與網絡的改變

「我們也願意互相幫忙串聯彼此的消費者，讓各自的農作物訊息都能傳播出去；如果『秀明自然農法』農夫能形成一個網絡組織，群體力量大過於單打獨鬥，透過有計畫的推廣與說明，一個、兩個、三個……消費者終能慢慢出現，這是我們共同的夢想，也是共同的責任。我們都是農夫，也是業務員、行銷人員。」——《種下200%的樂活幸福》

採取直接面對消費者的銷售方式，從來不是單方面的，這也讓林義

農場多樣性蔬果產品（林義隆提供）

隆體認到消費者採購習慣的便利性，就是每年都要確認有同樣的農產品可銷售。以他的鳳梨為例，種植要花一年，一塊地在一年收之後，會有一年沒有產品可銷售，所以至少要種兩區鳳梨，讓生產接續，目的在確保客戶每年都可以訂到產品。同時，在他的產品後來常是供不應求的情況下，也會提早接受預訂，盡力預估數量，並會優先通知老客人，讓客人買得到，也會增加其忠誠度。

此外，為了面對消費者，推廣秀明自然農法，讓更多人可以親自面對生產者，了解食物的背後關乎著飲食教育、農耕生活理念，每年春、夏兩季會在臺東地區舉辦秀明自然農法農夫市集，至今（2016）已舉辦14次，參觀者有許多是從外地專程而來，佔一半左右，也有來好幾次的常客，他們主要是透過秀明農友各自的網站知道消息而前來，沒有刻意的媒體公開宣傳。市集本身也創造經濟的可能性，在開發潛在客戶方面很具效果。為了推銷臺東地區的秀明農友，林義隆曾協請志工設計文宣介紹，讓農夫們在各自出貨時，都能整體宣傳到。

結合在地社區，透過互助產生互惠的關係網絡

除了堅持施行秀明自然農法自然耕種，林義隆也會跟附近同質性高的資深鳳梨農友學習，吸取經驗。在與其他秀明農友努力農作之餘，也經常思考如何和當地社區有更深的連結，如何透過互助產生互惠的關係。

2013年，林義隆家的水田是和附近新移民、也是無農藥無肥料栽培的農友王龍的日卡地自然農莊合作，由部落頭目的兒子大雄來管理，由王龍出工資給大雄，林義隆的太太出地租、並指導秀明自然農法的經驗，收成一人一半。藉由三方互助互惠的合作，林義隆和王龍希望這個合作模式能夠帶一些在地工作機會，也藉由有機會參與自然農法工作的族人，保護更多附近的農地。這樣的合作模式維持了一段時間，後因現實上的考量，現階段暫停運作。

不過，與當地社群連結合作的想法仍持續實踐在其他場合之間，這其實來自更早時期的機緣，林義隆與其他秀明農友建立了一個特別的

農友聚會在夏耘農莊（林義隆提供）

常態聚會。2006年，當時林義隆、羅傑（羅傑農場）、王旭朗（源緣園自然農莊）與楊坤城（培農自然農莊）四位秀明自然農法的農友一起參加了南島社區大學承辦的農村願景會議，聊天之後決定要固定聚會分享經驗，於是每個月定期輪流在各家農場聚會，互相交流種植狀況並討論。成員不單是農友自己，而是全家一起參加。聚會規模隨著秀明自然農法在臺東的推廣而成長，後來陸續加入的有輝哥（轉角、上自然農場）、鹿野感恩米與阿榮夢萍夫婦（阿榮無毒自然農場），以及楊明雄夫婦（筠璟咖啡）等。

同時，林義隆夫婦努力創造人脈，初衷十分自然，希望能創造環境，讓其他人想留下來。因認識夏耘自然生活農莊，而留下來加入自然農法耕種或協助的就有好幾位，比如默默米、王龍、詠情民宿等。林義隆夫婦通常會主動提供協助，介紹土地，把自己累積的資源和人脈介紹給他們，久了他們自己會串起來，形成網絡。因為各自有不同的宣傳管道，網絡形成後，大家彼此介紹客人，就會產生一傳十、十傳百的效果，讓人驚訝於這個社群的力量。

除了關乎土地、技術等務農實際面的交流，這個沒有固定形式的社群，偶爾圍繞著積極帶動社區營造的龍田蝴蝶保育協會。透過協會理事長李元和老師主持的「龍田地區日式老屋舍『鹿野區役場』的保存與修復計畫」，以民間募款和志工共同參與的方式，將這棟九十年的歷史建物轉換成地區的人文空間，一個個小社群彼此出力幫忙，同時也交流情感與想法。移民新農藉由參與地方公共事務貢獻一份心力，

希望能被當地接納，然而當地原居民反而大多較為保守，抱持觀望的態度，新舊居民的交流與融合顯然還需一段時間的醞釀。

農夫新價值

「友善環境的農夫，追求在保護土地和生物的原則下，把作物種得更好的樂趣。」——林義隆臉書一語。

移居臺東，就此落腳生根而經營的夏耘農莊，不單是求生存發展的農業個體戶，過程中以開放分享的方式，串連有志一同的農夫共同投入對環境更友善的農耕方式，也主動積極地以推廣教育活動、志工招募、網絡宣傳等方式，拓展更多消費族群和非農的朋友對土地、農業、健康飲食的關心，更是深耕在地，連結社群的好夥伴，共同為所在的社區、土地而努力。

林義隆自己的家庭生活與教育，也時刻與這樣理念的農耕實踐、友善環境密不可分。在尊重孩子興趣的前提下，一同接觸農事。他提到，許多農事雖然孩子不一定幫得上忙，但是移居鄉村的適應過程中，孩子們在這樣的環境成長下，逐漸對自然環境生態產生好奇和冒險精神，也與學校和所在村落的環境建立情感與認同。事實上，相較於單身務農的自然農法農友，一個移居從農的家庭在產能、產值和收入方面壓力更大，除了求溫飽，還必須思考小孩未來的需求，責任感相對更重。然而林義隆提到孩子是夫婦兩人辛勤工作最大的動力，孩

同為秀明自然農法社群的輝哥在市集上展示特製的爆米香蚱蜢機（林義隆提供）

子先前就讀小學的班親會或者荒野成員等團體建立的網絡，其實也對產品銷售助益很大。林義隆也曾經因為這樣的網絡機緣，提供教授龍田國小自然農法的課程，認識食物怎麼來，體驗「從產地到餐桌」的精神。

林義隆的實踐經驗，擴大了傳統型農夫身分的意義，賦予農夫新價值。農餘擔任志工、身為現任荒野臺東分會分會長的他，本身不僅是秀明自然農法的實踐者與推廣者，也是關懷如何與自然共生的環保理念推動者。農事之外，投入對環境教育的推廣、花東環境議題的關心，並付諸行動。作為一名專職農夫，對務農經濟穩定的擔憂不是沒有過，然而他說：「這隨著在鄉下生活久了漸漸地消失，最後就是信任土地。」

信任土地，或許便是身為一名農夫最根本的核心價值。林義隆期許能用秀明自然農法保護農地，種出好吃的作物，並且能將產量提高，以小面積的農地滿足更多人的飲食需求，讓更多人對無毒農業產生信心，共同投入來提升臺灣的糧食品質。

夏耘農莊模式的參考意義

主要的創新關鍵

●堅持認同的農耕理念與生活價值，得以在花東慣行農業體系下開創機會，找到自己的市場

以新農身分移居臺東，若與原來慣行農法農民及銷售體系競爭，反而不易開創生存空間，而花東地區相較於西部具有更優質的自然環境與農耕條件，對施行自然農法耕作反而更有利，也對其銷售自然農法農產品更具說服力。秀明自然農法雖對入門農夫極具挑戰性，也有產量上的限制，但林義隆的夏耘農莊，克服了農作物生產的不穩定性，提高土地農作產值，不走一般行銷體系，與一般花東農業市場區隔，反而能開創自己的市場機會。

再者，林義隆一家對生活價值的追求與堅持，不汲汲於農產高獲利為優先目的，讓自然農法所需付出的高代價勞動力成為生活本該遵行的一部分，反而著重在減少支出，宣傳自然農法價值以增加消費人口，提高其在農耕生活環境上的適應力與推展在地銷售的機會。

●精確的產銷風險評估，調整種植做法與銷售管道的方式，形成收

支平衡的產銷模式

林義隆在買地前，已有清楚的地力、作物選擇與產品通路等評估。並在一次次的耕作經驗中調整其種植與銷售方式，結果決定採用自產自銷，增加第二主要作物輪種，間隔間加種次要作物，並透過加工農產品提高附加價值，以達到收支平衡的生產管理模式。

● 以「小農也是小型企業」的概念，建立銷售方法，形成有效益的行銷策略

林義隆認為農夫不只專職耕作，也應直接面對消費者，一來是負起銷售自家農產品的責任，同時也是拿回銷售的經營權，因此必須兼顧公關與行銷宣傳等業務。除了透過網路行銷，在部落格、臉書、演講、推廣教育等活動上宣傳農耕理念與實踐，同時將產銷流程透明化，提高消費者在訂購上的信任、安心與便利性。另外，積極建立人脈，招募志工、開放自身經驗與資源共享，鼓舞更多人加入務農行動，也鼓勵務農者同時也是消費者支持自然農法的農產品，並建立客戶名單，形成長期穩定的聯繫與信任網絡。

● 串連在地社群，透過分享、協作，形成開放式的支持型網絡，有助新農移民在農耕與銷售方面得利，能迅速適應新環境，並與在地社區居民維持良好關係

因深耕在地，以開放分享的態度結交朋友，協助有心務農者提供資源，使村里間有志一同者有機會形成在地社群，彼此支持、分享和串聯。如透過常態性聚會分享務農、銷售、飲食消費等經驗與知識，或

透過在地議題與社區協會的共同工作或活動參與，形成情感與生活協作方面的支持型網絡。因為社群，又自發性舉辦秀明自然農法農夫市集，得以進行互惠式的集體宣傳，同時有助銷售經濟。

現階段的弱項

● 夏耘農莊所採取的自然農法，產量有限，與單一自產自銷的銷售管道，在面對市場銷售價格波動、天災等意外因素，有其難以克服的風險。

● 因施行秀明自然農法不得不付出高成本的人工除草勞動力，夏耘農莊採取的志工招募或社群幫工的人力來源不穩定，而以單靠自家勞動力，要平衡農作銷售管理時間與生活空間，明顯不足，雇工除草的成本又高，至今似乎還未能摸索出更適切穩定的方式。

● 目前夏耘農莊的鳳梨銷售對象多為外縣市的中產階級客戶，較少是在地客群，因無法與本地慣行農法主產的鳳梨相競爭，楊桃作物反而可供給在地客群。如何透過種植管理技術有效降低鳳梨作物成本，或開發新作物種植，將為其趨勢。

● 林義隆開始務農與耕地取得的時間點有其客觀優勢，但面臨臺東土地不斷開發與炒作，後進移民務農者漸漸無法單靠類似夏耘農莊的人脈網絡獲得協助，政府若遲遲不設立機制，協助有意耕種的人租借或購買耕地，新農找地相對困難重重。

家庭式人工楊桃裝箱
（林義隆提供）

可轉移性

●以小型企業的概念自產自銷，不單面向在地客戶，也面向縣市外的
客群。透過網路行銷、人脈建立、產銷透明化、合理便利的訂購制
度等方式，建立第一線生產者與消費者的信任網絡關係。這對身在
花東地區的農戶，特別是從事自然農法或無毒農業者而言，有其環

境上的優勢。

●針對從事自然農法或無毒農業者，農產品附加價值的提升有助提高土地產值，而維持家戶性小農經營所進行的勞動力節制分配，有助於農業管理、農產銷售與農耕生活的平衡。

●清楚的產銷風險評估，並根據實踐經驗，擬定與隨時調整產銷與種植策略，舉凡銷售管道、作物選擇與多樣性種植。

●於在地創建社群模式，集結各家特性與優點，進行技術交流、舉辦市集、集體宣傳或銷售等活動，前提是主事社群網絡者須有想法，兼具開放性，願意分享與串連。

對花東發展的貢獻

●推動東部自然農法理念，創建新農的生活價值，鼓勵更多新農夫移居東部實踐理想，同時影響在地對農業與環境的關注。透過林義隆夏耘農莊實踐秀明自然農法，保護農地、友善環境，並努力提升產值，以小面積的農地滿足更多人對健康食物來源的需求，不只讓更多人對自然農法的農產品產生信心，也提升新農願意投入自然農法耕作的信心。又藉由秀明自然農法理念、飲食健康、環境教育的推動，不但影響人際網絡圈的消費族群，而且賦予農夫新價值，超越傳統型農夫的農業觀與生活觀，影響在地居民與更多有意願投入農業相關的人，認識並作為生活價值的一部分。

枇杷：多樣性種植（林義隆提供）

●形成臺東新農民網絡，以開放交流、互助互惠的形式，達到在地社
群支持無毒農業、產銷自給自足的目標，有助臺東土地環境與農民
生活品質的改善。

延伸閱讀

1. 林義隆，《種下200%的樂活幸福》，2009，寶瓶文化。
2. 秀明自然農法協會網站：http://www.shumei.org.tw/main/
3. 秀明自然農法協會臉書專頁：https://www.facebook.com/shumeifarming/
4. 林義隆—夏耘自然農莊相關文章，上下游News&Market公民寫手網站：
   https://www.newsmarket.com.tw/blog/author/barkelylin/
5. 夏耘自然生活農莊楊桃園參訪導覽紀錄影片：http://www.youtube.com/
   watch?v=YuTLeF8QgCU&hd=1

【PART 2】

蛻變中的部落

奇美有夢

一個海岸山脈阿美族部落的
十年耕耘

　　走進奇美部落，村子裡平靜單純，街角雜貨店的村民們熱情地問候，一如往常。步入奇美文物館後方的部落教室，意外發現安靜的空間裡早有不少婦人與小孩正在學習手作，部落發展協會總幹事吳明季正忙著討論工作事務。後方林間步道上，一群部落年輕人背著藤繩往上走。遇見了部落的老婦人，正在看顧著鄰家小孩。她熱情地介紹茅草屋，也對自己家族耆老願意將家中保存的文物借予文物館展出而感到很驕傲[1]。微風徐徐，風聲、此起彼落的鳥聲，以及吹動鐵捲門的震動聲，似乎訴說這一個安靜的部落裡，其實悄悄地忙碌與前進著。

部落山邊（林慧珍攝）

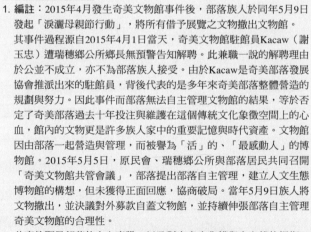

奇美，一個深居海岸山脈中的部落。曾經因為區位的偏僻與封閉，現代化較其他部落來得晚，相對也保存較完整的年齡組織與傳統文化。聯外的瑞港公路開通後，部落開始與外界頻繁地接觸，卻也將部落族人一個個拉離部落，傳統文化與經濟生活遭受衝擊，在失衡的發展下漸趨弱勢。

2005年部落開始了運動，試圖在現代主流價值及部落傳統文化之間，走出一條屬於奇美阿美族文化復振及產業發展之路。以部落年齡組織與文化為部落的經營核心，在各項祭儀與文化活動上堅持走自己的路，而在近幾年來逐步找回部落自主的信心，並發展以文化為利基的部落產業模式，不僅積極創造了部落就業機會，也展現出社會創新的意涵。

1. **編註**：2015年4月發生奇美文物館事件後，部落族人於同年5月9日發起「淚灑母親節行動」，將所有借予展覽之文物撤出文物館。
其事件過程源自2015年4月1日當天，奇美文物館駐館員Kacaw（謝玉忠）遭瑞穗鄉公所鄉長無預警告知解聘。此兼職一說的解聘理由於公並不成立，亦不為部落族人接受。由於Kacaw是奇美部落發展協會推派出來的駐館員，背後代表的是多年來奇美部落整體營造的規劃與努力。因此事件而部落無法自主管理文物館的結果，等於否定了奇美部落過去十年投注與維護在這個傳統文化象徵空間上的心血，館內的文物更是許多族人家中的重要記憶與時代資產。文物館因由部落一起營造與管理，而被譽為「活」的、「最感動人」的博物館。2015年5月5日，原民會、瑞穗鄉公所與部落居民共同召開「奇美文物館共管會議」，部落提出部落自主管理，建立人文生態博物館的構想，但未獲得正面回應，協商破局。當年5月9日族人將文物撤出，並決議對外募款自蓋文物館，並持續伸張對部落自主管理奇美文物館的合理性。
此事件顯見部落的自主意識，以及對自身文化權與自主權的捍衛，得見部落十年耕耘的努力，其精神亦令外界佩服。

一個深山部落築夢的開始

奇美部落位於海岸山脈的中段，濱秀姑巒溪，為今花蓮縣瑞穗鄉奇美村。奇美為一古老部落，昔時部落強大，為阿美族發祥所在，具有豐富的口傳歷史。早期對外的交通不便，直到1964年，電力才正式引進奇美部落。1986年，部落聯外的瑞港公路才開通。相對於其他漢化及現代化較早的原住民部落，奇美部落保存較完整的年齡階級組織及傳統文物。奇美部落的封閉性使得族人受教育程度並不高，收入也較少。瑞港公路的開通並未帶來部落的進步，反而加速部落勞動力外移，傳統社經生活結構有被迫瓦解之虞。

奇美部落的生活與文化所賴以發展的秀姑巒溪環境，也在之後興起的觀光泛舟產業受到影響，一度被納入熱門風景區，但沿岸部落經濟仍居於弱勢封閉的狀態，商業性行為卻已衝擊部落本身。或許如此，近年來，族人在不得不學習主流社會的生活技能時，相對有較大的挫折感，對漢人文化及現代社會的運作模式，產生認同的混淆與排斥。也因此，部落族人有感於文化與青年的逐年流失，開始積極嘗試部落營造的工作，試著在穩固阿美族部落價值的同時，也讓部落族人有自主意識地適應現代社會。方式則是透過年齡階級制度來帶動整個部落

的力量；也藉由發展有機農業、部落深度旅遊與文化創意產品，積極
地創造部落就業機會。

奇美部落與秀姑巒溪（林慧珍攝）

部落營造背後的重要推手：
吳明季

訪談時間：2013年3月12日
訪談：夏黎明、許珊瑜
訪談稿：許珊瑜
編撰 ：林慧珍

　　十多年前，奇美部落發生的一樁關鍵性事件，促使一位嫁入部落的
嘉義女性吳明季，決心離開臺北公共電視紀錄片的編導工作，回到花
蓮來，逐步把重心轉移到服務部落，與族人在2005年成立部落文化發
展協會。因為她的努力，對奇美部落起了關鍵性的作用。

　　回憶起當年，現任協會總幹事的吳明季說，以主流的說法來看部落
的時候，奇美像是處於一種落後、快死掉的狀況。而支撐奇美部落最
重要的傳統年齡階級制度，曾在2003年間為外部勢力所利用，部落險
些陷入危機之中。

　　「當時詐騙集團滲透到原有的年齡階級制度裡，一開始是年輕人不
小心加入了詐騙集團。在拉線的過程，就將年齡階級裡的族人一個拉
一個進去，最後就有近二、三十個人涉入。當我到詐騙集團總部找

於奇美文物館二樓訪談吳明季
（許珊瑜攝）

人，才發現奇美的小朋友都變了。加入詐騙集團的部落青年相信可以快速賺到錢，所以每個人都投資了，藉由信用卡，也欠了一屁股債。」

吳明季認為，對她而言，這是一樁非常關鍵的事件：「那時就覺得再不做一些事來改變，感覺這個部落正在懸崖邊緣，就要掉下去了。當時是一句話也說不出來，心很痛！」

這件事之後，明季努力思考部落發展的未來。她認為部落文化傳統是重要的關鍵，尤其是阿美族的年齡階級制度在奇美部落不曾中斷過。再來是部落自主的意識形成，族人的自信來自於過去聯合豐年祭競賽中的年年常勝軍，甚至到了1990年代，奇美部落成為第一個被學者帶進國家戲劇院表演歌舞的原住民部落。受到外界的專家學者與社會所肯定之下，奇美人對自己文化有相當強烈的信心。

然而，整個社會的氛圍還是在變，「外面的勢力還是到來，也影響了部落。」詐騙集團事件之後，奇美部落的族人更了解到，仍然需要用心的經營年齡階級制度。

以文化為基石，合力造屋凝聚部落

「我覺得奇美部落發展的特殊因素，是我們的文化。全臺灣阿美族
部落中，只有奇美的年齡階級制度沒有中斷過。我們基礎是從文化開
始的。」

奇美部落的營造運動於2005年正式開始，經過多次會議討論之後，
決定以「部落文化」作為主軸，朝向「奇美部落是一個
活的博物館」來帶動部落相關發展。

對漢人及原住民文化邏輯相當了解的吳明季認為，以
管理的角度來看，「在奇美，年齡階級制度不只是傳統
脈絡，更是我們部落共同經營的核心，要以傳統組織的
邏輯來運作才會成功，用現代的經營管理方式來運作幾
乎是不可能的。」

在第一階段，約2005~2006年間，他們透過阿美族的
傳統活動，以古老工法合力建造傳統茅草屋，來強化部
落年齡階級的訓練運作、傳統文化儀式的恢復與保存，
並讓年齡階級制度成為奇美部落的共同經營的核心。
2006年，在ilisin（豐年祭）的前一天，部落族人依照
古法舉辦ifayan（完工）儀式，為這兩間由族人自主爭
取、搭建、傳承的傳統茅屋祈福。這兩間茅屋成為部落
發展的精神中心，也是文化的重要地標。

強化年齡階級組織，找回文化認同

「有些部落的年輕人不回來參加年齡階級組織的訓練，其中有些是
父母親不願意，有些是小孩怕吃苦。我們這些年來想辦法用不同的方
式讓年輕人回來，至少有努力就會創造一些可能性。前幾年，捕魚祭
的人數已經少到一個程度了，在我這個年紀（四十歲初頭）的人在他

奇美部落的ilisin（俗稱豐年祭），是阿美族一年的開始，期
間每天會有嚴肅與文化意涵深遠的祭典儀式。（林慧珍攝）

們二十多歲時,第一級到第八級就有一百三十人左右,現在只有四十人。少子化也有影響到。我這個年齡層是部落的支柱,於是就發起號召,有用,就開始有很多年輕人回流,目前人數也一直在增加中。

「現在奇美隔代教養還是有,不過族人酗酒比較少了,也不嚴重。因為年齡階級組織很強,有很強的約束力。如果有發生酗酒的事,晚上到了集會所就會被處罰,同階級的人也會被連坐。所以常常有人喝得差不多時,同階級的人就會扶他們回去。」

此外,奇美部落不僅針對部落年齡階級的青年進行訓練,自2011年起也讓外界體驗奇美的年齡階級訓練,首批的對象是金山高中原住民專班一、二年級學生,以最珍貴的部落核心精神來訓誡年輕人,希望他們在紮實的訓練之後,帶著強而有力的部落認同回到自己的部落。此外,臺南女中的臺灣文化隊也在多年前接觸到奇美部落文化,透過每年的回訪來部落「遊學」,至今已有十年的情誼。

累積自己的歷史,面向外來訪客

到了第二個階段,約2007年,部落族人討論著應該將傳統茅屋旁邊當時還是蚊子館的閒置空間轉化為奇美文物館,希望能慢慢發展為一個屬於部落傳統文化的象徵空間,作為文化傳承中心,也作為外地人接觸部落的重要窗口。族人收集老照片與家中文物,過程中凝聚部落對文化的共識,利用文物館作文化展示,面向外來遊客,使之對奇美

有較初步而全面的認識。

文物館本身是一座水泥式的建築，在建築的牆面上，組裝了許多以原木及鑄鐵創作的原住民式藝術及美學風格，這兩種完全不同材質的組合，紀錄了一個活化蚊子館的歷程。奇美文物館成了部落的重要地標，男子集會所、部落教室、部落廚房等皆由部落族人搭建，圍繞文物館而蓋。其空間場域成為部落認同象徵的所在。2015年4月發生的奇美文物館事件，部落族人對文物館的文化自主權的捍衛，即彰顯了其背後部落十年耕耘的心血。

2013年起，奇美部落也開始思考回復傳統服飾的可能性。早期阿美族的服裝是黑色為主，但在1960~1970年間，因應觀光的需求，修改為紅色之後，即成為社會大眾印象中的阿美族服飾。不過，奇美部落婦女以族人所收集的古老服裝為依據，開始討論恢復傳統服飾這件事。在更早豐年祭觀光化那時的現象，奇美部落反其道而行，透過不同的媒體管道，讓來參與的外界了解豐年祭、甚至服飾本身之於部落的意義，也主動提出禁止攝影等干擾儀式的行為。這些過程均逐年走向部落自主意識的成長。

以部落文化為主體的產業發展

吳明季提到：「現階段的原住民部落都知道要跟政府拿錢，對於國家經費補助，許多原住民部落仍停留在跟政府單位拿錢的想法而已，

但這樣一定做不起來。你的企圖心不應只是停留在那裡。對奇美來說，我們現在還拿政府的錢，是因為我們還沒辦法經濟自主，但我們希望有一天能夠部落自主及經濟獨立。目標是很清楚的，就是有一天不要再跟政府拿錢。」

於是自2008年起，整個部落開始為產業發展作準備。思考部落發展的方向的同時，希望也能創造在地就業機會，讓青年有機會返鄉。產業的發展到現在，可分為部落深度旅遊、有機農業及文化創意產業三個面向。

吳明季提到在推動部落發展時，主要遇到的問題是資金不足及原住民的價值觀念。她說：「原住民對於整個現代社會主流社會這一套就是不懂，不了解如何去賺錢。這是最大的落差。

「司馬庫斯的經驗值得東部的人參考，有所啟發。我的經驗是，要帶動地方，無法用一般商業經營管理模式，否則一定百分之百的失敗。如果運用傳統的邏輯，然後再做一些現代轉換，在別的部落我不知道，但在這裡（奇美）是成功的，也是我們摸索出來的方式。」

吳明季很能體會原住民部落與漢人社區在推動營造方面不太相同的地方：「在部落發展中，要有一個懂現代外面社會的邏輯也懂得部落的邏輯的人來做，而且本身不能自私。」

以照顧部落整體為優先的深度旅遊

「奇美部落的營造進行了八年[2]，是以深度旅遊作為重心，以小經

費的方式、緩慢的速度來進行，主要是讓部落的族人都能接受新的想法，凝聚共識。」長期以來，奇美部落文化發展協會規劃一至二日人文生態部落之旅，讓遊客來參觀「活的博物館」，同時藉由多面向的遊程推廣，以增加遊客回客率。另外，協會也研發風味餐及部落野菜水餃，透過網路宣傳行銷。除了硬體設備外，也加強部落族人的電腦技能，開始學習英文、餐飲技能及解說服務，逐步強化旅遊產業的經營。

　　然而，在加強部落族人這些技能的過程中，吳明季發現族人一旦遇到很大的挫折與阻礙，很容易學習中斷，或遇到較專業的課程時就會逃開。她解釋道：「原住民在學習過程中有很大的障礙，是漢人無法想像的。例如導覽解說時，原住民私底下是很幽默，也很會講笑話，但是等到面對客人時，頭腦往往一片空白，可能連一句話都說不出。他們會說：『這跟私底下是不一樣的啊，我又不認識他，這很恐怖耶！』正因為他們無法反應，容易覺得害怕，所以只好土法煉鋼，讓他們多練習。偶爾也會收到遊客不滿意的客訴，但就這樣慢慢熬出來一條路來，也是一個辛苦的過程。」

　　發展同時，部落有自己的堅持，他們設計小型遊程，讓為數不多的遊客不會影響到部落生活，並配合部落的腳步。適逢豐年祭或相關傳統祭典舉辦時，則不接待客人，以減少對部落負面的衝擊。「我們會

---

2. 編註：訪談時為2013年，奇美部落營造至今（2016年）則進行了11年。

有意識地慢下腳步來，讓整個部落都跟上來，而不是只有帶頭的人獲利。其實很多原住民部落都這樣，只有少數幾個人獲利。」

推行有機農業

「奇美早期主要作物是玉米（飼料）及花生（沙拉油），都有噴農藥的，收益不並多。因此，主要支持生活的收入，都是子女從外地工作寄錢回來，農業的收入只是一點零用錢。很多專家來到奇美，都認為部落是發展有機農業最好的地方，因為前不著村，後不著店，水及空氣等自然環境都很好，所以我們就試圖去推動。

「聽說種植有機紅豆很費工，在西部種植紅豆常用很多農藥和落葉劑，非常毒，所以有機紅豆在臺灣的產量實際上很有限。當我們推出有機紅豆時，因為口感很好，反應都很不錯。」

2012年，花蓮農改場來到奇美部落教導有機紅豆的種植，銷售反應良好的結果，也激勵了族人開始增加種植紅豆的面積。

此外，吳明季提到即在日本時代以前就有的奇美稻米，「部落的人曾提到有位老人家Kacaw Palos，這個人很特別，用土法煉鋼的方式修了水圳，並且引水種稻。」

2012年部落開始以一分地嘗試種植有機米，並交給農委會水保局，碾出上百公斤的「忘憂穀」，希望吃的人能忘記憂傷，感受到大地脈動。未來仍會鼓勵部落的人繼續生產。

然而，推動部落有機農業的過程中，碰到極大的阻力往往來自部落

奇美文物館後方（林慧珍攝）

族人的觀念。吳明季提到：「當我們向老人家講述及學習有機農業這個新的概念時，他們會回應：『你沒有做過農業，不知道除草有多辛苦！』事實上，對部落而言，有機農業的技術門檻不低，不但要有新的技術及觀念，也需要主動性和企圖心，以及一定的資金，這些都是困難。」

　　奇美部落農業目前以雜糧為主，自2013年起開始種植小米、綠豆、紅豆、花生、南瓜等。多樣性的種植可減少生產過剩的風險，也鼓勵在地消費，以獲得較長的保存時間。吳明季同意「部落農業」在某個意義上須以多樣性生產為其主軸，然後選一兩種強項作物，使其在臺灣的農業市場上佔有好的位置。若作物本身的文化故事得以傳達、訴說，將更添具深度與風味。2015年部落已漸漸找到以有機紅豆為主軸，有機洛神花搭配在文化泛舟遊程中，輔以有機南瓜、黃豆等雜糧作物的栽種。

奇美風味餐（許珊瑜攝）

發展部落文化加值產業

近幾年，協會嘗試將傳統文化與故事，加值在商品中，發展文化創意產業。他們推出「奇美小辣枕」、「奇美小辣包」這兩項商品，採用在捕魚祭中使用到的Kadac（卡辣姿）為創作原形；Kadac即五節芒葉子編的草包，裡面包的是魚。在傳統搶早餐儀式中，以階級為單位，以奪到Kadac為最高榮耀。結合傳統與文化行銷的模式，透過商品販售，重要的是訴諸外人關於部落的故事，獵人在山林內集體合作的精神。

微電影《農村再生：被遺忘的旅程──邀請您找到回鄉的路》，就是取自奇美故事的片段。當時透過農委會推動的農村再生條例政策，奇美部落參與了「農村再生培根計畫」，重新完成水圳再生工程，創造了18公頃耕作面積這樣的故事，被拍攝成三段的微電影。電影製作本身除了受企業贊助外，也透過播放宣傳，獲得企業捐贈部落購買資訊及圖書等相關設備。

今日奇美，緩慢而穩定的走向族人眼中的願景

今日奇美，年齡階級組織已經透過傳統的部落活動穩固下來，自外地回流的人口也隨著中生代青年的號召而逐步增加。部落內部的共識，也在這過去十年間漸漸達成，確立了未來發展的願景。產業發展

的基本培訓則持續在進行中，包括電腦、網路、英文、餐飲、旅遊服務等。

回顧凝聚對願景共識的過程中，吳明季分享了前幾年到兩個部落參訪的經驗，可以清楚的指出奇美部落的年輕人心中理想的部落經營模式。「2009年奇美部落的族人到新竹尖石鄉司馬庫斯進行觀摩，收穫非常多，也很感動。而2010年我們參訪了宜蘭大同鄉山區的不老部落，他們的商業經營非常成功，但奇美部落的族人卻覺得好假，看不出什麼來。」

吳明季指出，主流社會認為成功的經驗，在奇美部落的年輕人眼裡是看不到其價值的。他們認為看到的文化面都是虛擬的，因為整個不老部落雖然有其專業的餐飲服務與空間設計，但只是以文化作為包裝手段，提供遊客一個體驗原住民生活的經驗。這一切看在奇美部落青年的眼裡，覺得這是個虛假的部落經營模式。另一方面也顯見，奇美青年對一般商業管理的邏輯是有排斥感的。吳明季說道：「如果用商業或觀光業的標準來訓練部落的人，勢必會遇到很大的阻礙，一旦部落的人不懂，便會心生懷疑而抗拒。」

她認為：「反而是要回到部落自己原有的價值核心，再加上一個轉換的過程。我們奇美的優勢就是年齡階級組織很強，如果這個組織是帶得動的，一般可以帶起來都是以傳統的祭典及訓練為主。假使這個部分可以應用在其他的面向，力量是很可觀的，像提起一串肉粽般，整個都上來了。這是我們摸索很久之後，覺得較成功的運作方式。」

推動文化泛舟：部落產業的火車頭

　　2013年開始，奇美部落發展協會將「文化泛舟」（阿美語tatadok，順流而下之意），視為產業發展的火車頭，希望以自己人的方式來經營，為部落在旅遊產業上帶來新的發展想像。面對現在一般秀姑巒溪泛舟的商業模式，遊客只會在旅程途中上岸到奇美部落旁的休憩區，上個廁所吃個便當，跟部落的關係，只有留下的垃圾。看著賴以生存的秀姑巒溪流域，他們認為不應只是這樣，秀姑巒溪蘊藏了許多部落族人生活的故事與傳說，更值得讓外地遊客認識與了解。

傳統家屋（許珊瑜攝）

「我們的泛舟會與一般的泛舟不同。我們會從瑞穗上船，船是現代的橡皮艇，中間走走停停，撒網捕魚、野炊，解說與我們阿美族生活有關的故事，還有秀姑巒溪有很多像棕沙燕的窩、動物的足跡這些可以看的生態部分。我們的規劃只有原先一半的路程，到奇美上岸。我們希望人數不要多，用意是開發新的客源及市場，不是搶原有泛舟業者的客源。我們也希望透過泛舟的收入來平衡農業的損益，更希望以文化泛舟作為新的火車頭，再帶動其他產業，讓部落發展有新的可能性。」

在2013年開始營運之前，事實上奇美部落已為此籌劃許久，結合進行好幾年的部落深度旅遊，包括人員的專業訓練、路線與遊程的規劃、故事的導覽與解說等。

吳明季提到：「文化泛舟完全是由部落的人來做，因此族人需要有專業的訓練及觀念上的改變。例如現在規定在河流區進行活動，需要取得體委會的開放性水域專業證照，以及國際I.R.I.A證照，這個非常有名的嚴格和難考。不過我們已從2012年就派人去受訓，並且取得了證照。至少，我們要做到保證安全而且符合國家規定，事先的準備很重要。另外，服務客人的態度仍然需要加強，雖然我們已經做了很多年，但以我的標準仍然是不夠到位。這個到位的標準是不同於西部的，但還是有很大調整與進步的空間。」

相對泛舟商業公司，奇美部落只有為數不多的資本，然而吳明季堅定的表示：「一旦開始就是要拚了，所以部落有集資，一個人十

萬元，不夠的話再申請補助，也有可能會考慮貸款。」這讓整個部落似乎是動員了起來。

　　至今，在文化泛舟與深度旅遊這項產業上，奇美部落擁有顯著的成績。小眾而深入的文化泛舟遊程，漸漸在來訪的遊客中打出口碑；透過邊泛舟邊導覽的方式，讓遊客認識阿美族先民早期在秀姑巒溪的沿岸生活、相關祭儀與傳說。藉由實質的體驗，更讓遊客深刻地認識到，秀姑巒溪流域阿美族傳統的捕蝦方式，以檳榔葉鞘、麥飯石烹煮魚湯的天然飲食生活，收穫的將不僅是娛樂，而是當中的文化教育意涵。

文物館二樓原普通水泥柱上加上原住民風格的漂流木裝飾（許珊瑜攝）

　　由於這兩年文化泛舟的成功模式，也讓奇美部落受到來自其他泛舟商業公司挖角，與複製遊程的壓力。經過多次會議，部落族人堅持留在部落內經營，部落的自主意識與團結的年齡階層組織文化一一克服了面對主流商業勢力的難關，雖然外來的考驗還會一直來。

　　吳明季表示，若產業發展有盈餘，部落的年輕人就有工作機會，甚至還可以回饋到部落，例如接下來想做老人照顧的部分，「有能力的話，可以在傳統教育方面往下做，前提是我們要夠強，有能力，自己帶自己。」

　　吳明季如此堅定的說明，讓我們了解到，部落強烈的凝聚力並非一夕之間，部落發展的共利共享成果也絕非一蹴可幾，這正是十年來部落以文化自立，以增進部落信心為主，營造得來的結果。

部落山邊（林慧珍攝）

他山之石

奇美模式的參考意義

近十年來，花東有幾個部落具有濃厚部落自主意識，強調以部落自身條件與力量，作為部落發展的基礎。位於海岸山脈的奇美部落，即是其中一個代表。奇美部落得以突破許多先天限制，逐步向前進展，值得學習與參考。

主要的創新關鍵

●部落經營人的特質

部落營造的主要推動者，是一位嫁入部落的漢人女性，角色必須能懂得現代外面社會的邏輯，也懂得部落的邏輯。更重要的是，經營者本身不循私，才能在對內溝通及對外表達進行有效溝通，並做出以部落發展為最大利益前提下的發展策略，才能被部落的人信服。

●善用傳統年齡階級組織，凝聚文化認同

奇美部落突破先天限制，視所保留完整之年齡階級組織與傳統文化為其優勢，不只是重在傳承，而是善用年齡組織凝聚文化認同，成為

推動部落事務和產業上最重要的社會網絡和力量，是奇美部落發展的社會基礎。

● **以傳統生活文化為立基，結合現有產業型態**

與一般部落在發展文化創意產業上不同的是，不是為產業說故事，而是為表現奇美部落的文化，為現有的產業型態帶來新的價值與機會。以文化泛舟為例，成功轉化秀姑巒溪旅遊觀光不僅是只有泛舟娛樂活動，也應認識秀姑巒溪是奇美阿美族重要的生活場域。

現階段的弱項

● **資本不足**

外來的資金及自己產業的收入較不穩定，對初期產業發展的投資較不容易，經常需要邀集部落族人合股、或對外小額貸款或申請補助來

奇美文物館外觀（許珊瑜攝）

籌措資金。

●培育運用現代商業或行政人才的困難

奇美族人在電腦技能、英語、解說、餐飲服務等學習過程中，容易學習中斷。與觀光服務接軌的同時，族人往往必須兼顧部落家庭事務或農事，難以習慣處理旅遊接待等行政事務。

●推動部落有機農業受阻於「保守觀念」

奇美部落自然環境條件十分有利於有機農業種植，目前於紅豆與水稻試種均有不錯的反應，但在鼓勵農民跟進與推廣多樣性種植上，不容易說服老一輩農民學習新的技術與觀念，更改種植習慣，因此尚未能發展出在市場上足以作為主軸的強項作物。

可轉移性

●文化創意產業

主要是商品+行銷+原住民文化的組合。這一部分並非奇美模式的強項，卻是最普遍、最易被參考和複製的部分。值得注意的是其發展策略核心，全然由部落文化自主性發展而來，任何商品行銷或產業發展模式需緊扣此核心價值。

●作為部落地標和認同象徵的空間

傳統家屋的建造，以及奇美文物館的空間創造與運用，部落藉由文化空間意象的打造，來形塑族人對部落家鄉的認同感。然而，最重要

的仍在空間的建造與使用其背後的理念與過程，特別是以部落為主的經營管理方式，加之在地族人的文物與文化的深入理解與解說，是在經驗轉移中必須參考的重要方法。此可由2015年發生奇美文物館事件中顯見，部落仍然表現高度團結，捍衛部落文化自主權、集體權，讓許多人外界的朋友對奇美部落的作為感到更加敬佩。

● 部落深度旅遊

面對當前重視部落觀光的潮流，此亦為十分普遍的發展模式，然而奇美模式最具創新的部分在於當中的兩方面。一方面強調部落生活文化來結合轉化現有觀光型態，重點仍在認識部落文化，並非強調觀光營利。另一方面整個規劃與運作由部落族人共同操作與承擔，人才培力與就業機會均以族人為主，管理自有領導但以共議制為主。此兩方面在重視部落文化傳承與部落組織系統是最值得被轉移的部分，也是較困難的部分。

● 傳統年齡階層組織

此為奇美模式最強、最穩固的基礎，卻也是最不易被直接轉移的要素。然而，花東其他原住民部落，若能有效恢復其傳統年齡階層組織，將會如同奇美部落一般，擁有一具有文化與社會脈絡的自主性基盤。

● 堅持部落自主

奇美部落發展過程中，部落認同與自主意識雖抽象卻十分有力，更是克服許多困難的關鍵。此一要素無法複製，不能轉移，卻是部落發

展的關鍵，必須被強調，被視為最優先，也是最終極的發展目標。

對花東發展的貢獻

●奇美部落試著以鞏固自身阿美族文化的傳統社會制度為基礎，將現
　在的主流文化轉化為部落族人可以接受的形式及邏輯，在傳統及現
　代之間取得平衡點，作為部落發展的主要架構。

●相較於其他部落以向政府申請經費作為主要經營部落資金的來源，
　獨立自主經營是奇美部落的最終目的。根據部落的發展願景及適合
　的步調來進行，更重要的是顧及部落整體性的利益為主，而不隨著
　一時外在的資源挹注或政府政策而改變既定方向和步調，緩慢卻穩
　固，值得借鏡。

延伸閱讀

1. 奇美部落臉書粉絲專頁：https://www.facebook.com/kiwit01
2. Niyalo'no Kiwit 奇美部落網站：http://kiwit01.blogspot.tw/
3. 徐珪瑩，微電影〈被遺忘的旅程〉，2013年2月。https://www.youtube.com/
   watch?v=Kecm_zUe6yE）
4. 廖靜蕙，〈無毒紅豆打開知名度，奇美部落接續打造綠實力〉，
   2013/3/14，環境資訊中心電子報：http://e-info.org.tw/node/84357
5. 〈體驗原始阿美族「奇美」經驗〉，2014/2/27，農村風情網：http://rural.
   swcb.gov.tw/Rural/Detail/541
6. 微電影〈奇美部落文化泛舟〉，2014年6月。https://www.youtube.com/

watch?v=6IuHk3y82AU

7. 〈活的博物館－奇美部落〉，公視行走TIT第2集，2014年12月。https://
www.youtube.com/watch?v=ysd_aUIIhQo

8. 方克舟，〈「全台最感動人的博物館」恐因鄉長一句話成蚊子館！〉，
2015/4/15，MATA TAIWAN：http://www.pure-taiwan.info/2015/04/kiwit-crisis

9. 〈奇美造自己的文物館〉，2015/5/22，原視LIMA新聞世界第72集。https://
www.youtube.com/watch?v=mNKPyNPKr5w

10. 郭志榮、陳志昌，〈誰讓文物館變蚊子館〉，2015/5/25，公視我們的島第
809集。https://www.youtube.com/watch?v=hmfRdZUai2Q

11. 〈奇美文物館事件簿〉，2015/5/26，PPT下載網站：http://www.slideshare.
net/PNNPTS/ss-48598637

12. 〈奇美文物館：處於行政與部落主體性的困境中〉，本文原載於《人本
教育札記》，313期，2015年7月號，頁76-82。http://underhill2009.blogspot.
tw/2015/09/blog-post.html

13. 邱新達，微電影〈守護Sra〉，2015年12月，原視十年有成微電影系列。
http://titv.ipcf.org.tw/program-156-1

拉勞蘭
小米工坊
以文化復振為核心的
部落產業創新

　　位於臺東縣太麻里香蘭村新香蘭聚落的拉勞蘭
（lalauran）部落，一個混居排灣族、阿美族以及
客家、閩南等族群的所在；一個曾受卑南族文化影
響，並在歷經日本殖民、民國政府時期治理下逐漸
隱沒族群認同、甚至文化辨識模糊的排灣族群；一
個受現代化資本主義影響，而逐漸散佚的傳統經濟
生活主體。1990年代受到本土化意識與原住民運動
影響，而逐步開展一連串的文化復振運動，從部落
青年會組織的建構到恢復傳統祭儀小米文化的再連結，到今日小米文
化作為部落產業的推展，走出部落發揚小米飲食觀念與文化，小米作
物本身與相關農產品逐步走進市場。

　　一路走來，在東部的發展上，拉勞蘭部落的自主成長有目共睹，知

小米採收（利曉鳳提供）

名度之高，散見各家媒體雜誌的報導。然而拉勞蘭在發展的過程中，無論是核心想法或整個策略進行的方式，有其地方發展社會創新的意涵，仍值得以此角度分析介紹，提供花東其他部落參考，甚至在思考整個東部的發展上，能提供一些意義。

走向部落文化復振與
產業結合的過程

從主人到被遺忘角色的轉變

　　為尋找一處有力量、肥沃的土地，拉勞蘭排灣族群歷經一番遷徙歷史，來到大武山綿亙相接的香蘭山區，然而由於日治時期日人為了方便統一治理原住民事務，將他們遷移至所規劃的香蘭村行政區域新香蘭。原居於舊香蘭聚落的阿美族族群也被遷至同一地區，因而形成不同族群混居的狀態。曾擁有原山區傳統領域的拉勞蘭部落，在日人治理政策下，原相關傳統祭儀以及部落的自治體制，因殖民國家體制的介入，權力與功能逐漸削弱。遷移至平地後的拉勞蘭部落經濟型態受到平地人與阿美族人的影響，也開始漸漸捨棄傳統作物小米的耕作，改種稻米，過去圍繞著小米耕作所形成時節性的傳統祭儀與生活文化也逐漸式微。戰後，民國政府時期延續著日本政府的治理政策，進一步進行原住民土地的資源開發，不平等的區域治理與資本主義式發展，造成原住民部落相較其他族群在社會與經濟階級的落差，土地觀念的改變也使農作物走向經濟作物種植為主，部落社會價值與社會結

構關係逐步瓦解，1955年小米收穫祭便完全停辦。

而由政府主導發揚原住民傳統文化所舉辦的豐年祭，在視「山地人」為一個族群主體的認知下，混居排灣、阿美族的新香蘭聚落便以戶數眾多的「阿美族」為主，舉辦豐年祭。當時未有任何族群分別概念的拉勞蘭部落，便一同穿、跳阿美族服飾與舞蹈長達三十年之久，除了語言、體型與部落傳統故事仍舊保留差異外，基本上看不見排灣族的族群色彩與文化。

從追尋「我是誰」到恢復小米收穫祭

1990年代的本土化意識潮流與爭取原住民權利運動，影響了當時在外求學、工作的拉勞蘭青年，除了在外地積極參與和原住民族群意識相關的活動，也意識到自己身分歸屬的問題。同時期眼見家鄉部落人口流失，家庭與少年教育問題層出不窮，而鄰近卑南族部落積極恢復中斷四十多年的青年會所制度，種種因素促使當時的拉勞蘭青年逐步思索自己的部落發展與主體為何。

當時在拉勞蘭部落進行排灣文化復振的起頭者與帶領者，有兩位關鍵人物。一為拉勞蘭基督長老教會戴明雄牧師（Sakinu Tepiq，以下稱呼戴牧師），也是除了頭目家族外，重要的帶領家族；另一位則為其表兄弟關係的亞榮隆‧撒可努（Sakinu Zulung，漢名戴志強，以下稱呼撒可努），也是創建拉勞蘭青年會的重要帶領人。兩人在部落的

重要組織推動著文化相關事務，傳統祭儀的恢復與文化符碼的追尋辨識，是一開始拉勞蘭青年在追尋「我是誰」的重要初步工作。然而誠如受訪的戴牧師與撒可努都提到的，更深層的意義在於，藉由祭典的建構過程中，凝聚部落的向心力，重拾散落的部落傳統組織與社會結構。

1994年戴牧師擔任阿美、排灣族豐年祭籌備總幹事，試圖將「新香蘭豐年祭」加入排灣族的元素。1996年拉勞蘭部落開始決定自行舉辦「小米收穫祭」。對於消失三十多年的祭儀，部落族人不斷摸索，透過長老的記憶與鄰近部落的學習，慢慢建構出屬於拉勞蘭自己的小米收穫祭。當時拉勞蘭青年會的帶領人撒可努也在籌備與執行收穫祭的過程中，藉青年會組織在地青少年（包括旅居在外者），逐步建立青年會制度，藉由祭儀過程中傳承長輩的傳統智慧與倫理精神，形成部落青年認同的團體組織。

從小米收穫祭走向部落產業創新

小米收穫祭對拉勞蘭部落而言，不僅僅是一個文化形式的恢復、辨識自我族群的符號，而是根據一整年的歲時祭儀，力圖恢復小米傳統耕作的生活型態，去理解先人與自然間共存的傳統智慧，以及每個階段不同的祭祀與過去的主要傳統作物小米生長週期的關係；同時藉著祭儀的籌備與執行，進行部落再組織與分工，透過組織或社群團體進

拉勞蘭小米工坊（利曉鳳提供）

行文化傳承。

　　在這樣的過程中，小米收穫祭逐步喚回老一輩族人對小米田的思念和年輕一輩對過去部落生命祭儀的認識嚮往。2001年拉勞蘭成立社區發展協會，2005年戴牧師以「重現部落小米園」為主題向文建會提出社區營造補助計畫，透過所補助的二十萬金額，開始在部落的土地復耕小米，初步想法單純為透過小米復耕的整個過程，達到實質的歲時祭儀、換工制度，藉以凝聚部落族人的情感與部落想像。當年小米豐

收，收穫祭在出現小米製成傳統食物qavai分享時，獲得了真正的意義。其餘的小米由族人拿至路邊販售，卻意外發現小米發展成產業的契機。於是，2006-2008年結合原民會的重點部落計畫，以小米為主題，建立部落產業，成立「拉勞蘭小米工藝坊」；2007-2009年向勞委會申請的多元就業方案計畫，以「拉勞蘭部落小米田復原與小米文化產業發展」為主題，鼓勵更多部落族人共同種植與從事小米產業，包括小米產品相關的研發與行銷。運作至今，結合小米復耕與餐廳，形成食材、加工、出餐、包裝、行銷等族人自主營運的方式，向外界訴說「小米文化」。這整個走向小米產業化過程中，除了一開始戴牧師對小米文化核心目標的帶領外，另一位小米工坊經理，則為實際推動產業化的執行者部落族人利曉鳳。她提到以部落傳統食材小米為主題推動部落產業不容易，小米在農業發展上只是雜糧，而民眾飲食習慣還是以稻米為主，辛苦經營至今利潤不高，能帶來長期就業機會不多。然而，藉由小米產品訴說「我們」，研發新產品給予小米新的詮釋，是她與團隊認為更重要的事。

關鍵人物訪談

推動小米文化與產業：
戴明雄牧師

訪談時間：2014年10月21日
訪談：夏黎明、莎伊維克・給沙沙、林慧珍
訪談稿：莎伊維克・給沙沙
編撰：林慧珍

作為小米收穫祭及其產業的帶頭者，在拉勞蘭部落具牧師身分的族人戴明雄牧師，有其關鍵性的角色。這是由於教會在現今的原住民部落，往往在執行社區的文化活動等工作方面扮演重要的角色。對他而言，牧師同時是可以為基督教一神信仰與排灣祖靈文化衝突之間取得平衡的角色，也是在世代之間傳統的社會組織架構下，能試圖結合現代社會專業分工等認知差別的整合性角色。唯有能扮演在部落居間協調與整合的角色，以及身分權力夠大，才較能推得動部落事務發展。部落地區也設有社區發展協會，依戴牧師自身的經驗，並不認為僅靠社區發展協會便能帶領部落做社區發展的工作。然而發展協會是對外的窗口，因為部落要做的事、申請費用，都需要借重發展協會這個組織工具。

與戴牧師訪談（林慧珍攝）

　　做部落的事，仍然必須以部落為主體。目前在拉勞蘭部落裡有「財團法人原鄉部落重建文教基金會」、三個協會（社區發展協會、拉勞蘭部落文化發展協會、原住民主體文化與發展協會），以及一個教會這五個非營利組織，都在部落的架構底下。而營利事業的部分則有原米本舖、小米工坊，與有機驗證集團（合作社）等。

小米認知與部落認同

　　「小時候有過小米的記憶，是跟阿公、爸媽在小米園生活，之後部落轉作水稻，整個生活方式就改變了，結果種水稻產量過剩，又轉作玉米兩年，但政府不肯收購，為了生計再轉作芒果、鳳梨、香茅等經濟作物。」

　　戴牧師描述過去的部落，約在三十年前，很早便接觸外面的世界，對他而言，那時拉勞蘭已經改種稻米，小米逐漸消失。過去部落有著

整片水田，戴牧師小時候就會耕田、插秧、開牛車，小孩子都必須去山上挑水，半夜三點被挖起來，用竹筒一邊挑水一邊哭，慢慢地提水回來。當時水稻耕作十分盛行，什麼米好吃都能分辨。戴牧師帶點玩笑的口吻說：「如果真要追溯回憶我小時候的記憶，未來其實應該要種水稻的。」

就像經歷小米轉作水稻，戴牧師也曾歷經基督教信仰與部落傳統信仰的衝突過程，甚至因此進入神學院，到最後成為堅持保存拉勞蘭排灣文化的牧師。他認為文化與宗教的融合沒有那麼大的衝突，衝突只是來自於自己個人主觀，各自設定自己的領域。倘若否定了自己的文化，便否定了上帝的創造，不識自己是誰。1994年擔任豐年祭總幹事後，他建議恢復排灣族祭儀，邀請族人穿著排灣族服飾，一直到後來拉勞蘭獨立舉辦小米收穫祭，都是為了試著重新找回排灣族文化。

從認識小米文化到走進產業領域

當初推動部落發展工作，只是一個起頭，戴牧師沒有料到會發展到產業這塊領域。一開始沒有人重視小米產業，到後來發現到它所帶來的效益，而決定重新帶領部落的人認識小米，以及其與部落文化的關係。特別是，當了解到主流社會有許多人傾心小米產品，包括小米酒之類，但實際並不了解這些產品與部落文化關係究竟為何。就如過去大眾對小米酒的概念，往往連結到酗酒行為等刻板印象。

小米工坊店內陳設
（陳尊鈺攝）

　　然而對戴牧師而言，小米酒在傳統習慣裡，是只有小米在豐收時的剩餘才被釀造而成，也僅在祭祀當中特別釀造來慶祝分享的。因此現今族人不斷思考這之間的關係，並給予其正面的解釋，正是希望讓小米酒的美麗、文化價值被重新看待，這也促使部落經營團隊一步步的走進產業領域。

小米文化產業現況

　　目前拉勞蘭小米產業所投入的勞動力並不多，經營部落營利事業的小米工坊以經理利曉鳳為主，與其他工作人員共同運作，主要負責部落及小米相關產品的研發、銷售。小米耕種的部分有另外一批人，整個核心工作人員約莫十位左右。除此之外，小米工坊所持有的小米原物料，大部分來自衛星農場，大家各自耕作，工坊收購，比較像契作農戶的概念，主要管理人是部落青年林建中。目前拉勞蘭的小米種植

幾乎散居全臺東，關山、成功、東河、南迴線等。戴牧師坦承，拉勞蘭部落的小米產量實際不多，2014年加上各地收到的將近20噸。從過去只有5公噸的量到現在，他也自豪地表示目前的收購價格，以小米工坊這邊是最高。事實上除了工坊，也有其他公司在部落收購小米，例如里仁、慈心等，以及一些個別戶。個別戶則通常賣給屏東、高雄專門在做小米產業的廠商。這些外來的收購戶，一次只收一年需要的量就不再收了，很多農戶等不到，只好請小米工坊協助收購，工坊就盡量收購，以米倉屯積，再設法慢慢處理掉。

戴牧師提出了「衛星農場」、「衛星工廠」的概念，部落農產加工，由族人來協助。比如小米酒，小米工坊提供小米原物料給族人釀；比如酒釀香腸、酒釀醃肉，工坊提供小米酒酒渣拿給肉品工廠，用專業電子切割，再按照傳統的步驟醃製、保存。工坊的功能除了本身為營利事業體外，也擔負了在部落各項由食材到加工到銷售的窗口平臺角色。

透過小米產業化讓部落動起來

在鼓勵拉勞蘭族人投入小米產業方面，戴牧師提到過去部落農作模式，主要由農會建議栽種作物，再由農會協助產銷。但他體認到小米產業不能單靠農會，農會基本上重營收，並不完全對部落營造有幫助。目前，小米仍然是歸類為雜糧，所以許多農業政策實際無法關注到小米產業，即使農委會、農糧署來部落關心，也無實質幫助。他認

種小米（利曉鳳提供）

為若是在農業政策上小米能成為主要糧食，那麼不管在機具開發、技術管理上都能提升，真正幫助到原住民部落。

戴牧師認為拉勞蘭應試著找到自己發展產業的節奏，不完全仰賴計畫，而是將政府計畫的經費，主動的作為配合部落發展的輔助。戴牧師認為這個過程就是社造，攪動社區裡的人對所發展出來的議題產生效應，引發大家共同的投入。

因此，在鼓勵族人耕作小米園面積的部分，是由牧師與族人的溝通下，一起討論出可以實行的建議，一戶幾口，就開墾多少的地，管理多少的地，按此分配。這樣的概念不僅是想由部落本身擴大經營，也希望部落一起做小米產業。事實上，種小米的過程中，引起許多正面的效應。例如，很久沒有看到小米的族人，會在一起工作時引發許多過去的回憶。有人提到小米開花的時候，絕對不要進去小米園，因為是禁忌（palisi），或是下雨天也不能進入小米園，老人家的說法是：「不然那個小米會不理你。」

這樣的互動模式，使戴牧師有效地影響部落族人投入產業，甚至藉

由他們的經驗提出最好的建議，傳統智慧便在這當中傳承下去。同時，如何在小米產業化的過程中，確保不會因此讓排灣族流失掉小米文化，戴牧師提到這是兩難。未來原住民的小米文化與智慧，需要透過自己部落的詮釋將之建構，這點做好，小米產業化後也無需擔心。但是在現階段小米產業仍然有困難，問題出在耕作人口的銜接仍有斷層。

要解決目前的狀況，戴牧師認為除了部落種植小米的技術需要翻新，加上工具機設備的配合，更重要的還是作物小米本身需與族人的生活確實結合，將小米文化推廣到整個社會。

「使部落活絡起來的動力，一定要自己來。一起工作的人，可以不見得是部落的人，也可透過外面的人關心部落，進而影響到族人的想法。如果能連結整個社會參與，成為另一波社會運動，讓它回歸到部落裡面攪動這個社區，這是最好的。過去接待外面團隊的經驗可見，部落族人因為對這群人好奇，發出為什麼來參觀小米工坊的疑問，這都刺激到部落族人對小米產業的思維。」

結合小米產業與部落非營利發展

一開始，拉勞蘭部落以計畫申請補助的方式運作小米文化推廣及產業，主要是以非營利為主在操作整個計畫案。到了後期產業要做到位，勢必得走入營利事業的方式，成立公司行號，可以開立發票和收據，小米工坊便在這樣的情況下成立。

小米工坊經理利曉鳳（陳尊鈺攝）　　　　　　小米工坊產品原香樹豆（陳尊鈺攝）

　　作為部落發展營利事業的小米工坊，主要收入來源有產品、餐點、民宿與導覽解說等。其中相關體驗活動是交給青年會，有時候會接到學校、原住民專班的戶外教學等。在工坊本體經營上，工坊作為收購作物、各項加工流程的接應窗口，包含產品的研發、行銷與銷售。除此之外，身為工坊經理的利曉鳳，也同時管理原鄉基金會所屬的非營利補助計畫案，比如說老人關懷站、家庭服務中心、社區健康營造，以及政府的計畫外，還有一些民間社團補助案等。推展部落營造，與營利事業的小米工坊相輔相成。

　　戴牧師認為，其實營利和非營利整合在部落裡，共同發展部落文化產業，這是個趨勢。戴牧師很坦白地說，拉勞蘭已經可以成立一家公司，但成為公司就需要清楚知道投資報酬率，這是個頭痛的事。要轉為企業化經營時，產品、原物料、市場等供需調查，以及投資報酬率，都必須在這樣的一個機制裡計算。

關於拉勞蘭部落的非營利和營利組織人力上如何分配與分工，戴牧師表示在人力上是相互支援，事實上卻是各自運作。這兩個組織概念就像現在許多公司設立基金會，公司透過捐款的方式，將資金捐助投入到自家的基金會，可以抵稅和幫助社會，又可以賺取企業形象。部落要成為公司，做法是從先從非營利再轉成營利，但是非營利在某個階段來講仍扮演很重要的角色，營利部分只是透過這個非營利所接的計畫補助，去支撐這整個營利事業。事實上部落產業的企業化概念，沒有辦法像一般企業集團有那麼大的獲益，原住民產業的獲利沒有辦法與之相比。現階段只是讓部落的產品、餐點銷售出去，運用工坊這樣的事業窗口開立收據方便交易，也是配合現行法令的要求。但未來勢必要擴展營利事業體的經營，才可能有更多的合作機會。

目前小米工坊仍需仰賴基金會非營利的計畫支持。戴牧師認為依照部落現況，事實上有很多小型營利事業，比如說卡拉OK店、小吃店、雜貨店等，在建構部落整體的營利事業體，最理想的是這些商店都能夠一同加入。

小米的未來：建立產業制度，走向企業化經營

對小米產業，戴牧師期待未來部落能持續自主發展，然而前提是他希望能帶到一個穩定的階段，再退場讓部落的人自己做。因為就身分而言，社區發展協會每屆更換總幹事、理事長，無法持續性地進行部落發展，反而像他一樣領有穩定薪水的部落牧師或老師，才能夠完全

投入部落工作。

而就部落產業而言，戴牧師認為未來發展勢必朝向企業化，也正是他想走的發展方式。現階段的專案計畫的方式，哪裡有錢就往哪裡鑽，哪裡可以申請到補助就往哪裡申請，案子停了，再找另一個窩鑽，這並不是部落發展的長久之計。反倒應該主動爭取這些計畫補助，勾勒出短中長期的願景與策略，轉化為以部落為主體的可持續發展。

戴牧師提到，目前也開始與部落內部重要成員及青年們討論，鼓勵投入與參與未來要發展的企業化經營團隊，預計計畫申請的投資資金由政府負責。小米工坊現有的線上產品銷售所得，就作為部落的分紅，政府投資的部分則作為基本底薪，提供給企業的正職人員。這家公司每個人都必須上緊發條，擔任各個職務，需要了解部落的發展，要有創新的想法，而且必須有願景地規劃自己的職務。戴牧師更大膽地期待，「拉勞蘭做的不單單只是發展，其實是如何幫助政府。」

為了讓部落更了解目前的狀況，戴牧師計畫先把團隊組織起來，向大家解釋政府有計畫要投資部落發展事業，部落的團隊則需要思考如何把部落的產業轉換成大家共享的經濟效益，獲益同時必須兼顧回饋部落的機制。要使部落產業轉變成企業化經營的過程，必須先要讓部落的人理解企業，現階段顯然仍有些距離。戴牧師認為有必要將一些企業概念融入工作場域中，讓族人做中學，了解企業運作的本質與方式。

部落組織文化與現代企業運作的融合

對於部落產業朝向企業化經營的計畫，部落的參與度主要來自帶頭的人如何設計這個計畫內容。戴牧師認為，雖然說要企業化經營，但內容其實需要融入部落的傳統文化概念，才有可能讓部落的人一同參與與了解。以種小米為例，就是需要設計一個很實際的、大家都能共同參與的方式，如果直接講企業目標，五、六十歲的人講不通，年輕人也是一知半解。

戴牧師解釋說，企業經營需要以排灣族的概念來操作，在頭目底下有很多的組織分工，每個人職掌不同的職務管理。比如說，parakaljay司祭長是執掌部落行政事務，Mulusu是職掌獵物分配，qemeziqezip負責稅收，以及pulingaw宗教祭司、cinunan部落勇士等。未來這家公司，會依著部落的職權大小編制不同的職務在這個部落。

「比如說，以前的獵人，獵場在山裡，獵到很多獵物帶給部落，那是分享。同樣的觀念轉換到今天，現在的獵人，獵具不再是用刀用槍，而是用電腦，寫計畫書，練就一番寫計畫書的能力，獵場的空間轉換到原民會、政府部門與企業財團。獵人的本事就是這樣，寫三、五百萬或千萬的計畫，一個人無法負擔，就好比獵人獵到一隻山豬，一個人無法吃完，所以必須分享給部落族人，大家一起合作。當然在產業發展的過程，也是會有不想參與的族人，但小米工坊在分紅時仍然會有他們的一份。不過，其實按照傳統部落來講，這樣的人是被驅

美麗的紅藜田（利曉鳳提供）

逐出部落的，因為無法融合在部落系統裡面。」

戴牧師強調，小米產業即便轉為企業化經營，排灣族傳統的社會組織與架構，勢必要保留在部落的公司裡。

此外，戴牧師提到小米產業擴展至南迴線的想法與規劃方向，認為應該透過青年會與其他部落青年會來連結。「在這之前需要跟青年會有一些概念上的共識，請這些青年人共同勾勒南迴線為一個發展區域。這些青年會的成員對自己的文化有很強烈的參與感，不管在身分上，或是部落的參與跟認同度上。為了要形塑成一家公司，就必須讓他們了解這是企業，而同時也必須教導傳統文化的相關組織架構，雖有難度，卻是必要的，讓青年在企業與傳統組織中取得一個平衡。」青年在部落發展中佔有重要的角色，要把這些青年一起帶起來，戴牧師笑著說：「我們這些人頂多三、五年，所以必須讓青年能一起走下去。」

部落產業運作過程所面臨的挑戰

戴牧師表示，做部落產業，便是將設法所要做的事，盡量生活化地讓族人直接感受到，過於天馬行空，部落的人會無法接納，會認為那是你在做自己的事。他舉了花蓮縣卓溪鄉崙山教會溫光亮牧師做苦茶產業的例子，「溫牧師的苦茶做得像是自己的事業。最近食用油事件，苦茶一夕暴紅，想要擴大產業卻面臨勞動力不足，自己種，量卻

有限，沒有部落的參與，想創造出經濟產值，是件困難的事。拉勞蘭為了讓部落族人賺錢，做了小米產業，族人都知道工坊這裡都可以收購，工坊沒有錢了，就會從外面週轉，再去收購族人的小米，這樣的累積下，得到族人的信任。不過因為競爭對手很多，也會有收不到小米的時候。像是屏東的收購戶前來收購多良的小米，農人還在採收，收購戶就馬上裝袋付錢離開，契作也沒有用，就算違約。」

戴牧師莫可奈何地說「誰叫我是牧師」。此外，又認真地表示，有時約定俗成的做法反而比較實際。「原住民的農作物要賣出去是沒有問題，但是部落族人要懂得自我保護。傳統作物的主導權跟解釋權應該是在部落，而不是被所謂經濟價值的觀念影響了，不然排灣族小米文化會變調，失去原本的文化意義。」

拉勞蘭帶動產業發展的影響

在產業發展過程中，拉勞蘭族人回流部落的情況逐步增加。戴牧師提到現在在部落上班的族人，平均是三十歲，基金會與小米工坊加起來約有十名員工，都是當初在外工作，後來才回部落的。不過，戴牧師認為部落也不應自我封閉只用自己人，或者只用原住民，應該設法引進外面的專業人才，只要適當，相對會有較正面的效果。例如，拉勞蘭的青年會組織便吸引了許多外面的人才，成為部落的人力支援。「像在寒暑假，邀請三、五名東華的學生個別在這邊實習，也有結合

部落小米田（利曉鳳提供）

老師課程需求的清華、長榮大學的學生來部落實習。社工實習可以在教會，也可在小米工坊。這樣的過程，能讓外面的人了解到部落在進行哪些工作，有哪些組織，並找出一個能夠發揮作用的事來做。」戴牧師認為社工實習本身是很單純，但如果對部落的事物沒有全面的了解，相對可惜，因為在部落工作，文化與任何事務都是扣合在一起的。

部落營造需要青年，無論在營利或非營利事業上，現階段應當整合以部落為主體的概念來發展。「其實部落裡了解產業、社造的人沒有幾個，還必須再教育再整理，增加新的知識，配合現在整個社會來建立這個發展的觀念。」

身為關鍵人物，戴牧師結合傳統與現代，將拉勞蘭帶入一個原住民部落未曾發展到的領域，至少現階段仍然需要他的帶領與努力，才能進一步穩定小米產業的發展，以及培育新的營運專業人才。

小米工坊背後的重要推手：
利曉鳳

訪談時間：2014年10月21日

訪談：夏黎明、莎伊維克・給沙沙、林慧珍

訪談稿：莎伊維克・給沙沙

編撰：林慧珍

「外界一直認為我們是一個很成功的範例，其實一路走過來是滿辛苦的。」

車流往來的臺九線上，半開放空間的小米工坊正位於拉勞蘭部落的入口處，工坊經理利曉鳳忙碌的身影在裡頭進進出出，談著工坊從無到有的心路歷程，邊指餐廳內的漂流木桌椅笑著說道，一切都自己來，所以桌椅都搖搖晃晃的。

2006年利曉鳳開始在工坊工作，當時最小的兒子才剛出生。跟著工坊走到現在，小孩已經在念國小了。起初，她是社區營造三年計畫聘任的專案計畫人員，2007年6月小米工坊成立，前兩年半是勞委會的多元就業計畫，補貼了人事與行政費，其他支出費用則依賴工坊的收入，直到2011年，當計畫支持減少，工坊才慢慢走向自主營運的狀

與利曉鳳訪談（林慧珍攝）

態，利曉鳳可以說參與了整個小米工坊的成長過程。

工坊艱辛的營運歷程

工坊的位置原本是在部落裡面，2013年2月份才搬到臺九線旁，剛搬下來時就不輕鬆，沒有足夠的自備款購置餐廳設備。為了省工，自己動手做工坊的佈置，請師傅教木工技術，到海邊撿漂流木做材料。最初餐廳後院鋪設的木地板，就是用漂流木裁切鋪成平臺，因為沒有做好防水，整個木頭壞掉，又重新鋪設。利曉鳳娓娓道來：「其實一

直到2014年暑假，工坊收入才開始漸漸好轉，終於有收成的感覺。」

2007年小米工坊成立後，以餐廳起家，曾到史前文化博物館接手經營餐廳部，但因營運不善而停業，之後花了幾年時間還債。利曉鳳表示在部落做產業非常辛苦，不像一般企業完整，光靠公部門的計畫資助其實無法經營下去。起初成立工坊餐廳時，營業時間不固定，通常以預約餐點為主。至於農產品宅配，當時還未有空間可以陳設讓客人選購。直到搬到臺九線旁，才開始有規律的開店時間。

目前在工坊主要由利曉鳳負責行政、產品研發及行銷，另外一位工作同仁則負責餐廳服務，處理農產品包裝出貨等。這裡的菜單、甜點製作、產品包裝、宣傳品全由利曉鳳自行研發，雖然訂週一為公休日，利曉鳳仍經常需要上班處理行政事務，平日並無多餘的時間處理行政工作。

此外，工坊也承接民宿與部落體驗、導覽等業務，由利曉鳳負責管理與聯絡。體驗的部分通常是電話預約，請老人家教做藤環等內容；部落導覽工作則是請部落族人協助，或交給青年會協辦，有時連利曉鳳有導遊背景的先生也要幫忙導覽工作。民宿的部分比較被動經營，雖然平均一個禮拜可能只會接到兩組客人，但一些訂房、帶房與打掃清潔工作，利曉鳳偶爾也得幫忙，有時忙不及，便請學生下課後來幫忙。一人往往身兼數職的利曉鳳，不難看出她對小米工坊經營上的重要性。

營收與財務情況

小米工坊的主要營收對象是觀光客和路過的客人，部落族人反而較少。主要是因為商品的單價較高，即便是族人來用餐，也都是選擇牛肉麵，小朋友則是蛋包飯等便宜的餐點。通常來吃小米工坊風味餐的以年輕人居多，背包客佔多數，暑假期間較多家庭旅遊或員工旅遊團體。工坊也曾經嘗試三十人以下的簡單外燴，最多也做過兩百個人的外燴，相較之下，工坊比較喜歡接團體餐，一次出工，獲利也較高。

就收入方面，工坊目前是以農特產品銷售最好，餐廳反倒不太理想。利曉鳳表示：「其實這與工坊當初的規劃不一樣，原本以為只靠農特產品銷售無法完全支持人事費用，所以另外做餐飲來支持。設想是在工坊備好餐廚設備，只要分配個人力在餐廳服務就好，結果農特產品的銷售反而比餐飲好。不過現在餐飲部分主攻蛋糕，像是紅藜蛋糕銷售情況就不錯，不但族人覺得好吃，也覺得當做禮物送給客人很有面子，畢竟紅藜蛋糕比較少見，它也成了拉勞蘭的名產。」近年來，臺東市區或附近的公部門舉辦活動、會議時，也開始選擇小米工坊提供餐盒點心，因此蛋糕、烘焙類的點心營業額皆有成長。

小米工坊的農產加工品中，利曉鳳表示以小米酒的利潤最高。但小米酒因涉及製酒法規，需要酒牌，工廠也必須設在工業區，因此工坊只能與臺東的製酒工廠合作，由工坊提供小米原物料，工廠負責釀製裝瓶成商品。雖然酒賣得好，但小米工坊對賣小米酒這件事卻非常掙

扎，深怕會使一般人加深對原住民愛喝酒的刻板印象。加上當初小米
產業是由教會發起，教會的立場並不希望提倡飲酒文化，因此也不希
望工坊販售太多小米酒。在過去排灣族長輩的觀念，小米酒是用多餘
的小米做出來的，身為族人的立場當然希望保持美好的文化傳統，但
身為工坊經理，卻又希望能賺錢，這對利曉鳳來說十分兩難。也因此
工坊小米酒的販售，會考量到形象方面，並在傳統特別時日才會特別
釀酒，這是一種情感上的堅持。

利曉鳳認為工坊產品的訂價其實有問題，例如紅藜一斤只賣
三百三，但外面已經賣到四百多，利曉鳳認為應該賣更高的價格，農
戶才能真的賺錢。利曉鳳笑著說：「我覺得我們排灣族有時候太含蓄
了。以蛋糕為例，當初訂價是以成本的一倍來訂，包括店租等成本都
已算進去了，結果聽說外面是以成本的三、四倍來訂價。後來果真遇
到了售價過低的問題，而且如果是商店要多做產品促銷，我們根本就
無法賺到錢。」

具會計背景的利曉鳳坦言，小米工坊最大的開銷主要是進貨，佔掉
收入的一半。人事費大概是兩成，店租則是一萬一，商品的利潤是二
到三成，還要扣掉一些管理成本，因此真正的利潤實在有限。

人力與薪資

工坊的經營到2014年才開始轉虧為盈，利曉鳳很希望能持續保持目

前的良好狀況。然而她說，目前最需要的是能有額外的人力協助工坊的日常工作，這樣她便能有足夠時間處理其他行政事務，未來只要收入穩定，人事成本就不會是問題。

「工坊的發展其實有時候會跟外界想的有一點落差啦！」利曉鳳坦然地笑著說。

比不上一家完整的企業有足夠資本運作，工坊就像其他部落所面臨的問題，人事方面的營運部分仍靠計畫資金維持。現在工坊的經營包含利曉鳳共有兩名工作人員。工坊收入僅能維持另一位夥伴，利曉鳳的薪水則多半由計畫支付。先前當沒有計畫補助的機會時，利曉鳳便是以志工或半志工的方式在經營。她說：「因為是在自己的部落，自己的部落你要拿多少？我都免費啊！」

人力不足，收入不足，無法再補人進來，利曉鳳將這些問題歸因於行銷上的問題。所以接下來開始就著重在行銷方面，並委由基金會另一組負責產業計畫的人協助。以2014年來說，已經參與好幾場的行銷活動，幾乎每個月都參展。如先前戴牧師預計將小米產業企業化的方向，利曉鳳也提到2015年開始的原民會三年計畫，期許這項產業計畫能夠支持工坊在各個工作項目的建構，也讓收支平衡，像是一個真正的企業，走向企業經營的規模。小米工坊剛開始的一兩年靠著計畫補助在運作相當吃力，未來若能將工坊規劃成企業制度經營，就可以不必一直依賴補助。

行銷與通路

　　除了主動參與行銷活動，自2014年中開始，工坊也較積極尋找通路，如網路平臺，以小米工坊臉書粉絲專頁運作，客戶傳訊下訂單消費。另外工坊陸續開發新產品，透過活動或擺攤來宣傳，持續開發客源。在既有通路上，通常直接來工坊用餐的客戶購買農特產機率較低，多半以企業客戶認購為主，如臺南的奇美認購自由戶的小米，華碩團購農特產等。也因此，附近南迴線的農戶往往期待小米工坊的角色，希望工坊可以幫忙找到好客戶，協助銷售農作物。

　　小米工坊目前也正朝向成為南迴線銷售平臺的目標，陸陸續續幫農戶加工包裝，並協助拓展通路，如尋找企業來認購農產品。因此，農民種的各種農作物都會拿來工坊賣，主要以小米和紅藜為主。因應合作現況與南迴線農戶的期待，小米工坊未來更希望能進一步建立一家完整的南迴網路商店，試圖朝向企業化規模，更有效率地發揮窗口的功能。然而與南迴線農民合作銷售方面，仍有現實上的挑戰與考量。一部分是因為以工坊現有的營運資金規模，尚不足以週轉來承購農民所有的農作物，即使全部買進，也要等產品銷售完，才能再向農戶購買下一批。另一部分在於與規模較大的收購戶競爭，造成與農民合作供應量的不穩定。利曉鳳說道：「農人通常是誰的價錢高就賣給誰，就算有訂契約，也沒有很大的效果。有些收購戶為了搶貨，將價錢提得比工坊開的價還高，而且搶貨速度很快，有時候他們看到小米還在

成長，現金就先付出來。他們大部分是西部來的糧商，有些就直接請人，甚至是原住民，可能認為原住民跟原住民收購會比較容易，其實背後的老闆是漢人，他們都是很大的糧行，工坊無法跟他們競爭。這些糧商也是在做小米產業，以及小米產品，例如小米酒、小米餅、小米爆米花等較大型的加工廠。」

期許小米工坊作為南迴線的窗口平臺

穩定通路與保證收購

對小米工坊未來如何發展成為南迴線窗口平臺的方向，利曉鳳認為現階段就是一步步地進行，畢竟目前人力吃緊，若一下子要做這麼多事，有時候反而是反效果。現階段就是保證收購這些農民的農作物，工坊也需要先找到銷售的通路。現在工坊透過農會系統銷售狀況不錯，這段時間合作下來，農會也希望工坊能輔導更多的農戶種植小米。特別是有機種植，提高生產量，農會才能鋪更多銷售點，臺北、西部、東部等。

小米工坊通常收購的方式是邀請農戶來說明會，先向大家解釋種植的計畫方式，種子發給農戶，小米工坊則保證收購這些農戶種出來的農作物。在說明會時，工坊大致就會計算好收購的數量，比如一斤種子大概收成會多少，種幾公斤都已解釋清楚。其他農戶的部分，工坊會先到他們的農田進行勘查種植狀況，必須按工坊的規定種植和曬

穀，因為有些老人家隨便丟在地上曬，回收後夾雜石頭，工具機會受傷害，因此工坊就得定時查訪契作的農戶。

協助農戶認證

小米工坊約從2011年開始輔導農戶種小米，以工坊為中心，幫忙農戶向驗證公司進行驗證程序，前面兩年認證還不需要費用。不過利曉鳳憂心地說：「當我們真的要付錢給認證公司的時候，農戶就付不出來了。」因為一次驗證費需要三、五萬，對一般農戶來說費用過高，檢驗程序非常複雜，坪數、土地大小、田間紀錄等等，對老人家來說更是非常吃力的工作。

利曉鳳認為應該要有一種屬於原住民的認證方式，多數原住民的農作物沒有使用農藥。她說：「不需要太多的程序，或是不要說有機，就像其他人提出的自然農法的名稱，原住民的傳統耕法可以用自己的認證方式，而這些農作物絕對是乾淨、健康的。」

過去利曉鳳在燈具公司當會計，貨品出廠時，用抽樣的方式檢驗，但有機農作物是檢驗土質、環境等。通過了，農戶需要幾張就給幾張，但實質上根本沒有抽驗售出的農產品，無法得知產品是否有農藥，過程嚴格，但出售的產品品質檢驗卻很寬鬆。利曉鳳認為有機標章應該與工業產品出貨方式一樣，她分析說：「我覺得發有機標章應該跟工業產品出貨的方式要一樣，就是整批送去抽驗，一次送去一百包，就給一百包的有機標章，我覺得這樣才符合，不然漏洞很多可以

小米日曬（利曉鳳提供）

鑽,就只是看你有沒有良心而已。」目前小米工坊有無毒認證,檢驗農藥殘留,由農會免費提供服務。

從2007年開始到現在,小米工坊逐步轉虧為盈,對一個部落營利事業的經營來說非常不易。但曉鳳看到現在願意返鄉做農的年輕人越來越多,契作農戶裡老人、年輕人都有。初期推動小米耕作時,工坊與基金會每名員工都要上去幫忙。曉鳳回憶起剛開始幫忙農務的時候:「剛開始也不會拔草,亂拔,然後被老人家罵。」對小米工坊發展的未來,利曉鳳期待無論民間或政府部門能提供長期穩定的投資型計畫資金,希望能將小米工坊帶到一個穩定經營的狀況,能有足夠的資金和暢通的行銷管道,藉由企業化的經營能夠讓工坊越來越好。

他山之石

拉勞蘭小米文化產業模式的參考意義

主要的創新關鍵

●關鍵人物的角色與特質

拉勞蘭部落從自我族群認同追尋中，重啟對部落意義深遠的小米收穫祭，建構與連結部落傳統組織，延伸發展成為屬於部落的產業。這當中歷經好幾個階段，在每個階段中皆有其關鍵人物的帶領。

身為拉勞蘭旅外知識青年的撒可努（Sakinu Zulung），受原運影響，返鄉照顧、拉扶流離在部落裡的青少年，追溯、建構屬於拉勞蘭部落的排灣文化與傳統，組織青年會傳承拉勞蘭傳統智慧與精神。青年會組織在籌備與執行小米收穫祭過程中越見茁壯，形成部落社會結構中的主力。

身為拉勞蘭基督教長老教會牧師的戴明雄（Sakinu Tepiq），是推動小米收穫祭與文化產業的主要關鍵人物。因其與各團體關係網絡密切的牧師以及所屬部落大家族的身分，使其在推動部落事務、營造部落組織方面，有相當大的號召力與影響力。然而作為部落號召者，能

否秉持公平與資源共享部落，維持部落主體性，凝聚文化認同，避免流於形式或產業過於商品化，是在運作上最關鍵的核心想法。

另一位在推動小米產業化的小米工坊經營者利曉鳳，是執行面的關鍵人物。部落中需要有像利曉鳳這樣不計收益，願意為部落付出的族人，並具相關會計、行銷能力背景，能進行各項瑣碎行政事物的聯繫與串連整合。重要的是能在經營團隊中承襲戴牧師所一直強調的，以部落經營為主體的想法，這部分特別需要兼具整合與執行能力的人才，也是小米產業化發展階段中，部落最需要的人力。

● 小米產業必須以部落文化復振和傳統組織建構為先備條件

拉勞蘭部落的小米之所以能走向產業化，在於前階段部落本身已具備相當強勢的文化認同與主體性。拉勞蘭最初來自旅外青年及族人自我反省，追尋屬於拉勞蘭排灣族的文化認同，並以恢復小米歲時祭儀為主，在年年舉辦的祭典中，逐步團結部落的勞動力量，形成各個以部落在地為主體的組織，如青年會、婦女會、耆老會等。當部落再進一步走向小米復耕，與小米祭儀做真正的連結時，便真實展現了小米文化，也推動了部落產業與勞動力結構再分配的可能性。

每個階段的發展，雖與外部社會潮流息息相關，如當前雜糧作物與食物在地化風潮推動了拉勞蘭小米產業化的可能性，然而也在於部落本身完成文化復振、健全部落組織的階段，才有能力進一步走向產業化，而不致偏離初衷，或導致部落因利益分離。

● 部落產業化必須根基於部落對小米文化的認同

就戴牧師而言，會推動部落投入小米產業，主要來自部落營造的推動應當進一步邁向產業化發展階段，並非僅為了讓部落營利，而特意操作小米主題，做產品的行銷包裝推廣。

利曉鳳曾說明推動小米復耕到後來鼓勵部落農戶投入種植的過程中，除了來自恢復小米祭儀傳統的初衷，也是認識到小米食物本身的營養價值，以及現代食品產業對小米重視的趨勢，認為部落自己人能種，又是自己的傳統作物，吃得健康又有所得，亦能自主經營產業，讓部落有收入，有了把人留住的可能。因此，當小米工坊成立之初，利潤追求不是主要重點，而是在平衡收益、穩定通路的前提下，把餅做大，鼓勵更多農戶因為對傳統作物價值的認同而投入種植或加工，同時藉由推廣行銷，也讓部落以外的人認識與認同小米食品與文化。過去曾是拉勞蘭部落主食的小米，未來仍能在現代生活型態下有其功能和意義。

● **部落產業中營利與非營利事業的相輔相成**

作為部落營利事業的小米工坊，是拉勞蘭在進行部落營造非營利事業下一個必然的事業體，不過工坊直至2014年方能自主營運到收支平衡的狀態，其人員薪資仍由基金會非營利計畫支出。人力上，工坊經理利曉鳳亦同時管理基金會非營利計畫的部分。此發展模式屬於由非營利計畫扶植營利事業，在部落裡形成分屬兩個單位但人力相互支援的狀態，使得營利的小米工坊許多時候扮演部落非營利事務的窗口，成為以部落為主體的事業經營體，這是在其他部落比較少見的。戴牧

師也提到由非營利事業支撐小米工坊是需要的，否則小米工坊不足以代表而成為部落的事業經營體。

●小米工坊作為部落窗口平臺的角色定位

小米工坊除了本身營利經營的產品研發、行銷，以及餐廳、民宿、部落導覽外，亦成為小米產業化中重要的聯繫據點，是所謂「衛星農場」、「衛星加工廠」概念的聯繫整合中心。工坊鼓勵部落農戶種植小米，並給予相關農作規範，也成為南迴線小米農戶得以信任的收購窗口。小米工坊本身的空間亦常為基金會員工或部落相關會議開會使用，所經營內容如民宿或部落導覽也會時常向部落的人力調度，也可說是部落的訊息中心。

現階段的弱項

●自主營運收支勉強平衡

2007年成立的小米工坊，營收情況實際至2014年才逐漸好轉。當前收購小米的情況與產品通路的穩定度，隨每年的市場情況有所波動。雖然產品有潛力，但小米工坊本身無足夠的週轉金和足夠的人力去增加產量、鋪點與行銷，使得小米工坊的營運仍維持在一個勉強平衡的狀態。

●人力調度與擴充困難

小米工坊實際需要具產業行政與整合能力的人手，除了部落裡沒有

足夠的人才外，也因為工坊營運收支勉強平衡，形成無過多的資金可以聘用人力，在事業體的營運上，尚未有機會朝企業化的制度與規模方向走。

●小米產業面臨的外部不利因素

作為推廣種植與收購小米窗口的工坊，在面向南迴線農戶保證收購的價格上，提倡產地直銷理念，試圖不隨市場價格波動提供相對較高的收購價格；然而近幾年小米與紅藜身價高漲，許多高屏及南部地區的企業或集團皆前來收購，本身並非資金充裕的小米工坊有競爭上的困難，僅能努力尋求在加工產品與文化行銷上的獨特性發展。

●小米產業企業化的風險

因應2015-2018年原民會三年計畫，戴牧師認為小米產業有擴展至整個南迴線的空間。提到小米產業需往企業化的方向走，也必須建立起相應的制度，讓部落的人能找到位置分工經營。同時也提到企業的概念必須讓族人們理解，最好的辦法是，透過傳統組織的概念去理解與轉化成現代企業裡分工的角色。戴牧師所提的方向與目標具有前瞻性，但回歸利曉鳳實際執行的小米產業計畫與經營的工坊，尚在初步穩定階段，並且仍有人力不足的問題。因此，成本擴大、企業組織角色與部落傳統組織角色的過渡，以及企業規模化後與部落之間的關係等等這些風險，都是需要評估考量進去的。

可轉移性

●部落文化認同與傳統組織建構

之所以能從小米文化發展為產業，拉勞蘭部落的文化復振是根本的先備條件。每個族群部落都有其深厚的傳統文化與深富意涵的傳統祭儀，是與部落生活、傳統組織密切相關的源頭，任何發展或形式的轉移皆須以此為立基。

●文化創意產業

部落文化產業是當前最受鼓勵卻也是往往發展相對浮濫的產業型態。目前小米工坊的產品多為單純的農產加工品，如小包裝小米、紅藜、樹豆、小米酒、紅藜香蕉蛋糕、小米粽等。值得學習的是，每一種產品的包裝或文宣上，都在訴說跟排灣族有關的文化意義與功能，也介紹如何延伸使用這些原住民的傳統作物。因此，在文化產業裡產品、原住民文化與行銷的組合中，主要以文化為優先主體，再則是產品與其文化的關聯性，最末才是行銷，這樣的發展策略是值得參考轉移的。

●建置部落產業發展的窗口平臺角色

工坊在部落小米產業發展中，扮演連結部落在小米耕作與推廣上一個重要的樞紐，也是在現代產業經營形式下整合部落組織與勞動力分配的平臺，更是成為連結外界在文化產業行銷、產品銷售的重要窗口。許多部落在經營產業方面，事實上需要這樣一個平臺角色，除能

小米工坊外觀（陳尊鈺攝）

自主營運外，同時擔負照顧部落的非營利事務，謀取部落的共同利
益。

● **堅持以部落為主體之產業發展**

　拉勞蘭部落發展過程中，部落認同與自主意識是其核心價值，也是
在產業發展中不會因此偏移而脫離部落的重要因素，雖不易移轉，卻
是其部落產業發展的關鍵。

對花東發展的貢獻

●拉勞蘭部落從最初文化身分的隱沒到文化復振，建構出充滿文化自信、分屬不同群體的部落組織，成為南迴線許多部落在整建部落社會結構的參考範例。再以小米工坊為窗口平臺而推動的小米產業，也帶動南迴線部落在小米產業上的發展，帶來能就在地發展的產業機會。

●以向政府申請經費作為一開始部落發展產業的資金來源，拉勞蘭有自己清楚的規劃。即透過非營利計畫扶植部落營利事業體，目的是希望部落營利事業的壯大，得以自主經營，因而得以根據部落的發展願景來進行，以顧及部落整體性的利益為主。這種不倚賴外在的資源挹注或政府政策而改變既定方向和步調，值得借鏡。

延伸閱讀

1. 拉勞蘭小米工坊臉書粉絲專頁：https://www.facebook.com/lalauran.millet. workshop/?ref=ts&fref=ts

2. 吳宜瑾，〈部落集體認同的重新形塑：從拉勞蘭傳統青年會所振興歷程詮釋〉，2007年6月，碩士論文，國立臺灣大學生物資源暨農學院森林暨環境資源學系。

3. 高有智，〈原住民尋根，與自然共生—拉勞蘭部落，找回記憶中的小米園；一步一腳印，重拾失落已久的文化〉，2012/1/18，臺灣368專題報導，《中國時報》。http://www.taiwan368.com.tw/msg_detail.php?id=66

4. 李慧君、吳思鋒、林瑞珠，〈傳統作物，再現文化風貌〉，2013，《原住

民族季刊》特別企劃。

5. 林頌恩，〈在地好地方，拉勞蘭小米工坊更上層樓〉，2013/4/1，史前館電子報第248期。

6. 朱怡樺，〈食物、族群與認同：以拉勞蘭部落小米文化為例〉，2014年1月，碩士論文，國立東華大學族群關係與文化學系。

7. 〈排灣族人彎下腰，一同拾起了小米和文化〉，2014/3/25，部落行銷臉書專頁：https://www.facebook.com/notes/278209239013698/

8. 高燈立，〈有機農業專題—建小米工坊，號召青年返鄉〉，2014/4/15，《人間福報》。http://www.merit-times.com.tw/NewsPage.aspx?unid=345824

9. 〈排灣族人眼中的生命之糧〉，2014/6/10，《部落行銷》。

10. 廖靜蕙，〈不再流浪！拉勞蘭小米產業，族人愛種戀著土地〉，2014/6/16，環境資訊電子報。http://e-info.org.tw/node/100064

鸞山森林博物館

從街頭到家園，
堅守部落的自主

　　位在海岸山脈都蘭山西麓的鸞山部落，山區擁有一片相當完整而珍貴的榕楠林帶，是目前臺灣中低海拔僅存生物相非常豐富的原始森林，常可見數十人合抱規模的大榕樹，大小楠木和榕樹有兩千三百多棵。布農族人稱鸞山為Sarasa，意指「長得非常茂盛，土地肥沃」。

　　鸞山部落居民以布農族為主，原居住於海拔一兩千公尺左右的內本鹿地區。日治時代，大關山事件（1932年）後，日本警方為便於統治內本鹿地區的布農族人，在1938年開始將內本鹿地區的族人移入海岸山脈西側，通稱為「都巒山西部」，規劃成上野、中野、下野三個部落，戰後改稱為鸞山。

　　十多年前，2003年鸞山湖開發案引發爭議，鸞山部落居民開始意識到他們的傳統領域鸞山湖及其週邊土地要被徵收、委外經營，部落共同意識逐漸浮現，並引發抗爭行動。同時間，部落陸續接觸臺東社造團體，如「新故鄉計畫」希望將鸞山打造成有機生態村，讓社區居民重新認識自己所居住的環境，這才慢慢了解到這片原始林的重要性。

　　同年，鄰近土地之地主為了籌錢險些將土地轉手給漢人作為靈骨塔、度假村，幸好由各方人士的奔走下成立的「原鄉部落重建文教基金會」，歷經千辛萬苦地將土地保留下來，從古老的土地重新發芽，重建原住民的在地意識及山林知識。當時的基金會除了保護臺灣中低海拔最後一片榕樹原始林外，也是為了保存布農族與森林共存的傳統智慧，同時也希望在這片土地上發展心靈淨化、研究、教育推廣的功能，觀念上近似歐美open air museum的做法，因此訂名為「森林文化博物館」。

　　近年，基金會和保育界的夥伴合作，舉辦「部落遊學」、「工作假期」、「森林博物館參訪」，甚至曾和聯合國「地球憲章」組織共同辦了兩屆的國際研討會，幾年間參訪人數陸續穩定成長。

會走路的樹（陳尊鈺攝）

訴說山林智慧的開放式博物館

2003年10月26日成立的森林博物館，位於鸞山下野部落上方，海拔五、六百公尺的山腰上，擁有一片約三百甲面積的森林，其中最為寶貴的資產則為保存完整的榕楠林帶。過去曾是卑南族的獵場，日治晚期則成為被迫遷布農族人的狩獵場域。

博物館成立的緣由是因為當時部落許多土地包括這塊地方被外地人購買，欲作為靈骨塔、廟宇、度假村等建地使用。當時部落中受過高等教育的阿力曼得知此消息後十分緊張，因為阿力曼過去協助劉炯錫老師傳統領域的計畫，了解此地一旦開發，對部落水源的破壞將無法預期，同時也因過去工作的經驗，讓他看見許多原住民部落擁有的珍貴自然資源都在政府BOT後蕩然無存，因此即便他在手無閒錢的情況下，仍毅然決然地展開搶救部落土地的工作。

當時主要由中野長老教會長老蘇巴黎和阿力曼兄弟兩人，結合身邊的族人、漢人朋友，展開搶救運動，自掏腰包，更向銀行貸款，出資購地。阿力曼說，草創之初，最困難的就是說服族人支持；因為多數族人已和財團談好土地價格，有些連訂金都已收下。

走進布農族的迪士尼樂園（陳尊鈺攝）

「我和他們說，臺灣已經有太多類似的例子，例如北部烏來，中部的日月潭、東埔，東部的紅葉、知本，因為原住民不夠堅持，這些地方逐漸被觀光化，喪失了本色。故鄉是唯一的淨土，我們不保存，那要誰來保存？原住民要相信自己能走出去。」

在阿力曼等人的奔走下，最後讓這片富含原始林帶的土地得以保留下來。同時於內宣揚理念結合族人的力量，自外則尋求漢人朋友及相關機關的協助，成立「原鄉部落重建文教基金會」，創立「鸞山森林文化博物館」。隔年，基金會隨即面臨償款的壓力，土地即將遭到拍賣。後透過生態關懷者協會、義光教會等捐助，以及支持以土地公益信託募集基金的方式，投資於維護並保存自然森林文化。阿力曼以創辦人身分召集，鼓勵族人共同找出部落價值，走出適合自己族群特有的道路。

目前森林博物館由阿力曼負責，不少觀光業者找他結盟，他則優先提出理念，「森林博物館不是觀光景點」，「完整保存並呈現布農族與森林共存的生活文化」，有條件地選擇，對森林博物館使用與參訪也有一定的規範。如今的鸞山森林博物館不但保存巨木群原貌，也是生態多樣性的聖地，布農族傳統文化更在此處立基。除了期待來訪的朋友，都能體會自然、文化的多重感動，更希望能創造部落就業空間，鼓勵青年返鄉，傳承布農族傳統智慧。

鸞山森林博物館的靈魂人物：阿力曼

訪談時間：2013年11月18日

訪談：夏黎明、洪翠苹

訪談稿：洪翠苹

編撰：林慧珍

阿力曼本人（陳尊鈺攝）

驅車前往鸞山部落，行駛在縱貫臺東海岸山脈的197縣道上，兩旁的縱谷平原和山景交錯，美麗的自然景色漸趨原始。自鸞山村的下野部落續行而上，更往山裡趨近，路徑蜿蜒，約800公尺處取右，巨林瀰漫，會走路的樹綿互相接，不時遇見上山取材的族人，看似訪客的遊人步行穿梭，水泥路面逐漸坑坑疤疤，路徑也越難辨識。循左徑而上，始現泥土路面，不知不覺進入森林博物館的範圍，抬頭瞥見一頭猶如警衛般的黑色獵犬佇立在工寮前，身後響起阿力曼宏亮爽朗的聲音，接引我們走進工寮。

博物館佔地遼闊，前端的小廣場上矗立著一幢幢布農族人的傳統家

屋,多由部落長老帶領年輕人以布農族傳統工法建造而成。家屋東側為布農族人傳統的小米園與菜園,原始林入口處的茅草屋下供奉著布農族人與卑南族人的祖靈。欲進入林區,以虔誠的心祭告祖靈是必須尊重的禮儀。

掌握詮釋權的部落主體性

阿力曼分享著從2003年至今森林博物館的發展歷程,開頭便點出每一個事件的重要發展都需溯及其原有的發展脈絡,和經驗、視野的積累。

「森林博物館發展的背景,跟以前的工作、經驗都有很大的關係。過去不管做記者也好,或者在劉炯錫老師那邊八年,做動物、植物或溪流的調查,透過接觸社區大學,慢慢也累積一些經驗和一些人脈。那時我發現,像阿美族在河裡、在海邊都有一套值得尊敬的文化傳統,我們布農族住在山上,也有山林的思維。我們把山上當成是爸爸,河裡是媽媽,這些都是寶貝。當部落耆老一個個凋零的時候,我們非常緊張,一直以來的想法跟劉老師一樣,想辦法去搶救,適時地做紀錄,用照相保存下來。」

同時也是原鄉部落重建文教基金會創辦人的阿力曼,前期便參與過臺東大學相關部落生態調查計畫,及南島社區大學內本鹿學院舊部落尋根計畫。在接觸早期的社造運作過程中,對其結果有自我的反思。

阿力曼提到過去那段做社區大學的經驗，讓他看見許多社造成功的部落，在失去政府補助後就面臨停擺，使他認為依賴政府資源的運作模式並非長久之計，也因此，強調部落主體性的他說：「我希望有一個場域，有個空間，就像現在這個地方，我們現在坐著的位置，即使我們的錢不多，能力有限。前十年好像是革命，搶救土地，但至少把它保留下來，留住我們這些在地的知識。這些耆老在這十年間離開得很快，幸好以前有做過民族植物的紀錄、尋根，還有我做過的生態調查工作，包括海端與金峰鄉，我才知道中央山脈這邊的族群關係，還有以前遷移的歷史。所以不管是做解說，敘述我們對這片土地的情感，以及未來的願景，至少主導權在我們手上，所以人家聽起來就會覺得不一樣。」

對阿力曼來說，以「森林博物館」的概念營造，透過留住土地、摸索場域管理機制，找回族人與土地之間的關係，以及人跟人的關係，使這個場域變成大家共同的價值，部落才會有力量。他更強調部落主體性，累積對土地、自然、文化等在地知識，轉化為自己的說法，以爭取族人本身對部落文化的主導權與詮釋權。

作為尊重土地與原住民生活的認識窗口

擔任過記者、參與過原住民還我土地運動的阿力曼，從街頭抗爭、報章媒體的筆戰再回到家園後，以幽默而堅定的方式進行部落工作。

給祖靈的雙證
件：檳榔和米
酒（陳尊鈺攝）

　　鸞山森林博物館在創立之前，阿力曼已陸續累積文史、生態方面的
資源調查，以及在地知識的蒐集與應用。包括透過耆老訪談、文史調
查，構築部落歷史共同的記憶；透過部落調查，了解族群的界限與關
係，甚至曾舉辦過殺豬儀式來進行族群和解，找回一百多年前的關
係；也包括探查部落豐富的生態資源，如榕樹巨木群落動植物等。這
些前期累積的資料與想法，便漸漸具體落實在森林博物館的經營理念
與管理上。做法上，阿力曼試圖朝向可持續經營的核心：尋找屬於在
地的文化價值，以在地的詮釋觀點，連結過去的歷史、經驗，透過善
待資源與敘說，讓外訪者充分理解部落的自然與文化。

　　「我看過別的社區，別人可以隨便進出，主導權不在我們手上。但
是你注意看，像人家要來我們這裡，我們會在山下事先安排一個行前
說明，把我們的故事、禁忌與想法、整個行程安排都先跟對方講清

楚，包括要帶米酒一瓶、檳榔一包敬山敬祖。我們會告訴對方，研究指出約75%的臺灣人都有原住民的血統，三、四百年前跟平埔族通婚，你們可能要叫我們舅舅、表哥。我們是以這樣的族群關係來迎接各位，你們是到舅舅家、到原住民朋友家，要有禮貌，我們是對等、互為主體的。

「再來是生活上的倫理和禮儀方面。來到這裡，我們會告訴對方，我們布農族是女男平等，太太最大。我們很重視三個人：阿嬤、太太和媳婦，她們對我們家族人口很重要。在這裡吃飯，先生要盛飯給太太，小孩子盛飯給父母親吃。環境教育方面，我告訴他們這邊的環境要大家一起維護；像吃飽飯要擦桌子，兩天一夜的要自己帶睡袋、垃圾袋，以及全程不用麥克風，避免干擾部落。如果是學校團體要來這裡，先讓他們看一些資料之外，還要請他們做筆記，例如這邊中低海拔區域有什麼動植物，有什麼故事，用攝影或文字來紀錄。我們與學校團體持續性合作，還會過去聽聽他們的意見。我們要的是追蹤它後面的效果，這就是為什麼很多學校一來再來，跟一般的體驗不太一樣。」

關於環境生態，阿力曼特別強調：「這十年來，我為什麼一直堅持不要有路標。因為這是一個生態敏感的地方，需要我們加以保護，沒有路標我們親自下去迎接他們，可以避免太多人上山，以及外來者亂走路徑的破壞。很多人到原住民部落玩，或者做生態旅遊，認知上不一樣，觀念上還有一些刻板印象，反而往往破壞了敏感的環境。像有

些部落，政府花了很多的錢舉辦活動，或者協助硬體設施，造成了旅行社隨便都可以進出，錢卻往往進不到這些與土地和諧共存的居民的口袋。」

對阿力曼而言，森林博物館的經營理念，是懷著對大自然萬物、族群文化的尊重，追求彼此都能以自己的生活方式永續生存，不相互侵奪，並教育族人必須保有自己的文化，尤其要讓青年更能落實部落經驗與文化的傳承。

自主的第一步：強調經營權自主

森林博物館在阿力曼經營思維上，面對外來遊客，十分強調尊重土地環境以及族群的生活文化，操作上試圖兼顧理想與務實層面。即便如此，仍有外界旅遊的一些現實面挑戰著阿力曼試圖維護的原則底線。例如過去曾有旅行社要求菜單，並要求每一道菜皆需放進便當盒裡，以避免遊客發生食物中毒意外。面對這樣的要求，阿力曼則是直接回拒，他認為：

「我們的風味餐重點不在菜單，而是連結土地資源與部落傳統生活的過程。2005年政府通過了〈原住民基本法〉，承認與尊重原住民和土地、自然資源採集。我們從1895年日本殖民一直到1945年中華民國來到臺灣，一百多年，部落已經瓦解，現在不管是森林或土地都不在我們手上，被姓林的林務局拿去了，卻從沒有問過生活在這片土地的

我們要怎麼樣。我們真的越來越擔心擁有這塊土地使用權的人，都是按照政府觀光國際化的邏輯，那我們將越來越被邊緣化。」

認清與掌握在地優勢就不怕邊緣化

面對外來遊客行為的挑戰、觀光旅遊企業的指導，阿力曼的看法是，必須認清在地價值，堅持用自己的方式，不掉入市場機制：「想一想我們應該也有自己的在地優勢。如果我們只是單純接受外面的人用他們成功的經驗指導，就可以讓我們變好的話，那麼過去我們的政府、學者指導我們這麼多，真的適合的話，我們是不是應該不會那麼窮、那麼被邊緣化？」

藉此，阿力曼分享了一些參訪的接待經驗，其中有關於麗緻飯店總裁嚴長壽先生曾邀請港大校長、中國人大代表等一行人到訪鸞山的過程。他栩栩如生地描繪著：「在他們來的前三天，他們的工作人員就開始慎重地準備。他們特別買了六張白色桌子，從麗緻亞都飯店空運高腳杯和桌巾，甚至練習動線。我們的工作人員看了不太習慣，但還是準備我們習慣用的筷子和月桃葉。等到吃飯時間，他們直接過來，因為時間很趕，希望省略行前說明的部分。我仍要求想認識參訪的朋友，因此請他們在用餐前給我幾分鐘介紹森林文化博物館的由來與堅持。

「我說明了一下這邊的生活與環境倫理。我說我們都是一家人，我

們很重視，也喜歡來訪的朋友能入境隨俗、客隨主便。如果來到我們家裡嫌我們的菜不好，或者是環境不好、服務不好，請你們忍耐一下，因為我們布農族通常會尊重主人，不會嫌主人這些事情。我曉得來參訪的貴賓們都是社會上令人羨慕且敬重的人，不過來到這裡，希望你們能願意換個心情、換個角度來學習我們這邊的生活禮儀，因為我們這邊是找回我們跟土地之間和諧對等的關係之外，還有人跟人相互尊重的關係。在我們布農族這裡，男人是要幫很多家事，或者要體貼太太，在家裡有時候要搬重的東西，或幫太太盛飯，小孩子一定要盛飯給父母親，大人先吃飯，小孩子再吃，所以現在森林博物館這裡我們是希望重建，找回這樣的生活關係。

嚴訂男士得為女士服務的一餐
（陳尊鈺攝）

「也因此我向貴賓們說明，希望大家能夠轉換心情與角度，體驗我們一日布農族的文化。請各位來這裡參訪的朋友試試看，盛飯給你們夫人，還有盛飯給現場這群為你們做事的朋友，這裡有我們菲律賓、印尼的朋友，他們和我們都一樣都是南島族群。那我們今天不用從飯店空運帶來的碗筷和高腳杯，用我們在地的月

迎賓烤肉（陳尊鈺攝）

桃葉，現削的竹筷。我們的飯很特別，裡頭有小米、芋頭、地瓜，味道很好，而且很香，將熱飯盛在月桃葉上，聞起來很像肉粽的味道，再搭配我們自己製作的梅子酒……。

「當我講完之後，大家都嚇一跳，停了差不多兩三分鐘，有點尷尬。據我了解嚴長壽先生不曉得這些事前準備的過程，原本公益平臺的工作同仁是好意，想示範如何接待賓客，前幾天的準備工作，看了我們招待賓客的方式與廚房設施，要求桌椅、碗筷、人員招待由他們負責，吃飯場地要求改在草坪。嚴先生人很不錯，當時他就說那就入境隨俗，學習用這方式吃飯。他先過去盛飯給小姐，並陸續邀請大家

一起為小姐、太太盛飯，在輕鬆的氣氛下用餐。

「後來他們說，有些做桌椅生意的老闆要提供桌椅給我們，我說不用這個，他們說那麼這六張桌子需不需要？我說我們很喜歡吃飯的桌子拉長、舖香蕉葉，我們希望的是能一起吃飯，所以從開始到現在，不管你是什麼大人物，我們都要一起坐著吃。

「當嚴長壽先生他們要回去的時候，他坐上我的中古車，並問我成長背景，也問到為何會有這樣的堅持和想法。我說我們沒有殘障哲學或悲情的條件，在我們身上有值得你們尊敬的，因為我們就是在地，有自己一套生活經驗和禮貌。要下車時，他拍我的肩說，你做對了，要堅持下去。」

此外，阿力曼又分享了一個他和外部資源磨合互動模式的經驗。他說曾經有一個協助個人產業的計畫，希望阿力曼提出設計圖，這個要求被阿力曼回絕了。

「我們蓋房子會找耆老，耆老會去看附近有什麼材料。這些預算、經費的東西不是我們的做法。我說我們從開始的時候就沒設計，都是需要的時候才做。你看現在很多部落明明都是中低海拔或低海拔，還要買臺灣杉或者是進口的木頭來弄，我們為什麼不用相思樹呢？這是在地的，相思樹要剝皮才不會有蟲蛀，然後家裡要升火，竹竿籐就不容易壞掉，不容易有蚊子、霉氣這些。我說我們這個工會比較多，但會有一定的比例。種種這些我們的思維與想法，光是跟他對，就對了好幾次。」

　　當此計畫的執行者從外來觀點給予阿力曼關於石頭的擺設意見時，阿力曼則從在地人掌握的文化和氣候優勢跟他分享：「我說我們布農族沒有風水，就是找很舒服的地方。看到這邊，很想在那邊喝酒、烤肉，或者很想談些事情，就像動物一樣，猴子很喜歡在石頭上瞭望，這樣可以看到敵人來了。反正就是很多意見，但是我一個一個用我的道理講給他聽，他說方向是要那裡，我說方向是要這樣，不能背對太陽，要稍微斜一點，下午、傍晚的時候，讓陽光慢慢推進來。」

　　身為在地人，在尋找搭蓋工寮的族人時，阿力曼也用了鸞山部落習慣的方式：「我們這邊是要花很多錢喝酒、殺豬，這些人你不可能像平地一樣，八點上班，五點下班，中午只休息一個小時，搞不好做到中午就已經不行。但是，我一定會如期完成，所以我一進協會，拜託要做的人就要請他的太太還有他的一家人，問他能不能幫這個忙，這個工作需要你做，請他們一起喝酒。」

　　除了以拜訪家庭取代拜訪個人，使個人在搭蓋工寮時有全家人的支持之外，阿力曼也讓參與的夥伴看見，在森林博物館這份工作除了是一份維持生活的薪資，同時也是顧及部落生活與關係等智慧的展現。

　　「我們在這裡將來要做環境教育、做體驗、招待客人，所以我們所做的黃藤綁法，如果有兩三個人說不好看，我們就重做，人家來這裡才會尊重我們。你看我們種的食物家園，用漂流木、枯倒木做的整理裝置它很有特色。做的灶要稍微偏一點，風要能吹到一點點，火會比較旺，也包括風向要往哪裡，早上在煮飯的時候煙是往哪裡等等，這

些都是我們的知識，也是在地的優勢！」

優勢，是因為「沒有」

面對鸞山博物館的知名度越來越高，建議阿力曼販售周邊商品的聲音越來越多。阿力曼回應道，認清在地的優勢，別人有的，我們「沒有」也是種優勢。

「別人可以做的，為什麼我要去做？如果我們的重心都是做咖啡，都是賣東西，那人心會變質。我們真正賣的是在地的智慧，是環境倫理的態度、觀念，我們就是在做這樣的工作。我們祖先建立了很好的典範，友善對待大自然，這些都是我們的賣點，我就是著手在這個地方。所以，我們這裡故意沒有電，沒有電才能突顯為了找回古老的智慧。因為不方便，你會想辦法，會去找耆老，詢問他們以前是怎麼樣做的。所以你說現在在學校要做原住民的文化真的很難，沒有語言，沒有氛圍，沒有耆老，沒有願景。」

清楚知道鸞山優勢的阿力曼繼續說：「住在這邊兩天一夜，其實睡不好，孩子回去才會感謝他們的爸爸、媽媽。那為什麼要睡睡袋？我們在山上根本沒有睡袋、也沒有棉被，我們的棉被就是火，這邊烤熱了再換另一面。為什麼要蚊帳？生活有煙就不會有蚊子。就是我們有的東西，要跟別人不一樣，我們這邊有的事情沒法複製，只有學習，讓來的人回去之後自己想想。」

堅守部落主體，在熟知市場運作的情況下，阿力曼將部落的「沒有」變成吸引非原住民族群來體驗的優勢。同樣地，也因為過去豐富的經歷，讓他在面對許多短期誘惑時，都能適時的避開陷阱。

「上次有人說可以弄1600萬，把所有的帳還掉，然後要賣咖啡，他的經營團隊要過來，他說60%都是你的。以前我不是做電視臺嗎？我是負責人，知道這個要增資，我哪裡有錢，我就被吃掉啦，這個是陷阱。所以我們在這裡的做法就是小而美，能在這邊照顧、然後做環境教育，做扎根的工作、分享，將我們的經驗傳承下去就夠了。」

部落主體是，先站穩而後對等

從街頭到家園的阿力曼，從過去原運時代的威權，到現在，看到因為原住民福利所引起的另一種部落主體危機時，阿力曼在面對國家機器的態度也有所轉變。

「要有辦法說，補助沒了，沒有人幫你的時候，要如何能繼續活下來？沒有南島文化節、沒有飛行傘，那怎麼辦？蘭嶼人沒有核廢料回饋金怎麼辦？在這裡做這個工作，要讓人家看得起你，就要先自己站好。」

隨著森林博物館的運作日漸穩定，過去聚焦守護家鄉土地的視角也漸漸擴展至更大的範圍，從前面對議題時的對抗，也成了今日的互助、共生。

「在臺灣已經很少讓外國人看見臺灣的人
跟土地、跟大自然的關係。這麼多農場最後
都還是一樣，殊途同歸，到最後還是互相競
爭。我們在這裡做，就是做一個中途家園，
就算以後要做自治區也好，我們累積經驗，
要跟大社會建立互信、互助。我們原住民
要重建或者要站起來也要讓大社會知道他們
的重要性，因為我們參加生態保育、保護山
林，對臺灣、對漢人世界都很重要，為什
麼？我們都住在山上，森林要保護，水才乾
淨啊，還有就是我們在做這樣的工作，很需
要去學習原住民他們怎麼看待山林。」

過去那段參與原運的經歷，讓他知道：
「我們要有一個空間，變成大家共同的價
值，我們才會有力量。」因此，現在的他，
正透過自己的方式，提供過去的經歷和視
野，讓更多族人參考一起向前走，讓這個相
互支持的網絡變得更緊密、更有力量。

爬樹體驗（陳尊鈺攝）

他山之石

鸞山模式的參考意義

主要的創新關鍵

● 鸞山森林博物館本身名詞定義的設立,將山坡地自然保留區命名為
「博物館」,並以「現地博物館」的概念來界定其自然與文化資
產,透過經營轉化資產,展現出其價值所在。

1. 這樣的設立方式,為原先設定保留區僅作的保育功能增添博物館
   的功能與產值,包括人文歷史與自然景觀的結合,並同時保存現
   狀與累進性調查資料。

2. 新型態博物館規劃參訪或遊程,包括參與式體驗的學習,使外來
   參訪者透過有系統性的解說與實地參與,去學習與理解這塊地方
   的自然資源與布農族山林文化。

3. 突破一般所謂的凍結式博物館,即不一定要有一棟建築物、相關
   文物與資料的陳設,及提供參訪者瀏覽,而是任何一個本身值得
   保存的現地即可為「博物館」。現地博物館的經營模式拉高與參
   訪者之互動性與臨場感,為傳統型博物館在參訪互動上增添新的
   可能性。

● 將森林博物館的經營視為一種部落產業來思考，近似生態旅遊的發展模式，但在其永續設計的部落導覽模式上予以創新。強調不依賴政府、企業資源的部落主體性，同時懂得掌握在地資產與詮釋權，因此經營思維上兼顧了理想與務實的運作策略，和現行部落產業或生態旅遊發展情況有所區別，不僅達到在地自主，同時避免掉入市場機制的威脅。

現階段的弱項

● 森林博物館的經營型態最初即是作為生態永久保留區，以及展示布農族文化與原始生活型態為目的，同時期待透過這樣的經營方式能找回古老的智慧，人與土地之間的關係，讓這樣的示範區能成為在地部落的共同價值。然而，至今其本身與部落關係的現實處境仍顯薄弱，兩者之間的相互回饋性不大。針對此點，阿力曼仍持續與牧師、長老、族人溝通，試圖建立各種回饋機制，並努力培養下一代解說員，除了自己部落，也歡迎附近部落的孩子參與。

● 參訪遊客與部落環境區隔開來，少有互動參訪者並不真正理解鸞山部落的真實生活樣貌，反而是透過博物館所營造應當具有的布農山林文化來認識這塊地方。然而，這樣的區隔，身為鸞山博物館負責人的阿力曼似有其用意，除意在透過「博物館」讓參訪者正確認識布農文化與生態環境，並予以尊重外，還透過預約制與人數限制，

避免過量的遊客對這片生態豐富之山林造成過載，同時也避免某類未經預約、經人引導的遊客過分干擾社區，部落不應受鸞山博物館盛名之累而導致其生活型態受到影響。

● 阿力曼擔心的反而是遊客的態度，認為不當的態度有時反而會刺傷原住民的自尊，過度的幫助更會讓原住民喪失生存能力，因此他希望透過各種管道讓外界更清楚，尊重布農族文化，並培養真正對等交心的友誼。

可轉移性

● 森林博物館的管理機制，提供部落產業在自主經營上的一個可操作的經驗。如：經濟自主，避免單方面倚賴政府、企業資助；文化自主，透過有意識的累積，找出自己的在地資源優勢，與一般部落產業的經營模式區隔，取得經營上的經濟優勢。

● 相較於所謂的生態旅遊產業模式，森林博物館的可持續性導覽方式更尊重現地資產觀念，包括自然生態或歷史文化，並透過參與式體驗進行推廣教育，值得生態旅遊業借鑑。

● 森林博物館的「現地博物館」經營概念與區隔社區、商業模式，對照花蓮銅門村慕谷慕魚部落那樣直接面對旅遊消費群的方式，或臺東大南村達魯瑪克部落多倚賴政府資源的方式，其所呈現的現地展現資源豐厚性，以及不干擾社區，不受任何企業或政府指導的自主

會走路的樹（陳尊鈺攝）

經營模式，值得參考。

對花東發展的貢獻

●類似這樣的在東部的土地買賣、開發等事件，在經濟全球化的浪潮
下，不僅僅發生在鸞山部落。值得鼓勵的是鸞山部落的族人有勇
氣、有意識地透過抗爭，並思索用土地公益信託的方式將這片屬於
鸞山布農族部落聖地保留下來。透過鸞山森林博物館的成立與經
營，達到部落尋找、共謀在地文化價值，以及自主經營等成果。從

抗爭，到創立發展，到自主經營這幾個階段，揭示在花東發展不斷被邊緣化的情況下，地方所展現的能動性，與在地的社區組織、教會力量、保育性團體，以及博物館創辦人阿力曼的過去經驗息息相關。這樣的社會運動與發展模式，有助花東部落／社區面對類似的事件，或謀求部落產業自主發展，可將其作為參考之選項。

●森林博物館將其山坡森林以現地博物館的概念來經營，為所謂的花東部落傳統領域、生態文化資產的認識與運用，均帶來新的社會想像，並連結新的社會關係。

1. 藉由這個空間場域的經營，尋找並構築布農族的歷史與傳統文化。在地知識的累積，透過博物館的解說轉化為對敘說布農族文化與山林觀點的詮釋能力與權力；期待藉由對布農族的重新定義與詮釋，謀求鸞山部落的共同價值，意即由個體的主張到集體的我們是什麼，以及我們要什麼。

2. 同時透過這個空間場域，由部落自行經營，顧及在地的生態與文化，並培訓族人擔任工作人員，不單是提供新的工作機會，更展現部落與族人的智慧與技能，創造出新的社會位置。

3. 透過博物館設計的可持續性導覽方式，重新界定與外來參訪者的關係，非全然的消費與旅遊，而是透過參與式體驗的過程中認識布農族文化與生活，建立不同族群間對等與相互尊重的關係。

●森林博物館的經營與發展，強調產業的自主經營，為花東部落產業模式的摸索與嘗試提供新的可能性，可以是以部落為主體的，可以

是不倚賴政府或企業資助與指導的，可以是兼顧在地環境永續理想
與實際的操作方式，可以是主導與接應外來參訪與消費型態的。

延伸閱讀

1. 江佳穎、黃瀚瑩，〈守護原鄉，都蘭山森林文化博物館〉，2007/4/17，環境資訊中心。http://e-info.org.tw/node/21585
2. 演講錄像〈從森林博物館出發—再現原鄉重建契機〉1-7集，花蓮樸門部落系列講座，講師：阿力曼(原鄉部落重建文教基金會董事長)，2011/9/16。https://www.youtube.com/watch?v=y33tbz9pH_I&index=1&list=PLB4D2A0F810F
3. 周小筠，〈9/16從森林博物館出發—再現原鄉重建契機〉，2011/10/25，花蓮樸門部落網站：http://hualien-permaculture.blogspot.tw/2011/10/916.html
4. 張念陽，〈不要阿曼，只要阿力曼〉，2012/3/30，公益平臺文化基金會網站：http://www.thealliance.org.tw/cover_show.php?cover_id=28
5. 影像紀錄〈訪臺東鸞山森林文化博物館阿力曼〉，2013/01/07，臺東縣休閒旅遊協會。https://www.youtube.com/watch?v=YlsTYEf9aW8
6. 白水，〈臺東鸞山森林博物館文化之旅有感〉，《鳥語雜誌》313期，p.28-29，2013年3月，社團法人高雄市野鳥協會。http://www.kwbs.org.tw/magazine/data/313/P28-29.pdf?PHPSESSID=84205d3fc2fdf8c7a1a734085097ba45

巴喜告經驗

追求學校部落
同步成長的
原住民教育模式

　　當前花東許多偏鄉部落，普遍存在著主流社會所看到的原住民教育議題。這些部落中，多半中壯人口大量外移，缺乏就業或工作機會，家庭結構不完整，有不少隔代教養的問題。同時，家庭經濟不穩，學童不僅多乏人照顧，甚至三餐不繼。部落中的小學，正式編制內教師不足，且校長、教師流動性高，許多學校在軟體上的教學資源不足，文化刺激不足，而且班級人數過少，不利同儕互動。甚至，學校內的許多教學無法正常化，影響學童的學習與成長。

　　臺灣的原住民教育，泰半以主流社會的觀點將其問題化。而解決的方法，經常以學校和學生本身作為補救和和強化的對象，較少從學校或教育體制的外部尋找更合適的對策。然而，學生並非孤立的個體。學生的學習和成長，除了自身的天賦之外，受到外在社會環境的影響極大。特別是，在中小學階段，除了學校本身之外，每一名學生日常

生活所在的地方，尤其是社區和家庭，對學生的學習和成長極為關鍵。

就一名原住民學生而言，除了面對主流社會的價值和標準之外，還必須面對自己作為一個當代原住民的認同與發展。這一部分，更往往成為許多原住民學生──甚至也包括原住民成人──的困擾、壓力、負擔和挑戰。換言之，在現有體制和價值之下，原住民學生的原住民身分，尚不能夠真正成為其學習、認同和發展上的一項資源和優勢。

因此，學校本身，往往無法單方面協助原住民學童在學習和成長上所面對的許多挑戰。在這樣的背景和認識下，原住民日常生活和成長

食工坊：採樹豆（邱淑娟提供）

的最重要空間單位，部落，其目前的結構和發展，不僅無法自外於學童和學校，反而更是深刻地影響著學校的運作，以及學童的學習、認同和發展。要如何在此一狀況下，發展一套適合花東獨特社經條件的原住民教育發展模式，成為一大挑戰。

2011年在臺東延平鄉桃源村的一所布農族學童居多的學校，開始了一項以部落教育學習為中心，結合學校、社區與外部力量的教育計畫方案；以學生的學習與認同為核心，結合部落社會文化、環境、產業和部落發展，延伸出不同目的的主題式工坊。推動至今，陸陸續續在學校教育與部落的互動發展下，激發部落在地能動性，整體環境的逐步改善與學校教育相輔相成，持續朝著健全正面的方向發展。計畫推動過程中，以各類主題式工坊結合學校與部落發展所形成的運作模組，兼顧在地能動與創新性，有效地促進學校作為部落社區再中心化的樞紐功能，同時也帶動部落發展本身的認同價值感，值得進一步探究。

藝工坊：發展部落孩子多元才藝（邱淑娟提供）

一個以在地為主體的
教育方案實踐

　　一所坐落於臺東縣延平鄉桃源村裡的桃源國小，浸置在一處世外桃源般平靜的小山村中，雲霧像白絲巾般圍繞山巒，鐘聲與孩童的嬉笑聲，在午後寂靜的部落帶來一股生氣。其所在的桃源村，昔稱北絲鬮溪社（Pashikau），以這所國小學童的學習為核心，由此輻射連結至部落的教育計畫，就特別稱為「巴喜告部落教育方案」。方案蘊含不同主題的工坊運作，包括教授母語、古調傳唱、書寫記錄傳統文化的「書工坊」，培養藝文、多元發展的「藝工坊」，發掘在地人才、傳授在地智慧的「師工坊」，以及連結部落飲食、健康與土地文化、發展生態家園與食農教育的「食工坊」。在強調學校與部落同步成長的操作下，巴喜告有其追本溯源的意義。

　　日治時代便存在的桃源國小，即與所在的布農族文化連結甚深，在硬式少棒、母語教學與傳統歌謠等方面獲有佳績。然而近年來，與其他偏鄉小校處境類似，學生數逐年下降。學校於近年加強學科能力，以面對流失的部落青壯人口和學生。同時，布農文教基金會亦協助認

養，彌補家庭課業輔導之不足。事實上，桃源國小相當程度地反映了當前臺灣許多偏鄉部落國小的狀況。

現服務於延平鄉桃源國小的鄭漢文校長，同時也是東台灣研究會董事長、公益平臺文化基金會董事、紀守常文教基金會董事，在民俗植物與原住民文化上功力深厚，對本土及環境教育著力甚深。多年在故鄉臺東的教育經驗，鄭校長深刻了解偏鄉小校、社區、家庭所面臨的困境。鄭校長認為偏鄉教育的改革，應該結合學校、社區與外部的力量，以尊重在地文化、社會組織的精神，發展出在地為主體的教育方案。

巴喜告部落核心的原住民教育方案，是以桃源國小與桃源村為主體，結合臺東在地組織東台灣研究會的行政協助，與全國性的小英教育基金會資金支持，於部落社區的脈絡下，逐步實踐。除了整合學校部落既有發展內容如故事志工、成人母語、古調傳唱、有機栽培等，將之歸納進更有目標性的計畫方案中，延伸相關活動內容，亦針對部落仍有的需求面向，結合在地社會組織，設定其他項目發展，使之在不與部落原有脈絡衝突下，逐步發展全時全面的全人教育。

關鍵人物訪談

巴喜告部落教育方案的主導者：鄭漢文

訪談時間：2013年10月28日
訪談：夏黎明、洪翠苹
訪談稿：洪翠苹
編撰：林慧珍

鄭漢文校長與地方開會情形（邱淑娟提供）

　　主導與推進整個巴喜告教育計畫方案的靈魂人物，是著力為偏鄉教育創造機會的鄭漢文校長。其本身是臺東人，校長儲訓班第一名畢業後，一直在故鄉臺東的偏鄉國小擔任校長，經歷蘭嶼朗島國小、金峰鄉新興國小，現在服務於延平鄉桃源國小。

　　鄭校長在蘭嶼鄉朗島國小服務時，即逐步思考如何將部落的資源轉化為學校運作的力量。到了金峰鄉新興國小服務後，更具體地藉由校園的空間轉化，連結部落文化和社區的力量，進一步推動原愛布工坊等部落產業，試圖讓族人在自己的部落站起來再出發。來到延平鄉桃源國小時，累積過往經驗，更有系統地逐步發展書工坊、食工坊、師工坊等，形成連結部落與學校的各種協力平臺。

文化引路：部落與學校形成夥伴關係

從蘭嶼朗島國小到新興國小，接著再到桃源國小，如何依著當地特性發展出適合與當地合作的運作模式？提起這段往事的鄭校長，嘴角掛著喜悅的笑容，眼睛像是彎彎的月亮透著光芒。

鄭校長在蘭嶼朗島國小著手社區活動的經驗，組織了彼此想法差異大的在地人，試著化解學校與社區的緊張關係，透過一些社區活動的舉辦，將緊張關係轉為一種合作的夥伴關係。

「在蘭嶼文化差異滿大的。當要與社區合作發現差異性很大的時候，我們一開始就是找地方菁英，把具有不同代表性的人都找來開會，他們提的想法就按照他們自己的去做，看他們想做什麼。朗島這邊的運作模式主要由當地人來，我們就是去把政府的資源做一種轉介。在那邊的運作是先期的信任，因為過去學校跟社區的關係是很緊張的，為了把那種緊張的關係轉成一種合作的夥伴，所以後來才會辦比較多的大型活動。」

在新興國小的經驗，鄭校長從推動「校園我的家」計畫開始，拉出既有的部落文化來連結校園，逐步建立自己的文化意象。他認為文化意象是得以穩住當地的重要元素，在發展地方的思路上就會有屬於自己清楚的目標前進。

「到了新興之後，其實以為我可以休息，因為朗島三年，又接東海國小蓋完校舍很累，想說找一所比較近、穩定的學校，心想新興應該

不錯。一去發現，這種穩定是內部的同仁很穩定，是大家都不會走，所以內部導師的關係很緊密，就是這種大人的和諧，可是反而孩子的照顧或是社區家長的回應比較少，社區也慢慢把學校視為衙門。」對鄭校長而言，學校教育工作，要重視學校所在的外部社區。社區對學校運作的影響很大，建立起學校跟老師、跟家長、跟社區之間良好的關係，學校與家庭才不會不同調，教養態度才不會不一致。

「那時學校老師是期待我把東海國小新建的經驗到新興去重蓋，因為那個校舍很久了。可是我覺得不對，因為光新興這個名字，會知道這背後的意義，在歷史的脈絡裡頭，他們是新到這個地方的，學校對這個社區也是新的，所以在文化上的表現並不像蘭嶼那麼鮮明，當地人可能也覺得這個文化沒什麼。其實第一年我不太想做，第二年就很多人來找我做相關的事，後來接了一個計畫『校園我的家』，就從這邊再去做一些跟文化有關的東西，就是希望打破那個『新興』的意象，意思是過去這邊是有文化的，但是文化都已經被壓在很底層了。」

這些被壓在很底層的文化是什麼意思呢？校長生動描述當時族人們的反應：「校長，我們不講啦，我們忘記了，那個故事我只記得頭，或是尾，中間也不知道了。」或者「你太慢來問了啦，以前可能我們很多人都知道，現在沒有了。」就在校長不放棄，在長期與族人的互動裡，許多潛藏存在著的文化慢慢被挖掘出來：「其實不是沒有耶，一個個慢慢拉就會想到，喔，對，以前是這樣，以前是那樣，慢慢地

拉出一些意象，那這個文化的意象是穩住當地的。文化對我來講很重要，那是從蘭嶼的那個概念來的，當地人的文化跟自我目標一致的時候，在發展地方的思路就不會跟著別人走，而是他自己有自己的想法，做出來也比較接近他們自己想要的。但是在這個資源的引進來講，對他們是陌生的。我們又沒有成立什麼合法組織，學校變成在部落裡頭唯一的合法機構，所以就會用學校作為一個轉介的方式，但是運作起來，學校人員就會很辛苦。」

至於在桃源國小，「巴喜告計畫」的工坊形式與運作核心概念，等於是繼承了鄭校長在朗島國小與新興國小所累積的經驗與觀察，所產生相對完整的方案：在桃源村透過在地人與在地的連結，圍繞學校教育核心，逐步發展食工坊、書工坊、師工坊、藝工坊、Palisnulu小屋、部落體驗方案等。不同於新興部落的原愛工坊，鄭校長以「虛擬工坊」的方式來操作，亦即工坊不一定要一個實體空間才能開始運作，而是部落內的許多資源如文化、生態環境、耆老智慧都是來自於人，善用部落裡每一個人所擁有的知識、勞力與資源網絡，透過人的連結關係與流動，在工坊的主旨操作下讓每一個場域產生價值與意義。

「我們在桃源這邊做的就比較不是像新興那邊在做的實體工坊，因為這邊也沒有像那邊的空間，這邊連要租一棟空房子都很困難。沒有實體工坊就會走到一個虛擬工坊的方式，是以部落裡頭的人來運作，不一定要有一個實體工坊在那邊車東西、做東西。譬如說書工坊，不

師工坊：鸞山國
小故事志工（邱
淑娟提供）

用一直坐在這裡討論，你就回家去寫東西；藝工坊也是一樣，你去部落裡頭教書，教才藝；師工坊也是一樣，該培訓的時候就過來，包括我們現在在做的永康、紅葉、鸞山，就把這些人分散出去進行，或是在部落裡面。因為有這些老師，我們才有辦法去運作實際課後的班，或是暑假的班，或是有人要來參觀這個點也可以去陪伴，不然光靠那幾個人撐不下去，就這個部分是實體工坊，那這個部分看社區情況而定。食工坊的部分也是一樣，我們並不是蓋一座工廠要來做什麼，而是回到部落本身就是一個生產的場域，如何讓它變成一個健康的，或是說他對自己的生產也感到高度的價值跟意義的時候，它便跳脫了一個我要把一個空間圍起來變成我們的生產場地那樣的概念。」

　　虛擬工坊的概念純粹是因為缺乏公共空間嗎？鄭校長回答道：「不是，是因為有實體工坊的經驗才會去想虛擬工坊的事。因為布農部落

屋也在做這個，我們不需要相互地去展現，它也做得很好，但是它在做的向度也很多。而我們會評估現在在做的模式，人家有在做的，像阿布絲那個布工坊，她已經發展成自己的工作坊了，就不要刻意再去拉出一條線來，她也會請部落的婦女去做，所以我會帶學生去參觀或是做銜接的工作。」

無論從蘭嶼朗島國小運作的社區活動、新興國小的「原愛布工坊」到現在桃源國小的「巴喜告計畫」，皆是以學校教育為中心，擴散連結至部落資源、教育與發展的運作模式。運作的核心來自鄭校長對偏鄉教育困境的深刻體認；學校教育在偏鄉的困難根著於長期偏鄉部落發展的失衡、社會結構的扭曲，以及衍生而來的家庭困境，唯有家庭穩住，學校教育才能發揮最大的教育效果。要將家庭穩住，唯有讓部落的人找到機會，以自己為主體的思路來發展，而當一個健全的部落與家庭發展，真正重視孩子的成長，讓「孩子」回到教育真正的焦點，將有助於改善學校本身僵化的體制。

從1到1++：獨立又相互扶持的工坊

因應不同地方與在地人的特性，各工坊在運作模式上經常有所調整，並且發展出各自不同的調性。這當中能推動各工坊、讓事務得以運作的在地負責人實屬關鍵。而這些人又如何由主導計畫的鄭校長集結而來，形成如團隊般的相互扶持網絡？

書工坊出版品（邱淑娟提供）

鄭校長像是親臨現場般地描述著：「一開始就來來來，大家聚集了，聯絡人去聯絡。人來了，包括像武陵、紅葉村，還有這邊桃源村的人都來，來了以後大家相互介紹，然後彼此的專長是什麼，你可以寫什麼？」

校長口中的來來來，正說明著他如何找人進來。這個參與者從1到1++的過程裡，校長總是先問人想不想做某某事，如果對方點頭，校長又繼續鼓勵他再找兩個人。讓一件美事的促成裡總有部落的能動性在，也讓每件事在運作之初便先尋找夥伴，使其能有團隊的動力去相互支持、協助。

人來了，發展出書工坊、師工坊、食工坊的各工坊又如何運作呢？

書工坊

書工坊針對部落老者的凋零、文化斷層等現況問題而設置。推行方式透過長者進校園教授母語、古調傳唱，並透過田調進行文化採集、

家族氏族與傳說故事，將部落豐富的故事傳說、生態知識、文化儀式、生活經驗，藉由書寫的方式，以文字及影音記錄並轉化為學校和部落重要的學習與文化資產。以出版形式推廣布農族文化智慧、保存文化及精神，如布農文化辭條、Tahai說故事、相關部落生命故事紀錄。同時，透過年輕一輩參與書工坊，進一步認識部落的歷史文化，認同自己成為當代布農人的價值。目前相關的文化出版有：《達海·伊西把拉拉茲說故事》、《胡金勝布農文化詞條（文化造句100句）》。

「書工坊這部分是持續在運作，而且令人喜悅。因為耆老胡金勝把他歷年來累積的經驗一路編下來，字一直收集，現在已一萬多字，比原民會在做的多很多。這部分我們是文化造句。比如說，『神寬恕人的次數不會像月桃花那麼多』，我們以前都是寫月桃，只簡單根據字詞造句。那我們這次鎖定一百個造句，都是文化造句，也就是這個句子整體是跟這個字詞有關係的。這個字不是簡單的造句，像『我看到月桃花』這樣的句子沒

書工坊：與老人家學習和記錄酒麴製程（邱淑娟提供）

有文化性，所以要把它創造成文化性的造句。這樣當外面的人閱讀的時候會發現，其實我看中文也能獲得布農族的文化知識，看不懂它的羅馬拼音也沒關係。那你如果懂羅馬拼音的來造句，那布農族人就讀得更多，像這樣就會一直不斷發展下去。文化造句之後當詞條發展得差不多後，就有的人會開始寫禁忌，像胡金勝就說他要寫禁忌，光禁忌就會寫成一本書，那這個是很有發展性。所以胡金勝說，哇，這個一輩子也做不完，這就是他一輩子在做的事。」

師工坊

師工坊則針對部落現況既有人才無地使用，如長者智慧，以及在地人才培育的斷層，期許建立部落師資系統、部落長才，培育在地青年服務，使部落的耆老、家長、青年都能成為學校中可以支援協助的學習對象。藉由傳統生態智慧、故事傳說的傳授等，學童得以重新認識生活在部落中的長者；同樣地，部落的長者和成人藉由參與學校的學習活動，找回新的價值和尊嚴。

目前實際運作的項目有兩項：「故事志工團」與「推廣iPAD數位化學習」。故事志工團為部落長輩走進校園為孩子說故事。桃源國小故事志工團行之有年，主要由部落人溫正如團長帶領，本地家長與族人參與。通常會規劃好整學期的故事分工、請假原則並固定聚會，討論如何藉由「說故事」把生活、文化、智慧分享給孩子。2014年故事志工團的模式也推廣到紅葉國小，由紅葉部落長輩與青年共同規劃，

以生命故事搭配生活經驗及布農傳說故事。推廣iPAD數位化學習則與均一教育平臺合作，透過智慧型手機的無線基地臺，在部落實施無「場地」限制、無「空間」限制的學習。讓部落青年當孩子們的老師，陪伴教導孩子使用iPAD學習課業。目前參與的地方與負責陪伴的青年有：桃源國小師生、家婦中心的老師、不同村落的部落青年，包含永康部落（課後學習）、紅葉部落（生命故事、陪伴）。同時均一教育平臺亦曾於桃源國中舉辦推廣研習，一些部落青年皆曾受過研習訓練。

「師工坊的部分，一開始是從故事志工團開始。我們希望部落裡頭，晚上或者假日，有不同的地點在運作，因為需要老師，所以就會簡單培訓一些人，從閱讀志工開始。像這部分巴喜告教會的師母相當熟悉，因為原本就有接觸；另一位是馮傳道牧師，運作巴喜告夜光天使，那麼我們積極申請經費來支持他們運作。還有另一位是小林，就是那個Cina muwa的家，他自己就會運作，會對外募款。當我們學校幫忙找學生，他會自己去佈置那個空間。我說你需不需要經費，他都說不用，他自己也很樂意付出，而且他有醫界的朋友，知道他在做這個事，也會支持他。所以方式有的是我們提供空間，有的是提供學生，有的則是協助經費，支持在地的有心人來運作。」

資訊充分才能自主

針對師工坊與均一教育平臺合作的推廣iPAD數位化學習，鄭校長

分享以平板電腦發展差異化學習的經驗；因科技能促進孩子的自主學習，而有機會提升孩童的學習效能，補足原先有限條件下較難施行的差異化學習。

「年輕一輩的，像克文，他數學不錯，就會協助我們用iPAD去做均一教育平臺；像巴喜告教會那邊家婦中心的幾位志工或老師，也會常用誠致基金會給我們iPAD去做翻轉教師，所以這師工坊的部分，我們能運作這麼快也是因為有一些資源進來，然後購買這些硬體的時候不會手軟。像iPAD我們現在買到二十臺了，可是還不夠用，我們的學校也要用，然後社區也要用，那現在我們又要去支援其他部落。

「因為使用iPAD的學習給孩子的數學教育很自在。他不用怕數學，他可以自我挑戰，再自我補足，所以這個自學的方向我們也在推。那現在我們要推的，是推到沒有WIFI情況下的部落。很多部落他不是學習落後，而是訊息給得太少了。尤其是符合主流教育裡頭的一些訊息，這些訊息可能是他在做決斷思悟的關鍵；因為你的訊息不夠充分，我的選擇就有限，我要做我的生涯安排就會被限制住。

「使用iPAD學習，孩子上手很快，像我們一年級在教很快就會。很多孩子可能已經可以自學，他做對了可以往下進行，他做錯了就會再重試一次，而且錯的話又可以看提示，提示看了還不會他可以看影片中老師怎麼教。這個部分可以讓很多老師有更多精神去補充某些孩子的不足，補足了很多老師無法分身進行差異教學的可能。所以未來我想辦一個五十個人以下的學程，打破年級限制，針對每一個孩子的

能力，用這樣的軟體或是我們出的教案去上課，才不會一個年級都上一樣的課程，其實有的孩子程度已經不一樣了。」

對鄭校長而言，師工坊的做法不是只有提供人去教什麼，而是在這個過程裡頭，師工坊裡的成員如何自我成長，獲取最新訊息，並懂得判斷，如何引入工具與教法，讓孩子的學習能自立，自我培力才是最重要的。

「我敢去挑戰要打破年級限制其實也是因為有這樣的軟體。它有一個教練的功能，我可以看到哪一個學生在哪一題上花了很多時間做不會，然後我可以點醒那題去教他，不是他不會，是那個瓶頸在那裡。所以這個軟體不叫老師，叫教練，教你跨過那個門檻，身為老師你就要懂得這個孩子在哪個關節點上卡住了，教他超越。因此新的東西如果我們不認識，對於偏鄉地區我們不管再怎樣拉近城鄉差距，那都只是一種想像。資訊方面如果我們自己不充足，都一直用人家淘汰的、二手的、捐到偏鄉的，最後人家已經到那邊了，你還在追過時的東西，資訊落差只會越來越大。另外就是我們的經濟本來就比較差，結果我好不容易存到錢了，去買那個我以為還不錯的，但可能早就過時的，結果人家已經跑到那邊去，什麼時候我才可以存到那個錢去買那個最新的？

「我一直會想讓越是偏遠的地區孩子們的學習經驗，不要因為我們設備上的不足就認為不可能，那相對影響很大。他長大在決定事情的時候，像我要去哪裡看醫生，我要去買幾點的火車票，或是我決定要

不要出發到那個地方去，只要訊息夠，就不會變得盲目，變得不知道，或者連想都不想。訊息夠才能去判斷，才會去思考下一步。」

從師工坊到食工坊的「食農教育」

食農教育來自巴喜告部落族人想進行的布農傳統農耕「種子」計畫，隸屬於食工坊的運作中，卻是由師工坊的培育理念與操作延伸而來。藉由部落自然資源與人文生態環境，將長者的智慧，一代一代

食工坊：種鳳梨（邱淑娟提供）

的傳承給部落的小孩，著重知與行的教育。目前由部落族人胡榮茂（Istanda Husungan Dahu）主導推動，帶領部落的孩子於自家與龍田書屋的地實行耕作，一方面教授布農族傳統農耕方法，一方面傳授尊重土地、自然、保存種子等傳統智慧，與共食共享的文化。

「其實食農教育是我們食工坊在提的一部分，由族人Dahu胡榮茂在進行。這不是只有生產而已，這也是從師工坊的概念來的，它還有教育的一環，就從教孩子怎樣用布農族傳統的方式去經營他的農田，那他就會把過去的這些經驗一個一個傳給孩子，所以我們的孩子每週有一天就跟著去農田上課。」

從食工坊連結並找回部落的互助網絡

食工坊的運作面向，自飲食健康教育連結至部落的範圍相對擴大許多，連結了部落農業產銷、友善土地、飲食傳統與消費觀念等。主要也是針對部落現況中，小孩的飲食健康問題、傳統食材的消失以及農作物的農藥危機而來。因此食工坊希望能使部落居民和學童，重新認識飲食和健康、土地、文化之間的關聯，並期許農務勞力以核心家庭來運作，發展出生態家園的力量。具體運作上，包括學校食農教育、落實縮短食物里程的營養午餐、部落食材的文化採集，與友善土地的農耕推動等。

一開始為了鼓勵部落族人從事友善耕作，並協助族人尋找銷售的通路，鄭校長就身邊有在耕種且值得信任並有影響力的家長開始，一個

影響另一個，慢慢有口碑了，願意參與的人逐漸變多。

食工坊：Tama Bukun 的玉米採收（邱淑娟提供）

「一開始我們不會找很多人，因為預料第一次會賣得不順，所以我們只找兩個人，蔡新福跟吳欽福，而且品質是可以保證的、有把握的。之後我們開始鼓勵他們，覺得這個方向要再推出去，要不然的話，你農田一樣會受污染。那他們也覺得很好，他們就推。他們說校長我們還有一塊地都沒有在用，那一塊也可以推，那可能從兩個人之後我們就推到四個人。其實今年是五個人，我們並沒有幫忙賣很多，但是他們的收入都遠比交給農會的多很多，我賣三、四十箱的價錢是交給農會的大概五、六倍，或是這樣的價差。」

食工坊之下的無毒小農合作夥伴與生態家園產銷平臺的建立，由部落族人胡欽福（Tama Bukun）負責，推動部落的田轉型為無毒耕作（不灑農藥、不噴除草劑），推廣生態家園的觀念，並由學校建立窗口協助小量推銷。截至目前，部落的田已有甜玉米、水果玉米、南瓜、樹豆、香蕉，以及六戶人家的鳳梨跟進，皆採人工除草，部分施有機肥的無毒耕作。2014年建立了鳳梨銷售平臺，以學校作為窗口推

食農教育：Dahu在龍田書屋教孩子辨識植物（邱淑娟提供）

行銷售。食工坊「無毒鳳梨產銷」透過誠信關係的建立，聯外合作，合作訂購對象有基金會、企業、入口網站；另外參與部落體驗的建中團隊也協助成立網路銷售平臺（Pasikau-布農愛鳳）與設計DM宣傳。2014年無毒鳳梨的銷售總額為2013年的銷售總額將近一倍。

此外部落無毒的田亦透過生態家園的概念，嘗試連結部落傳統飲食，目前由部落族人婄艾（Qu-ai・Pavavalung）進行這方面的推廣，並與部落體驗方案合作，設計相關食材加工或炊作納入部落體驗活動規劃。

此外，鄭校長進一步期望縮短食物里程數。

「我希望東部這邊形成一種所謂運送距離最短的地方。東部本身的消費如果都還要從南部像關廟、屏東那邊運來，那為什麼東部這邊不能形成網絡？所以這個網絡其實要先鋪出去，應該先就地採購才是真正在推動生態社區，不是只有我們自己好，大環境卻被我們弄壞。」

順著這樣的思路，部落族人種植的農作物，漸漸成了學校老師下班後帶回家的籃中物，也是校園營養午餐的食材，而學校開放出來成為阿布絲市場賣菜的空間，也成了老師、部落上班族買菜的好地方。

「買了吃到好吃的就變成常客，這樣形成持續性的買賣關係，部落的人也會買，或是在部落上班的人也會買，它提供了部落很大的方便性。像上班的婦女就不用緊張趕著要去買菜，她一定可以買到健康的菜。」校長說，長期下來，阿布絲市場和學校成了深度互惠的關係，阿布絲也經常會捐錢給學校作為回饋。

部落生產的無毒食材優先提供桃源國小營養午餐的需求，除讓部落孩子確實吃得健康，也鼓勵採用在地食材，減少食物里程，同時讓部落孩子認識部落在地生產的作物，並增進學校與部落社區的連結。

讓部落的人參與，藉由計畫成就自己與他人

無論從書工坊、師工坊或跨足到食工坊，自鄭校長的回應裡顯見他在整個計畫的推展上總能大處著眼、小處著手，兼顧整體與細節。從鄭校長能如數家珍般地叫出每個人的名字，可見他用心的對待每個

人，看見每個人身上的特質與潛能，透過適時的協助與牽線，激發個人內在的驅動力，讓每個計畫的運作裡，都有參與者自己的想望與主動性，即使每一趟路都不好走，然而走過道路的兩旁，總能開出芬芳的花朵。

「我在做的事情大概都是走師徒制；就我今天認識你，我們來談這理念看你覺得怎樣，可以，好，那你要不要再去找一個人，或是再找你認識的人，兩三個人，再來談談看，那他就會找兩三個，很快就會變成一個大會了。但是大會也不會變得很大，我們也會評估我們真的做得了那麼多嗎？或者我們有空間可以做那麼多事嗎？所以如果我不需要那麼多老師的時候，我把那麼多老師找來，他們也不能參與到教學，他們覺得這只是來開個會，只是在講校長的理想而已。因此我們要讓他實際去做，從中參與，他才有自我酬賞那一套。」

照顧鄰近部落，建立具韌性的互助社群

巴喜告部落裡各主題工坊的運作，以巴喜告部落為圓心作輻射狀發展，成為擾動延平鄉境內幾個部落的活力。因此，各工坊的工作人員，從一開始便找來鄰近部落的族人，為的是，讓討論的過程裡，不只考量巴喜告部落的需求，同時也適時的讓運作時的相關資源、人力與想法進到周遭幾個部落裡。

「巴喜告計畫人員像紀瑤是鸞山的，麗妹是紅葉的，慧卿是永康

部落志工陪讀課輔班
（邱淑娟提供）

的。像紀瑤現在就跟她的媽媽在經營夜光天使，不管學生有多少個我們都不嫌少，因為真的需要幫助的時候，深層的幫助比你幫很多人都還重要。」

夜光天使計畫來自「Palisnulu部落小屋」教育方案。一開始由巴喜告計畫專案管理人員王紀瑤[1]推動，從她來自的鸞山部落著手進行。同時也因為鸞山部落本身在布農族部落歷史遷移的背景中最為艱苦，被迫離散而地處偏遠，三個聚落上野、中野、下野，數下野戶數最單薄，孩童缺乏部落傳統照護系統，形成鸞山部落中最偏遠不容易被看見的一處角落。因此於鸞山部落設立月光仙子站，希望透過部落小屋方案能接觸上野地區的孩童，進行常態性的關懷，使其成為部落照護

---

1. 編註：2013年巴喜告計畫時任專案管理人員為來自鸞山部落的王紀瑤。目前（2016年）專案管理人員由來自紅葉部落的邱淑娟擔任。

系統的一份子。

為此,他們在部落中開設一個空間,透過計畫人員與當地志工的協助,鼓勵家長關心孩子,可在聯絡簿上多寫下自己的觀察與意見,多和老師交流,也讓孩子注意到自己除了哪些地方需要改進之外,也能察覺父母及師長的關心。另外也鼓勵家長提供自己種的菜或是米,作為供應這些孩子們的晚餐,也能代表自己的參與和一份關注。2014年,部落小屋方案也於桃源部落開設夜光天使教室,由在地力量巴喜告教會協助課後輔導,讓家裡無讀書空間的小朋友有一個良好的環境,更鼓勵孩童的父母親多來陪伴。

談到夜光天使以部落家族集體的課後照護工作,鄭校長認為就偏鄉小校面臨廢校的趨勢,以及鄰近部落連結的關係這個框架下來看,它的功能與使命有著更深的意涵。

「鸞山也會面臨併校的可能,假如真的併校了,其實還是要去關照那個被併校的學校。我們當然不希望它併校,所以就是讓那邊的家長認為那邊的教學環境不錯,它就有可能留住,不然就會往鹿野送。往鹿野送有可能是上班的關係,也可能是大家都走了我再不走也不行,那個恐慌,剩下三十幾個學生,他們在這邊的學習就會變得困難,或是沒什麼成就。可是如果再不去改變,這個學校可能會不見,很多越弱勢家庭的負擔就會變得越重。譬如說從下野要送過來的那就更遠了,那越偏遠的負擔就變得越重,越得不到國家的資源。假設桃源這邊有夜光天使或夜間課輔,我下野的家長變成要送四次,對他來講是

被綁住，他們要找工作都會變得困難。所以在解決部落這樣問題的時候，至少這個國家資源或NGO的資源不應只是放在只有學校的地方，當越沒有學校的地方如果越能夠讓它活化起來的時候，就可能翻身成為能經營的學校環境。」

看見現行臺灣教育政策下的偏鄉學校發展趨勢，鄭校長積極地防患於未然，隨經驗和能力的積累，鄭校長的關注從校園延伸到單一部落再到地區發展，期許能在一個資源相對有限的區域裡，建立一個相互協助、增強彼此能量的堅韌衛星體系。

藝工坊：桃源國小學生們學習烏克麗麗（邱淑娟提供）

學校與社區的高度結合

巴喜告計畫各個工坊的運作，來自鄭校長透視原住民教育在部落的問題根源，他以一個相對高度的視角看待，一旦更加熟悉部落的結構發展問題，便更能明白學校教育在落實原住民教育上的局限；一旦更理解部落居民生活的處境與文化調性，也就更清楚教育方案的核心該往哪裡走，才能整體性地去解決問題，並有希望地發展未來。

對鄭校長去看見部落裡的人的基調與想望，並試著去給予支持，他回應道：

「其實這些有能力的人就在自己的工作崗位上做得很好，但有些人在某些機緣會碰到。好像你來到這裡後，可能有人跟你聊聊，我們可以做些什麼事的時候，有時候我們就會說這件事值得做，就心裡保持一種開放的想法說可以做什麼。可是我們自己心裡當然還是會優先經營學校試圖把學校穩住，不然我們會錯置。那如果學校穩住了，接著如何讓學校更好，就是讓社區跟著發展，就是家長也支持學校的教學，或是讓我們教學的資源變得更為豐富。社區的人也會來幫忙老師教學，或是校外教學家長也願意來參與等等，其實就是讓教學的可能性更大。所以我的主題仍然是在教育，並不是以社區為軸，但我會希望社區與學校做一種高度的結合，因為教育本身就是全時的，也是全面的，也是全程的、全人的。

「譬如說我們一位老師會跟小朋友談喝酒的事。他就會說，因為一

個小朋友的爸爸喝酒來教小朋友棒球，然後小朋友被嘲笑，那老師就會處理：你爸爸媽媽沒有喝酒的舉手，都有啊，沒有一個舉手，然後，你爸爸媽媽喝酒沒有酒醉的舉手，這個時候大家都沒有舉手。那就問，如果你爸爸喝酒醉的時候被這樣笑你會怎樣。其實老師用這種方式是在安頓那個孩子的心。所以在處理這類問題的時候，如果老師不理解社區，或是直接教訓那個喝酒的人，那問題就是我們對部落還不夠了解。當然也並不是鼓勵喝酒，而是在這樣的環境下，不去說家長的不是，而是先去建立彼此的信任，而理解是相互信任很重要的基礎。不是一來就覺得哪個地方有問題、哪裡要改，好像看這個不好，那個不好。其實真正要改的是我們的眼光，是你自己還沒看到更深層的東西。」

　　各個工坊在運作過程中需保有極大的彈性和應變能力，對此鄭校長分享道：「我覺得人是關鍵，就是說你在做這件事情的人你是不是被信任。像我來這裡可能會有各自的派系，那我一個不是原住民的身分進來遠比原住民身分的校長好做，因為他覺得我根本跟地方的派系沒有什麼關係，所以跟一個地方的氛圍很有關係。如果地方本身就很團結，可能是一個原住民部落，尤其對他們本族的文化比較理解的來做，那就是讓他們順勢把文化做更深層的發展，但是這個人在那個氛圍裡頭扮演什麼樣的角色我們並不知道，並不是可以很客觀的去談。」

延續性：關鍵在培訓人才，把人留住

巴喜告部落在校長任期固定的情況下，鄭校長曾考量過能怎麼做好，在他任期屆滿離開後，讓現在在做的事得以延續。

「師工坊這塊就是最重要的，部落培養出的人才，會比較知道要怎麼樣跟外部作連結。譬如說，像巴喜告教會它就是比較成功的，能和伊甸基金會做比較穩定的連結；那馮牧師這塊我們應該也很快的會發展起來；紀瑤這邊，事實上她的行政能力很夠，那之後其實在相關的計畫案，或是資源的引進，她會慢慢地去運作，一些資金的支持，會

藝工坊（邱淑娟提供）

讓她至少可以去穩住她自身想要發展的事。

　　「再來是，外界的人怎樣去信任他們，即使他可以掌握到，但外界的支持不是你申請了就會有。你曾經做過什麼事，或是曾經在哪個基金會，或曾與誰共事過，那個信任會被轉介。譬如說好，假設我離開，有哪些基金會我就會推薦他們去找。像我離開蘭嶼，我會推薦基金會的人去找那些人選，他們就去找想在蘭嶼做事、想在鸞山做事或是想在紅葉做事的人。因為很多的基金會往往是有資金但找不到方向的。」

　　談起計畫找經費的需求，鄭校長則語重心長地說，部落非常需要具備行政能力的人才：

　　「我們如果行政人員不擴充，就沒有能力再去接新的計畫，所以這個階段看似賠本的狀態，但實際在發展上又需要。所以其實像我們在說的花東基金來講，應該去支持像這樣的單位去做一種發展性的可能。你如果不培訓人才，不把人留住，他去北部去西部，就是沒有人去寫計畫，也沒有人去核銷計畫，計畫當它不下來的時候就變成不太可能去運轉。

　　「至於巴喜告經驗我們可不可以轉移？如果可以轉植的部分，大概就是技術性的東西。譬如說怎麼樣跟勞委會申請，如何跟伊甸基金會建構一種可能的關係。可是如果裡面運作的人他有私心，或只是做形式上的核銷，最後那個基金，同樣的基金會，同樣的事情，實際上可能發展出來的差異會很大。」

他山之石

巴喜告模式的參考意義

主要的創新關鍵

●學校作為部落教育中心、關係連結平臺的關鍵概念

以學校教育需求為主旨核心，延伸出相關方案，連結至部落地方發展，將部落同學校視為一個整體性的學習、認同與成長的空間；部落即是學校教育的場域，學校即是部落教育的中心。透過這樣的概念，鄭漢文校長試圖為原住民教育長期被主流社會觀點問題化的困境中尋找出路，也為部落文化、經濟體持續崩解的現況尋找其傳承與開創的意義。

透過這樣整合性的想法與操作，逐漸拉回學校與部落的關係，並且在不斷因人口不足而面臨廢校危機下，重新定義了偏鄉學校的重要性：有其部落文化傳承與整合社區生活的重要意義。當這樣的核心觀念底定，各面向如社區型產業、家庭照護、人力資源、文化系統等便有根可循，扣緊教育主題而一步步開展與修正，至今於在地發展出各項穩定方案。

●工坊作為學校與部落的中介：以工坊為媒介，與部落建立關係，

形成主體性的社群

在巴喜告部落所運作的各個工坊，以學校教育需求為起點，以部落文化傳承為發展核心。透過工坊作為一個虛擬平臺的概念，邀請在地部落的人進入這個平臺，成為各個工坊社群的一份子。其善用部落裡每個人所擁有的知識、勞力與資源網絡，在每個工坊社群中摸索與操作，發展出自己的主體，形成各個工坊具體而穩定的運作。

透過這種「虛擬工坊」的操作模式，不局限於一個實體空間，也不以一般工作坊將人置於各層級分工的方式來運行，而是透過部落裡人的連結關係與流動，各自形成社群。社群的活動讓每個工坊所面對的場域中產生其價值，回過頭來也讓運作工坊的社群本身產生意義感。同時，部落的人因社群連結而提高其認同感與凝聚力，部落本身透過社群鏈結，而有了重塑新的社會關係的可能。

以食工坊為例，針對學校孩童飲食健康的需求，找回部落傳統飲食文化、善待環境資源的耕作方式這樣的主旨概念下，連結了部落中關心孩子飲食健康的家長，同時也可能是友善耕作者，而發展出「無毒小農合作夥伴」這樣的社群型態。連同建置生態家園產銷平臺，也發展了「縮短食物里程的營養午餐」、「食農教育」等方案；由在地小農與學校合作，讓學生認識部落的田與布農族運用傳統食材的智慧，並直接於學校用餐生活中納入在地食材、健康的飲食觀念等。學校與部落間不僅產生互惠效益，部落對飲食與耕作觀念的改變，新的社群形成，也發展出正向而充滿能量的部落關係。

●從1到1++的在地培力方式

以部落內部信任關係的方式，最先由鄭漢文校長以在地既有的人際關係網路，找尋認同方案、做事或學習動機意願高的人，邀請進入工坊平臺。透過工坊的運作形式，形成小組，進行在地培力，透過社群的集結，鼓勵彼此尋找共同夥伴，使其能有團隊的動力去相互支持與協助，共同運作工坊。連結外部資源的前提，是必須以部落為主體考量，同時善用部落本身資源與人才為優先。

現階段的弱項

●巴喜告教育方案相關經費來源不穩定：此計劃的啟動與開展主要經由小英基金會的資金支持而啟動，且因多數方案為非營利工作項目，除了食工坊的部落無毒產業試圖連結企業支持，其他仍多倚賴小英基金會的資金，計畫本身尚未能達到自主可持續發展的狀態。

●計畫管理的行政人才與培力需求高：計劃本身雖有意識培育人才，但在各工坊培育部落人企劃與執行計劃的行政人才上，除有部落年輕人較少、流動性高的問題外，就培養的能力本身亦尚未達到能完全自主申請計畫、募集資金的能力。

●計畫的核心思考與操作仍依賴主要關鍵人鄭漢文校長，然而各工坊負責人正逐步承接鄭漢文校長的核心理念，其工坊概念與操作成熟度還需時日觀察。

食工坊：部落共同採收花生（邱淑娟提供）

可轉移性

●以工坊模組的形式操作，透過所形成的平臺組織社群，連結學校與部落的資源流通、共識討論等，轉化部落原有的社會關係。

●以文化為主體，透過部落教育為核心來連結部落關係與發展。

●透過部落信任關係形成互助社群，並堅持用部落裡的人為主要用人培力觀點。

●以部落為主體，學校作為窗口，連結外部資源的模式。

對花東發展的貢獻

● 定義新的社會價值：學校作為社區再中心化的樞紐，透過教育，界
定部落生活關係；學校也是部落的連結平臺，與鄉公所、布農文教
基金會、巴喜告教會等形成在地協力關係。

● 緊扣布農文化與傳統智慧為主題，以教育形式操作延伸，帶動部落
重返其核心價值與提升認同感。

● 透過工坊運作模式，培育在地人才，並開創在地產業契機，發展就
業機會可能性，幫助在地及回鄉青年在部落中找到工作價值之位
置。

● 優先以部落為主體，謹慎選擇外部資源，如與公部門、企業、一般
民間團體形成良性的合作關係。

延伸閱讀

1. Pasikau—布農愛鳳臉書粉絲專頁(食工坊：巴喜告無毒鳳梨銷售網站)：
https://www.facebook.com/pasikao.pineapple?fref=ts

2. 臺東縣巴喜告原住民關懷協會臉書粉絲專頁(部落小屋：巴喜告教會夜 光天
使計畫)：http://ppt.cc/NnbpE

3. 臺東縣延平鄉桃源國小臉書粉絲專頁：http://ppt.cc/6bsen

4. 韓良露，〈臺東新興國小與鄭漢文校長的故事〉，2008/4/25，《中國
時報》人間副刊E7版。(載於南村落網站:http://www.southvillage.com.tw/
about_0006_0010.html)

5. 〈夢想一個山林小學：回家的路，山林我們來守護〉，2010/10/17。

http://forestschool-of-ours.blogspot.tw/2010/10/blog-post_4966.html

6. 〈不只是校長，臺東桃源國小鄭漢文校長〉，2011/8/9，《今周刊》部落格報導。http://www.businesstoday.com.tw/article-content-80415-100762

7. 夏黎明、郭靜雯，〈【2022花東願景 公民論壇】人物專訪：實踐一個部落與學校同步成長的原鄉夢〉，2012/9/6，臺東論壇執行團隊採訪報導，《東海岸評論》。

8. 〈蔡英文／鄭漢文的對談—超越學校之外談社區文化與學校教育〉，2013/5/7，獨立媒體。http://www.twimi.net/detail.php?mid=1862

9. 鄭漢文，〈超越學校之外—從偏鄉看教育的可能性(上)、(下)〉，2013年5月，想想論壇。http://www.thinkingtaiwan.com/content/762；http://www.thinkingtaiwan.com/content/767

10. 〈翻轉教室工作坊：師者的旅程—我為何而來？鄭漢文校長上課片段〉，2014/5/27。https://www.youtube.com/watch?v=C1c9sse3uVA

11. 廖雲章，〈偏鄉小學的翻轉教室 鄭漢文校長：老師說得少，孩子開始思考〉，2014年9月，《親子天下專特刊26期》。http://teachersblog.edu.tw/19/469

12. 臺東桃源國小翻轉教育介紹影片(師工坊：推廣iPAD數位化學習計畫)，2015/2/3。https://www.youtube.com/watch?v=4KP6cwH0AUQ

13. 〈臺東桃源國小，自主學習體驗勝過一切〉，2015/6/1，公益平臺網站報導。http://www.thealliance.org.tw/cover_show.php?cover_id=70

【PART 3】

點亮社會角落

五味屋

發展偏鄉教育
契機的社會企業模式

　　位於花蓮縣壽豐鄉豐田火車站前面的五味屋，一間日式特色的風鼓斗舊建築，是家充滿孩子笑聲的二手物雜貨店。每逢週末，平靜的社區裡，五味屋熱絡地人來人往，小孩們不停地忙著搬貨、清點、分類標價與上架，社區內外的人上門來尋覓好貨，更多時候來串門子，與大人小孩互動聊天。五味屋的孩子們手閒不下來，好奇與自信時刻擺在臉上。

　　五味屋，不單是一處讓鄰近村落孩子親身學習二手物店務經營的成長地方，也是讓在地許多缺乏資源的學童能獲得課後照顧與輔導的場域，更是讓孩子們能多元發展與發揮潛力的所在。

　　這個試圖以社會企業的概念與操作自給自足的經營方式，連結全臺
社會相關資源，形成非典型教育的可持續發展。過程中其所包含創新
教育型態的思維與操作，為偏鄉教育的困境帶來契機，也促進偏鄉學
校體制與社福單位的反思，值得了解其運作機制與背後的核心價值，
推敲能否有典範轉移的可能性。

花蓮豐田火車站前的五味屋（林慧珍攝）

一個縫入教育心思慢慢編織而成的發展過程

2008年，由長期著力於花蓮豐田村社區營造與教育的顧瑜君老師，和她的東華研究團隊，在因緣際會下，與社區地方人士合作，讓豐田車站前一棟具歷史價值的風鼓斗日式建築保留了下來。針對空間的活化使用，來自顧瑜君老師與牛犁社區發展協會理事長楊君弼討論出來的想法，而開始有了「二手店」的成立與經營。二手店的產生是從無到有，然而有這個想法與網絡，卻是與長久以來的社區教育經營有關。

牛犁社區發展協會長期帶著社區的孩子舉辦跳蚤市場與義賣募款活動已有七年的經驗，與顧老師團隊的合作下，漸漸將這批孩子組織成社區裡的青少年服務隊。這個空間的出現，提供了孩子們能長期舉辦跳蚤市場的基地。同時，牛犁協會也希望能透過這個空間再度成為青少年服務隊課輔的接納空間。對長期從事教育的顧老師而言，認為這正是一處能進行有別於一般教育系統的實驗場域，一處能讓孩子們「做中學」的教材。如果成立一家二手店能從無到有到自給自足的經

營，那麼在發展的過程中，孩子能學習到的，將不僅是勞務操作，而是有分析、判斷與選擇等思考能力。之所以名為「五味屋」，便是在這從無到有的發展歷程裡，大人與小孩共同成長所經歷的一切五味雜陳，要學會這個地方孩子應該有的五種味道：天真、勤儉、感心、親切與好用，這同樣是人生不斷面對的課題，也是教育本質所在。

於是顧老師團隊與這群孩子一步步地從這個空間發展，將蒐集的空紙箱堆疊成擺放販賣二手物品的櫃子，將募集來的物資進行分類記錄、整理堆置、清潔修理、貼標籤、討論物品價格到上架，並練習如何賣出與記帳等等。過程中顧老師帶進了團隊分工的方法，包括資深的孩子如何帶領新進的孩子，包括如何開會，包括處理工作過程中孩子發生的情緒，以及理性的討論。這是在一切看似單純經營二手店的背後，看不到的教育努力。

一切都在尚未預期的規劃中，五味屋慢慢長出了由孩子們發展出來的活動空間，也增加了相關輔導與陪伴的空間。此外，因應二手店的需求，開始有倉儲空間的形成，並邀請社區夥伴加入協助管理，帶著孩子修理堪用的電器物資。透過各項物資捐贈的流通，逐步連結其他的社會網絡與資源，包括與新竹物流合作，定期收置損壞的物品家具，由社區的夥伴教授孩子木工與修理技巧；也包括與擅長修理單車的社區夥伴合作，帶著孩子們修理這些捐贈過來的二手單車。此外，五味屋在社區裡開闢了一塊田，由社區夥伴帶孩子種洛神，甚至，孩子們也會組隊將物品拿到花蓮好事集賣。這些募集得來的物品，連結

的是捐物者與受贈者的關係，是孩子們認識外在世界的窗口；每一項捐來的物品必須說明捐贈者是誰，為什麼捐贈，每一位捐贈者也會獲得孩子們感謝的話語。在捐贈、受贈，以及整理、再度定價買賣的關係中，充滿種種教育的環節。五味屋透過連結社會資源與活動的延伸，成為生活中一門門課程。

五味屋便是這樣一個接應孩子們需求而慢慢長出來的地方，顧老師與她的團隊從未設想它應該長成什麼樣子，她單純期待五味屋是個能讓資源走進來，能將孩子帶出去的交流平臺，而這每一步都充滿了教育過程的故事，是辛苦維持、穩紮穩打地往前走。

五味屋後臺工作由孩子與大人們共同工作（林慧珍攝）

堅持社區型手感教育的
靈魂人物：顧瑜君

訪談時間：2014年3月22日

訪談：夏黎明、林慧珍、林明玉

訪談稿：林慧珍

編撰：林慧珍

是發生的，不是計畫的

在五味屋訪談顧瑜君老師（林慧珍攝）

「那時在做教育是非常挫折的。就是你做很多，希望鄉村的孩子能在這個地方獲得應有的教育，但往往在學校系統是走不通的。當時我擔任東華大學師資培育主任，培養師資、教師訓練，用了很多方法，包括長期陪伴，進到學校去參與他們的課程，跟老師一起教。有的學校我們甚至陪了六年的時間，然而卻可以因為校長的一句話，你這六年的心血全部都丟到水裡去。

「因此當五味屋這個空間出現時，之前的那些經驗讓我思考，如果我有自己的空間去做我認為應當的教育，然後不會被別人的一句話就讓長期經營的東西變沒有，那麼我覺得它就應該開始。開始後，如果

這是我一個人的想像，它就不會繼續，但如果這也是別人的想像，那我們就有可能再往前走一步。當時的想法是這樣，並沒有想到後面會變什麼樣。

「五味屋主要就是有一個空間，讓孩子們會願意來、持續來，大家能一起做一些有的沒有的事情，讓它持續下去。當時最初衷就是這樣而已，沒有計畫的。所以一開始我們就是零資本，而且就是以準備倒的心情開，如果說如果最後經營不下去了，那我們就是學習怎麼倒閉。因為它沒有一個目標一定要完成，假設倒閉了的話，之後你再來設下一個目標。」正如同五味屋網站開宗明義地提到：「2008年8月31日開幕至今，五味屋的初衷的不變，要做的買賣是─給社區孩子們一個真實的多元學習場域。……這裡沒有具體或系統化的計畫，眼前的需要，就是這裡的所有學習。」

五味屋的開始，代表對教育的期待

「那時我的想像是，因為你要做教育，一定要有個媒介物，假設不是課本，那就要有別的東西。當牛犁提出『二手物』的時候，我覺得那是很好的教材。純粹從教育的觀點，它可以讓我透過這個東西跟孩子去學生活裡的很多事情，而且它是對外界的窗口。再來是我們曾經跟這群孩子做跳蚤市場做了七年的時間，所以他們對於做二手物是有經驗的。」

五味屋處處是教材：對物品的認識與價值判斷的學習

「對我來說，開二手店目的並不是要賺錢，任何東西來都可以變成教材，變成好的學習。為什麼我覺得那是很好的學習？今天，我帶了一個杯子，我要怎麼標價，我要怎麼知道賣多少錢？而誰會需要這個杯子，這個杯子怎麼產生的？這些都可以作為教材。

「因此先認識物品本身是第一件事，然後它的價值該如何判斷是第二件事。比如說，它應該要賣一百塊，可是『應該』跟我的『標價』之間就會有一個複雜的系統。比如說這個東西是有品牌的瓷器，它在外面可能要賣一百塊，那在我們店裡應該要賣多少錢？假設賣一百塊可以有很好的利潤，但可能我們社區的人是不會花一百塊買杯子的，那我們是要降低價錢讓社區的人可以買杯子，還是追求一個好的利潤？因此，它的『價值』跟我的『標價』之間，就有分析、判斷、選擇，以及跟周遭人的關係等等考量在裡頭。慢慢地我們就會從過程中的錯誤裡面去學習。比如說，我本來可以賣一百塊，可是我標了五十塊，可是非常抱歉，最後買走的人不是我們社區的人，是觀光客，為什麼？結果我降低價格，卻沒有讓我社區的人受益，那我就會重新看待這個標價是否合理。

「這就是我希望孩子在生活裡，在不感覺到學習的情況下，他慢慢開始學習。這裡的孩子，他們不像那種可以是去跟花蓮高中、女中學生競爭的學生，那麼他們可以用什麼去跟人家在社會上不一樣？所以

當初說要開二手店，我就說好啊，我們就每天在店裡面慢慢研究這些東西。」

最初困境：學習型態不被理解，被貼上問題孩子群聚的標籤

「五味屋開始沒多久，就出現一個很大的困境。青少年服務隊基本上就是社區的青少年，人數很少，大概只有十幾個。因為我們的小孩大多數都是成績不好的這一區，每次一段考完，我們的孩子就會被嚴加警告，說如果沒有把時間放在讀書上面，那就是浪費時間。而我們又是在假日活動，結果變成每次段考完，孩子們就會被看緊。我們的家長很多元，有阿公阿嬤，也有放在別人家裡的姑姑或嬸嬸的。一般通常不會太管，但因為來自學校的壓力，就會要求孩子在假日不要亂跑。當時他們認定五味屋就是一個屬於孩子亂跑的地方，結果變成社區的這十幾個孩子不可能每個禮拜六日兩天都來五味屋，於是就拆成兩組輪班。人數變少的情況下，變成有的早上不能來，有的下午不能來，還有那種考完試後被限制不能來的，因此有段時間的經營甚至是三、四個志工，加上只有一兩個小孩。」

社區青少年服務隊的孩子泰半是國中生，在國中升學主義系統的籠罩下，無法花太多時間參與，變成能來五味屋經營的人數越來越少。然而這過程中卻意外吸引了鄰近的國小學生。一開始小學生都是來當消費者，但往往想買東西卻沒錢。因此，五味屋提出了一項「代工償還」的辦法，允許他們可以帶走東西，但要在五味屋做工還錢。結果

五味屋的孩子們
討論自己的旅行
（林慧珍攝）

錢還完了，小孩們還是會來五味屋問還有沒有工作可以做。不知不覺中，當消費者的小孩，後來變成了五味屋的工作人員，而且人數越來越多。

這件事，也促使五味屋經營團隊重新思考，或許不需拘泥現有的青少年服務隊成員，不如從社區孩子小的時候開始陪伴，把國小高年級的孩子當作青少年服務隊來經營，那麼即便孩子到了國中之後沒時間參與，也能跟他們維持一個穩定的關係網絡。

逐步建造網絡協助系統，成為教育資源平臺

五味屋的第二年，來到五味屋的孩子越來越多，多到需要有管理型的工作人員的壓力。第一年只有顧老師和她的研究生與助理在經營，

從第二年開始聘任，到第三年人力佈局大致穩定下來。截至訪談的
2014年，約有六名專職工作人員：有資深的五味屋大總管禮安，負責
統籌所有的事情，包括媒體、公關與對外聯繫協調；有具諮商背景的
工作人員，負責孩子們的個案；另外有兩位負責五味屋相關活動、志
工、參訪團體及行政工作等。還有另外一對來自鄰村的夫妻小葉和阿
富，協助比較事務性的工作，包括倉庫、店面、見性工坊，以及民宿
的部分。

結合夜間課輔的民宿空間成立

到了五味屋的第三年（2011），這批國小高年級的學生開始進入國
中階段，五味屋開始著手打造另一個空間提供學生的夜間課輔。原先
的課輔已經存在，然而作為商業經營空間的二手店鋪本身並不適合。
起初與學校試談合作，借用學校空間，甚至支付學校水電費，但學校
合作意願不高。正好因為社區夥伴的關係，覓得一處三層樓的空間，
試著以民宿經營的方式自給自足，並將一樓打通為大教室，成為孩子
們夜間生活、學習的去處。有了空間，課輔穩定下來。約有十多名學
生，混著不同年齡，一同分工煮飯吃晚餐，餐後上各類多元的課，包
含完成學校課業、基本能力如數學、英文的課程，也包含性別、農
業、繪畫、鋼琴吉他等多元性課程。上課的老師有義務幫忙的社區夥
伴，以及退休的老師、工讀的大學生等。通常是固定的課程，偶爾會
因為五味屋的計畫，帶孩子一同籌備大型活動，而有所調整。

形成孩子的個案網絡，「雙手掌」制的工作模式

「我們現在有很多外面的孩子也來，就是社區以外，像市區的也有人來。大概在三年前我們就決定，五味屋必須變成花蓮的一個資源平臺，不能只是服務自己的村莊。我們資源相對是多的，雖然還是匱乏，但相對於其他的組織來說，我們其實有很多機會跟資源，因此我們就會開放出去。

「面對這些市區來的孩子，當時我覺得我們應該服務弱勢，但這種家庭的孩子並不是弱勢，不過後來他們老師的一些想法說服了我。這群孩子很特別，因為他們的家長保護得很好，但孩子們並不希望這樣過日子，他們的老師也認為家長不應該這樣養孩子，因此就說服家長讓他們的孩子來，條件是必須寫完功課，而且自行搭車過來。過程中，這些孩子因為這樣有了些很大的改變。像他們在學校可能有行為方面的困擾，有的很難處理的，反而到我們這邊就變成另一個樣子。我們覺得這樣很好，每一個孩子都可以在這邊獲得他的需要，我覺得這個混合社會階層的相處是好的。」

作為一個人們來來去去的二手店空間，常常來的孩子就有四十多名，五味屋並未羅列特定的條件，要求孩子們固定來五味屋工作或參與活動，然而他們特殊的個案網絡操作模式，讓孩子自動穩定地留在這個空間，跟這裡的大人小孩發生關係，形成穩定的關係網絡。

「有時人家問說我們的孩子是怎麼產生的，我會回答這是一套模糊

的系統。通常不會自己冒出在我們的店裡，總是有淵源的。有的是孩子帶朋友來，有的是學校老師，也有一些是身邊的人鼓勵小孩自己過來的，也有社區阿嬤帶來的，或是社工員推薦的。

「而一般當一名完全跟我們沒淵源的小孩出現在我們面前，通常我們就會開始一個很複雜但是很不精確的過程。認識的過程中會去思考，一個孩子通常不會無緣無故來到這裡，通常會有人帶他來，是誰帶來的就很重要。我們便會從那個帶他來的人那邊去了解狀況，然後也包括這個小孩自己在這邊參與的情況、意願，以及照顧他的困難度，也就是內部和外部的評估一起做。這個評估過程有個操作指標。小孩剛來的時候，他們會有一本臨時聯絡簿，一開始是單張的紙，每次來都會寫，直到我們確定那個孩子會待下來了，也確定我們可以照顧他了，我們就會給他一本正式的聯絡簿，還有一本存摺來記錄他的工作點數。進來這裡的小孩，大部分都是社區的孩子，我們希望用一種比較溫柔的方式去評估。我們不需要去做那種正式的訪談，因為不希望讓他覺得他是個案。我們就是要去除那種機構運作的概念，所以每一個孩子，我們都會從不同的管道去了解他適不適合待在這裡。

「而為什麼要做這樣一個網絡系統，就是希望都能保持聯繫，維持穩定的關係，當孩子突然有狀況了，那麼這個系統還能支持他。」

每一個擁有聯絡簿的孩子，表示他正式在五味屋待下來了，有權利跟大家一起工作、開會、用餐、上課，一同參與一些大型的活動。店鋪打烊前，孩子們會固定在店後的空間一起寫聯絡簿，寫當天的心

得，想對誰說的話。每個擁有聯絡簿的孩子，也會有兩位對他負責的老師，這是五味屋裡頭所稱的「雙手掌」制，聯絡簿也是負責的大人跟小孩的溝通管道。而整個個案的記錄與網路建立，則由五味屋兩位專職的工作人員管理，一位管大小孩（國中以上的學生），一位管小小孩（國小學生）。

核心工作方法：「接應」

「在五味屋，我們有個工作方法叫做『接應』。就是說，當我看到一個孩子我就看看看，看到一個程度我就去接應他。孩子們需要的其實是接應。當然像我們說教、給觀念、帶他們討論、觀察、分析種種這些仍是需要，但這些都不如我們去看懂他以後對他所做的接應來得重要。接應他的時候，我們會把資源引到位給他，這樣資源才會有用。這個部分我們無法計畫，因為我不知道孩子會用什麼樣子出現在我面前，以及當他出現在我面前時，我可以怎麼看懂並接應他。因此，這當中有很大一部分叫做巧合，就是說在那個當下就這樣，bingo。那有人會問我說那你怎麼知道，我的答案就是我不知道，我只是試試看，如果他接住了，那我就知道我接對了，如果沒接對，就算了，等下個機會再來一次。」

隱藏的有力系統：永齡希望小學

「除了經常出現在眼前的小孩有四十多名外，還有一種類型的孩子

是來來去去的，就是一陣子出現一陣子不出現那種，這個幾乎完全依著他的家庭狀況。有的孩子是當家裡狀況不好的時候他會出現，也有些是當家裡情況好的時候他才能出現。而『不出現』也有好跟不好：當他不出現很有可能是他家裡整個都亂七八糟了，自己也不知道流蕩到哪裡去了；也有一種是，他家裡比較穩定了他也不出現。因此孩子出現與不出現都有四種情況。像這樣的孩子，我們就會保持聯繫，即便他就是很明確地連冒出來都不冒出來，但我們仍然會維繫某種關係。

「如何維持這種關係，則與我的另一個角色有關。我是這個區的永齡希望小學[1]專案負責人，所以從秀林到玉里都是我的輔導區。而壽豐這個區域是永齡希望小學的重鎮，因為東華大學在這邊，是大學生課輔老師最容易到的地方，開案比例最高的也是在壽豐、吉安這個區域。而五味屋最主要的兩所小學就是豐山、豐里，再搭上個稍微遠的是溪口，都是永齡的學區。這三所學校的小孩都有永齡的專案社工在顧著，而五味屋的小孩只有百分之二十不是永齡的小孩。因此我有職位之便，永齡的社工事實上給了我很多資源。所以在一批不出現的小孩中，有可能是永齡的受輔學生，那我就可以從永齡這邊知道他們的近況。一旦他有需要我們的狀況，永齡的社工就可以馬上回報我們的

---

1. 編註：永齡希望小學，以協助弱勢學習學童的課業輔導為主軸的教育工程，由永齡慈善教育基金會啟動支持，於不同地點建構分校。永齡希望小學東華分校，以東華大學週邊區域吉安、壽豐、花蓮市及秀林為主要服務區域。此外，也嘗試在萬榮、鳳林及玉里建立實驗性的課輔點，力求滿足後山學童的需要及家區的期待。

系統，因此五味屋隱藏了一個很有力的系統就是永齡希望小學。」

平臺：帶外人走進來，帶孩子走出去

五味屋的教育實踐不僅在室內空間或社區場域裡，經營團隊也向企業或公部門申請相關計畫，舉辦集體式、分散式與個別式的活動，主要是希望這裡的孩子能藉五味屋這樣的資源平臺，參與外界的活動，能出去增廣見聞。

每年寒暑假，五味屋有「外展式活動計畫」，會舉辦大型的集體式活動。在近幾年比較是體能挑戰的活動，例如集體單車環島，或是跑馬拉松。針對分散式活動，有個「自主學習的旅行計畫」，要讓孩子自己學習，規劃他的暑假要自己完成一次旅行，並且必須放入學習的主題在裡頭。孩子們可自行成組，只要找到志工協助規劃。小型集體式活動因為比較不花錢，經常安排在非寒暑期的週末間，如到小農市集擺攤。

另外有小型的個別式活動，因資源或機會不多，主要由有興趣的小孩自行申請，用他的工作點數扣抵或者回來做功課跟大家報告。「比如說畢恆達[2]請我去演講，我就會說服畢恆達說讓我帶小孩跟我一起去演講。因為會過夜，就可以設計兩天一夜的活動，讓孩子去爭取參

---

2. 編註：畢恆達，國立臺灣大學建築與城鄉研究所專任教授，研究領域為環境心理學、性別與空間、質性研究、街頭藝術等。近年著有《教授為什麼沒告訴我》、《空間就是想像力》、《空間就是性別》等書。

帶外界團體的
導覽體驗工作
會議（林慧珍
攝）

加的機會。2013年我帶了十個小孩去，他們事先得自己寫申請書，說明想去的動機，以及要完成什麼工作。後來他們負責要上臺演講五分鐘，就會自己準備簡報，寫演講稿，自己上臺講。」

透過外展式活動，五味屋偶爾會出資支持家長陪小孩一同參加。因為在五味屋的孩子中許多家長其實是失業的，是與社會脫節的，往往在社區裡被認為是沒用的，甚至沒有發揮一個身為家長的功能。但對顧老師而言，她認為五味屋在社區裡的角色正應該要形成支持與連結。

「即使是酗酒家暴的家長我們也盡量讓他覺得是被尊重的，因為孩子的家長被人尊重，孩子才會覺得有價值感。我們相信是這樣，因為我們不用向學校那樣跟家長索討責任，例如為什麼沒有簽聯絡簿、為

什麼沒有寫作業。學校跟家長的關係是索討的關係，以學校的立場來說他們覺得那是家庭的責任。但我們在這個位置，並沒有要補家庭的功能，而是讓家長覺得他被支持，去產生另一種功能或意義感。那社區的人就會看，為什麼我們五味屋要這樣幫一個家長。這種關係的建立和連結其實是看不見的，但是等到我們需要大家跟我們一起做什麼的時候，大家會願意給我們支持。

「一般機構不做這些事，都是用很單一的標準，只用一套方法跟家長互動。而且這些不屬於緊急情況的話，會認為經費這樣花是浪費的，可是這樣做對我們來說是有意義的。我們試圖努力營造個人的連結與這個社區裡面的關係，那麼等到這個孩子大的時候，他就會用不一樣的方式來看待自己的家鄉跟人際關係。」

五味屋持續不斷地引進資源，讓孩子甚或是家長得以走出去，就算每次都是時日不多的活動。孩子獨立自主的一面，是在這細膩的學習過程中成長，能一同陪伴的家人也將跟著信任與支持。

與社區的關係：社區柑仔店的味道

落腳在豐田村的五味屋，儘管對社區營造十分熟悉的顧老師，並未刻意經營其與社區間的關係。她坦言事實上並沒有過多的餘力去思考社區這一塊。

「因為我們比較像手工業，就是說我們是非常labor intensive的工

作。我們的孩子有高風險的，有容易出現狀況的，有家暴的、酗酒的、犯罪的，我們孩子群體的樣貌是這樣。而我們又不採用一般傳統機構的操作方式，希望有一套我們自己的操作方式，所以對每一件事情所丟下去的人力其實不成比例。如果用水深火熱來形容每一天也不誇張，像是安靜日子沒過幾天，就會冒出一件事情來那樣。這樣的事

小孩分類物品工作情景
（林慧珍攝）

情如果在一般機構裡發生，它會很快地用既定的方式與步驟去處理，而我們比較希望的，是用研究跟重建系統的概念去處理。

「再說五味屋其實想要做一個平臺，是要讓某種網絡跟系統更有功能，不是只單純照顧五味屋的孩子，因此就人力與現況的現實考量而言，其實沒有過多的餘力去做我們的社區。」

此外，顧老師認為自己目前並沒有迫切跟對社區建立關係的需要，因為她與這個社區已有十幾年的情誼關係。對她來說，從曾經是輔導社區營造者到第一線在社區裡開店的角色，看社區的方式也會變得不同。她認為當前所接觸的社區，不是「組織」的社區，而是「居民」的社區，五味屋在這裡，就像是一間社區柑仔店。它本身已經聚集了一些社區的人會到這個地方來，包括一些外籍配偶、當地較活躍的人或家庭，會在店裡彼此聊天、互動，甚至守望相助。往往想得知的一些社區或孩子家庭方面的訊息，也會從來聊天的居民口中得知。藉由這些互動的訊息也會讓經營團隊知道，五味屋在這個社區裡的關係是友善的、獲得支持的。

「五味屋與社區的關係，比較不像我們以前做規劃或輔導去談跟社區的連結，而比較像是村子裡面的人談村子跟社區的關係，我覺得那是很不一樣的概念。比如說，以前做社造那種社區動員的想像，就會跟現在很不一樣。像現在五味屋要辦特賣會，我碰到來的人就會順便預告一下，那外籍媽媽來就會跟其他外籍媽媽說，移工來會跟其他移工講，所以那種是不感覺動員的動員。這是透過口耳相傳，我們不可

能去登廣告，或用網路臉書的系統，因為那不是村民的系統。就過去經驗而言，我們是覺得很不錯的，也覺得我們在社區裡得到很大的支持。」

作為非典型教育型態的五味屋與學校的關係

五味屋的存在，蘊含著顧老師試圖在一般教育系統外尋找另一種型態的可能性，推敲這樣的教育是否更適合這些偏鄉的孩子。不過，顧老師提到五味屋的教育是屬於非典型，她不那麼確定這類型態的教育做法能否被複製。由於五味屋經常因為個案的關係，必須與學校或社工機構接觸，卻往往面臨溝通的衝突。其間的矛盾點，正是顧老師深諳學校與社工系統往往無法細膩處理，以及有效解決個案狀況的地方。同樣的，學校與社工單位也經常無法理解五味屋這種不按標準流程來作業的操作方式。

顧老師提到一個用藥的案例。一個小孩因為過動，從小在學校長期服藥，等這個小孩來到五味屋，經營團隊的觀察，反而認為用藥這件事情是可以重新再評估的。五味屋用了很多方式想要說服學校重新評估藥物的使用，但都沒有結果。於是他們第一個處理方式是想辦法說服孩子的媽媽。花了差不多一年的時間說服媽媽，跟媽媽從不認識、到建立起信任關係、到願意回來照顧這個小孩，帶他重新就醫。五味屋的策略重點在，讓媽媽的照顧能穩定放在這個孩子身上，而不是托

給學校管理，使學校強制對孩子用藥。然而溝通過程中，學校對五味屋的做法其實是不解而憤怒的，要等到後來孩子即使不吃藥也有更穩定的表現以後，學校才被說服，五味屋也逐漸取得學校的信任。

「學校有一個錯誤的認識，認為都是因為孩子去了五味屋以後才不吃藥的，還沒有去之前孩子都乖乖的吃藥。可是這個小孩即使吃了藥問題都很大，藥並沒有解決他的問題，只是讓他在學校老師面前變成呆呆的人，對老師來說只要眼前沒有問題就好。

「而最後這些努力換得了信任，讓學校明白我們不是在跟他們作對，只是沒有用你原來的方式去解決你以為的問題。目前我們和這兩所小學的關係，跟我們剛來的時候差別很大，比較友善，許多事情的溝通與協調也變得比較容易些。」

前兩年，社區的兩所學校對五味屋一直有刻板的認識，認為那是有問題的孩子去的地方，待在那裡的孩子都不讀書，浪費時間。甚至當五味屋與東華大學或臺北的資源合作，而尋求學校同意或支援時，學校也是拒絕的。

然而五味屋這幾年用自己的系統做下來，開始讓學校覺得，有問題頭痛難以處理的孩子確實獲得了一些改變，而這些改變是因為孩子穩定地待在五味屋。結果反而是，學校一遇到棘手的個案，便要送小孩到五味屋，請五味屋幫忙。「可是我們人手不夠，而且我們覺得學校不應該這麼快把孩子貼標籤，把我們當後送單位。」

畢竟五味屋花了很長一段時間和社區小學建立起信任關係，讓事情

獲得溝通與改變的餘地，然而與國中的關係，顧老師坦言，五味屋還是沒有辦法突破升學主義那一套系統，有它的挑戰與困難。

財務狀況

顧老師提到，五味屋的整個財務狀況，以人事成本為最大宗，要維持六名專職的工作人員、部分兼職人員以及大學生的工讀費用。一年的執行預算，零售的收入占總預算的百分之十，所以百分之九十的預算來自計畫執行，或找企業贊助、小額募款等。不過逐年地，五味屋試圖透過各個關係連結，來開展微型企業的可能性。一方面支持地方上有理想想創業的人，也開拓未來五味屋小孩在地方工作或練習的機會空間；另一方面，也是希望能提高五味屋自主營運的比例。

顧老師補充道：「我們一年的總執行預算裡，最大宗的來自人事費，再來是總務性內容，像水電費、房租、電話費、修繕等等。另外花費不少的是吃飯錢，一天中午供餐至少四十人數，餐費其實很高；再來師資的費用也不低，包括夜間班老師的課輔，還有平常日的吉他、鋼琴課等；這是孩子想學的，我們就請人來教，這些屬於鐘點費，但由於是帶狀，一開就是一學期，是師資費裡頭最大宗的。除了最大宗這三部分以外，其他就是寒暑期的活動費用，我們叫外展式活動，這種活動一年裡還蠻多的，通常會有過夜行程，實際上非常耗錢。」

思考未來：開展社區的微型社會企業

　　五味屋現階段經營上的主要目的，仍是力求工作團隊的穩定，將團隊的運作細節更明確及制度化，因此經費的穩定仍是首要目標。2014年開始，五味屋租了一個四百坪的空間，要在這個空間嘗試開展「社區微型社會企業」。一名原本就帶著孩子修理腳踏車，同時也想留在這裡創業的畢業研究生，計畫帶著年紀較大並且喜歡動手做的孩子一同創業，開一間二手腳踏車店。

　　「這當中有兩個目的。一個是我們孩子開始變大了，這一批國一的孩子，五年以後就高中畢業，他們目前沒有想要再唸書，我們也覺得很好。因為我們看到第一批青少年服務隊的孩子出去唸書都是貸款的，畢業的時候都負債，學的東西跟他的就業內容到目前為止沒有直接相關。以這個例子來看，孩子畢業之後是不是要立即進到另一所學校學習，我們還不確定。不過如果社區能提供某一種事業讓孩子參與，像現在所稱的『組合式工作』的概念來操作，孩子也是有機會在工作幾年之後，用自己的存款去進修，像花蓮慈濟、大漢、精鐘這些職業學校。

　　「那像我們的孩子，如果能順理成章去念書那當然很好，但如果沒辦法的時候，我們也不惋惜他們沒有唸書。因此我們現在就是想一些事情讓他們去做，讓他們從現在就開始想未來要做的事，而不是等到高中畢業了以後才來想。」

以願意留在花蓮、打算創業的畢業研究生阿彬為例。曾是捷安特店長的他，最好的時候曾經月入十萬，然而卻遇到自己人生的問號；面對那種跨國銷售系統，他感受不到買家對腳踏車的熱愛與珍惜。輾轉來到東華唸書，接觸五味屋後，他提了信義一家的計畫，利用東華大學上百臺廢棄的腳踏車，帶著大專志工一起進到部落，帶著孩子修理與使用，並教他們不要浪費，愛惜腳踏車。現在五味屋的許多二手腳踏車，都是透過這樣的方式，由他和孩子一同修理出來的。這樣的公益模式，以腳踏車為媒介，幫助到需要幫助的人，同時也訓練了孩子們的技能，是他認為值得繼續的方向。

用村子去想一家社會企業

因此，當一個由五味屋支持的創業空間出來之後，許多的想法開始浮現。五味屋和阿彬開始想經濟模式，一起學企管這一套語言，包括如何規劃商業規模，找到合適的操作方式，然後孩子們如何加入。顧老師認為，不需要用成就五味屋或個人的方式去想創業，而是落在村子的孩子們身上，用村子去想一個社會企業。那麼一個村子裡的孩子，可以透過組合式工作的概念參與，他可以是一部分在家務農、一部分修車，一部分與阿彬在公益方面合作。

「這當中一些是公益模式，那麼我們就寫計畫贊助案，有一些純利潤導向模式，便試圖從純商業當中去創造另一種我們要的商業模式。」顧老師說。

企業中加入責任旅遊參與模式

關於開展社會企業，顧老師和阿彬在討論規劃的過程中，試圖創造一個改變消費與捐物系統的模式。讓鄉村的孩子自己做，用這個基地發展腳踏車事業。

「如果你有一部很好的捷安特腳踏車，但是你想換車，可是又怕浪費，那麼你可以把舊車捐給我們。然後我們就帶孩子整理，一塊兒把它賣掉。我們也可以賣兩萬塊，可是如果你想要買我的車，你不能只有拿兩萬塊來，因為這兩萬塊你去捷安特買就好了，你要答應到這裡來，跟一起幫你整理腳踏車的小孩一起工作一個下午，跟他做朋友，你願不願意，這是一種責任旅遊參與的模式。

「那麼你來了，對這群孩子來說他們不是你的修車工，是你的朋友。他們因此有機會去接觸到很好的腳踏車，也因為這樣，他們會認識你，因為你是捐車的人；他會認識你，因為你是買車的人。所以孩子修這個腳踏車不會只有賺到工資，也會賺到一些別的東西，那你們兩個人可不可以有一種連結，一起來幫這個孩子，變成他的接待家庭。這過程就是我們開始去改變與創造一種新的消費和捐物系統，這當中有利潤、有互助，我們鄉村的孩子相對會獲得價值和支持。」

至今（2016年），作為一個教育資源與實踐平臺的五味屋，連結著陪伴孩子過程中所發想與企圖實踐的各種夢想空間，嘗試與社區、外部資源、有勇氣創業的人等連結合作，一一開展微型企業的空間：有

給孩子學習二手單車與家具維修的「見性工坊」、專賣二手衣的「瘋衣館」、公益民宿與接待空間的「外婆的家」和「豐田行館」、課後照顧與孩子創業基地的「夢想館」，以及公益書店「豐田の冊所」。這些有著活潑名詞的事業空間，不僅成為孩子們練習做夢與實踐夢想的基地，也成為豐田這個地方最美的一道人文風景。同時五味屋也用以責任旅遊參與為核心概念的「公益旅行／工作假期」的方式串起這些有趣的空間，透過彼此的交流與往來，陪伴孩子們能力與夢想的成長。

社區微型社會企業模式的教育意義性

以五味屋連結各項資源、夥伴朝向社區微型社會企業的操作方式來說，顧老師思考的是其背後的教育意義，及其本身所能提供給孩子們的未來性。「就五味屋經驗來看，談教育，回到最先講的學校本位課程、地方感那些東西，我也知道為什麼這在學校做不下去，因為它就是不合學校升學主義的基調。可是假如我們只談地方感，談我們的家鄉很重要，現實是孩子要怎麼有尊嚴的工作與生活？如果他不離開家鄉生活，或者他不覺得離開家鄉是必要的，那麼這個家鄉是不是有什麼可能性能讓他發揮？如果五味屋它可以取得一些可能性，而且是當中他想去做的事情，那麼，我們就去盡量提供各種的可能性。

「其實我們在想的，是那個區域的教育型態是什麼？當然小學有很多基礎的學習，可是到了國中以後或到高中這一段，我們可以用五味

屋當一個基地，在社區中，讓孩子的學習生活是能夠回到他們的生命議題，也就是他們到底要面對一個什麼樣的人生，而那個人生是可以與現在在做的事情相遇，而非平行線。這樣說比較回到我原來的初衷，就是回到教育。」

轉化偏鄉廢校為前導實驗教育的契機

在思索五味屋作為教育資源平臺的連結方面，顧老師提到五味屋未來其中一個發展方向。「其實本著初衷是希望回到教育，我們很希望五味屋這幾年發展的這些東西，能夠跟正式的教育體制有種連結，在這個區域看能不能夠找出一種地方的教育體制，讓它產生。」

如此發展方向的提出，正是這兩三年間與花蓮鳳林鎮四所國小即將面臨廢校的危機有關。鳳林鎮所在的學校與五味屋的關係，與豐田社區那兩所學校有所不同，特別是鳳林國中，因主事者與五味屋理念相合，也有三、四年以上的合作關係。因為面臨廢校的命運，幾位年輕校長都來主動找五味屋談，是否能做一些教育改革或發展特色課程，讓廢校這個政策或動作能在這三、四年內有所改變。顧老師評估五味屋這幾年走下來，它的發展經驗與概念，是可以試著用聯盟的角度來談，試著以至少三個以上的小學和國中聯盟一起來做一件比較大的事情，以三年為基礎，那麼對於廢校政策上的發聲度會比較不一樣。

因此顧老師考慮向國家教育研究院提案，將鳳林鎮和壽豐鄉作為基

老師先教孩子洛神育苗，再由孩子來教參訪團體種植（林慧珍攝）

地，以十二年國教前導實驗學校的名義，提出一個類似教育改革的方案，讓鳳林與壽豐兩個鄉鎮協作，以五味屋的經驗來和正式的教育體制合作，去影響廢校政策方向的改變。

「如果一個鎮只剩下兩所小學，是我們不想看到的畫面的話，那我們是不是這四年要很積極地做一些努力？就算最後最壞只剩下兩所小學，那我也nothing to lose。可是假如因為這樣會有三所或四所小學保留，我就對得起這塊土地了。我們可以來試試看，但這會是一件很陌生而且很巨大的事情。」

他山之石

五味屋模式的參考意義

主要的創新關鍵

● 關鍵人物的特質

顧瑜君老師是整個五味屋從無到有、到逐漸規模化的一位重要關鍵人物，事實上五味屋運作的一切，幾乎圍繞著她的教育思考與人脈資源。短期間若顧老師不在，五味屋既有的經營型態、專職工作人員與地方動能，或許仍可將五味屋經營下去，然而過程中細膩的處理方式，以及背後的教育精神卻未必能精準地發展。雖然由顧老師主導的五味屋背後是一個龐大的教育哲學，然而即便就經營層面來談，當中的特質與想法同樣值得參考。

1. 除了具有教育背景的特質，更著重在如何活化與連結教育資源本身。顧老師將所有資源都轉化為具教育意義的活動，並且以流通的思考，不只讓五味屋的孩子學習，也讓外界接觸者學習。

2. 即便是經營商業體本身，仍以公益、利他的操作方式為主，讓五味屋作為一個平臺本身充滿開放性與資源連結性。

3. 透過在第一線現場的親力親為，十分熟悉整個五味屋的發展狀

況。作為主導五味屋方向的主事者，許多經營細節已有明確的團隊分工，然而在與五味屋孩子的互動上，顧老師經常第一線地直接對應與了解。整個五味屋事實上是隨孩子而發展的，掌握孩子也是掌握整個五味屋的發展走向。

4. 堅持認為對的策略與方向，不因補助的企業或其他機構或學校的質疑而妥協改變。唯一要調整的，仍然是以孩子的教育發展方向為首要目的。

● 以二手店為社會企業模式發展的教育資源平臺

五味屋的發展模式，並非單純限縮於大人帶一群社區孩子經營二手店的營利性質，而是企圖作為一個能自主營運的教育資源平臺，因此其中的教育性、個案網絡的形成、資源連結性、人才與機會的流通性，甚至微型企業發展的可能性等等細膩的操作原則才是主要關鍵點。同時由一處二手店發展出來的物流系統，改變一般「捐物者」與「受贈者」的關係，也影響社區對二手物觀念的改變，甚至透過二手物修繕、捐資等過程，也伸展到了部落，帶給部落孩子影響。

現階段的弱項

● 財務方面人事費為最大宗，也往往影響團隊人力的穩定。目前五味屋人力資本多數仍靠計畫的申請支持，營收尚無法完全自給自足。

● 經營管理上有明確的團隊分工，但在經營方向以及人脈資源掌握方

面，人治的成分仍大於制度面。

●面對五味屋的孩子逐步進入到國高中的部分，是目前五味屋比較無法面對中學升學系統的困境。

可轉移性

●容易轉移經驗的模式

五味屋的經營形式，如二手店務結合民宿與課輔書屋的模式，是最容易轉移經驗的模式，也陸續可見在花東的部落書屋逐漸發展二手店，以此獲得部分營收的操作。

●更重要的背後的教育理念與做法則相對難轉移

以二手店為例，建立「捐贈者」與「受贈者」的直接對應關係，甚至發展相關的交流活動；讓孩子學習「標價」的思考與物品的價值，以及凡事修理堪用的物品達到如何不浪費的觀念；「物品」的認識，成為孩子認識外在世界的窗口等。

此外，「工作點數」的概念，孩子們藉由在二手店工作，換得工作點數。以點數換得能參加活動的機會，養成天底下沒有任何事物是平白得來的觀念。

因著這些背後的教育理念，都會影響經營過程中所有細節的操作。

●平臺定位，形成教育資源網絡

針對偏鄉教育學校機能與社福機構運作的不足，五味屋的非典型教

育為這部分的匱乏提供有力的支撐系統。它不單純是社區的二手店，也不單純只是社區孩子的課後照護系統，而是有清楚的平臺定位，帶資源進來，帶孩子走出去。此方面的平臺的理念與操作經驗，值得學習與參考。

對花東發展的貢獻

●形成非典型教育範例，為偏鄉教育開啟契機

花東比較偏遠的地區，因歷史與區域發展等結構性因素，所在的學校與家庭都是相對處於資源不對等、經濟不利的地位。花東地區的學校與社福機構，往往在人力與師資資源上相對不足，長期發展下來，在孩子的教育問題上衍生許多並非一般學校系統就能處理的狀況。期待作為一個教育資源平臺的五味屋，嘗試在學校教育系統外，尋找一種能更適合這類孩子發展的教育做法。如建立系統性的網絡，能接應孩子的需求，甚至啟動由五味屋延伸在社區創辦社會企業或微型企業的可能性，試著開拓家庭環境相對弱勢的孩子未來可能的發展空間。

八年的經營，著實影響了五味屋與社區與學校間的關係，不同的教育做法，也逐漸讓學校與家庭能了解和接受，進而更看重孩子適性發展的需求。五味屋所發展的一套深刻的教育理念與做法，以及其細膩有效的支持網絡，也影響區域附近的學校（如鳳林鎮），企圖嘗試與五味屋經驗合作，進行課程或學校系統上的革新。

延伸閱讀

1. 五味屋網站：http://www.5wayhouse.org/

2. 五味屋臉書粉絲專頁：https://www.facebook.com/%E4%BA%94%E5%91%B3%E5%B1%8B-337089539663814/

3. 豐田の冊所：村子裡的公益書店臉書粉絲專頁：https://www.facebook.com/5waybookstore/

4. 〈歡迎光臨五味屋〉，「教育小革命」系列報導511期，2012/5/10，教育部電子報。

5. 〈顧瑜君—用手工業精神做教育〉，張瀞文採訪整理，2013/1/14，《親子天下》雜誌42期。http://ppt.cc/lidkI

6. 彭昱融，〈洛神，豐田，五味屋〉，2013/12/22，上下游新聞網站：http://www.newsmarket.com.tw/blog/44460/

7. 馬岳琳，〈五味屋、有機農：堅持推動在地改變〉，2014/5/7，《天下雜誌》540期。http://www.cw.com.tw/article/article.action?id=5055496

8. 〈花蓮五味屋—學生工讀樂圓夢〉，2014/7/20，【在地真台灣】節目，民視新聞。https://www.youtube.com/watch?v=MAX6YoOmUx8

9. 楊金燕，〈一日打工趣／花蓮五味屋—翻轉偏鄉〉，2014/12/24，聯合新聞網。http://udn.com/news/story/7044/598055

10. 楊芳綾，〈【書香桃源】一間有溫度的書店—「豐田の冊所」〉，2015/12/04，國立東華大學左岸電子報。http://faculty.ndhu.edu.tw/~LCenews/e_paper/e_paper_c.php?SID=758

11. 王思慧，〈有二手童書？捐給豐田の冊所吧〉，2016/08/22，聯合新聞網。http://udn.com/news/story/7328/1910355

12. 〈64#豐田の冊所〉，2016/9/24，書店裡的影像詩。http://poetriesbookstores.com.tw/64%E8%B1%90%E7%94%B0%E3%81%AE%E5%86%8A%E6%89%80/

向陽薪傳木工坊

兼具公益與營利的
部落產業可能性

　　許多原鄉部落，長期以來面臨青壯人口大量外移，甚至連部落中的小學也因人數不足而裁校。部落中就業機會往往不足，並且不乏在外地受挫而回到部落的返鄉族人。許多家庭生計常因此面臨困境，多半仰賴政府或公益資源的社會支持，才能勉強度日。許多臨時就業方案，不是期程太短，就是過渡性或暫時性意味太濃，無法協助部落族人在自己的部落中重新站起來，找到自己的尊嚴和價值。

　　位於南迴線上的多良村，正是面臨上述困境的部落之一；而該村因八八風災部落重建，經各界扶植成立的「向陽薪傳木工坊」，則正是試圖在此困境中藉此契機，找到一條出路的創新模式。

　　多良村的瀧部落，隱藏在臺九線旁一條不起眼的小徑上，入口處山壁雕有部落名Calavig，為排灣族語「盾」之意，即以早期部落入口處的盾形巨石作為族人守護神而命名。位於瀧部落的多良國小，命運多舛，受到人口外移和少子化的影響，1996年併入大溪國小，廢校前還曾重新裝潢、進行建物修繕過，然而，這所耗費許多經費修繕的學

校，最終還是不敵大環境的變化而走入歷史。這裡曾是部落教育文化的所在地，其命運與部落一樣在社會變遷的過程中由盛轉衰，然而卻也因莫拉克風災獲得新生的契機。

2009年莫拉克風災時，瀧部落幸運地躲過一劫，沒有人員傷亡，僅造成些許家屋毀損。向陽薪傳木工坊在這樣的背景下，由許多熱心人士出錢出力規劃而成，再度利用廢棄十年左右的多良國小，作為其部落發展漂流木工藝創意產業的基地，除了廢棄空間再利用外，目的更在透過發展部落產業的可能性，讓部落青壯年有機會在自己的家鄉工作。

向陽薪傳木工坊外觀（陳尊鈺攝）

一個部落產業
嘗試性的誕生與發展過程

　　2009年8月8日，一場突如其來的莫拉克颱風，帶走了許多居住在臺東這塊土地上的人，以及人們不敢再直視的珍貴記憶。隨之，也帶來了關心這些事件的人們，因著對人、對土地的關懷，使記憶隨時間之流，在這塊土地上長出另一種生命。

　　莫拉克風災發生後，清華大學曾晴賢教授帶領一批竹蜻蜓工作隊，加入八八風災的重建工作。為感謝承德油脂公司李義發董事長在這過程中的協助，曾教授請延平鄉桃源國小鄭漢文校長寄了二十幾件用漂流木所做的作品給李董事長。當時李義發董事長大受感動，並向曾教授提議討論：「如果這些漂流木能夠讓我們的原住民朋友有工作的機會，那我們為什麼不趁這個機會，好好利用這大約有十萬噸的漂流木，我們是不是再捐一點錢，來促成這件事。」[1]

---

1. 編註：嘉蘭報告34—從原愛出發，2010，Peopo公民新聞網站https://www.peopo.org/news/53355

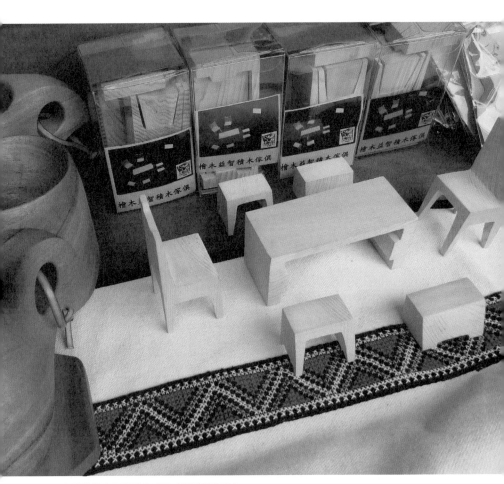

向陽薪傳木工坊積木成品（郭香君提供）

　　讓漂流木得以重生，為部落創造更多就業機會的想法，促成了李義發董事長捐款用於「漂流木應用於臺東地區文化創意產業發展計畫」，由林務局委託「清華網路文教基金會」的董事長曾晴賢教授共同合作此計畫。此外，與曾教授熟識二十多年、同樣參與在清華救災行列的清大校友，慶展國際有限公司楊振民董事長，在得知木工坊的計畫後，考量到漂流木家具能夠提供的就業機會畢竟有限。由於該公司專門出口國外非常流行的3D益智單位積木，因此熱心地為木工坊取得澳洲專售教具的Modern Teaching Aids公司的積木訂單，約十個貨櫃、一千萬元無時效急迫性的訂單。

　　2010年，透過鄭漢文校長的協助，由大溪國小林鴻祥校長居中協調多良村長，取得多良國小的使用經營權。爾後，在豐里國小退休的廖聖福主任和清華網路文教基金會陳懸弧執行長的協助下，完成了多良國小建築物和水電的修繕。木工坊的場地確立後，請來曾前往瑞士、德國學習木工技藝的前公東高工校長黃清泰，傳授居民木工技巧。同時，考量到木工坊的營運規模遠大於原愛工坊，因此請來了當時人在中國廣東東莞擔任廠長的公東高工校友孫瑞隆先生擔任木工坊經理，希望藉重他豐富的工廠管理經驗，建立木工坊運作的制度。生產的廠房、技術指導和管理人員確立後，廖聖福主任請來栗東木業林仲成老闆協助製材，補木工坊製材設備的不足。就這樣，在相關人員的評估與先期的開班授課後，向陽薪傳木工基地正式開工教學並進行生產。

　　在資本、場地、技術與管理逐一到位的情況下，為進一步引進部落

公益平臺文化基金會董事長嚴長壽與向陽薪傳木工坊部落團隊（孫瑞隆提供）

勞力與產銷網絡資源，使其作為社區自主產業，曾晴賢教授鑑於鄭漢
文校長在原愛工坊的小額經濟的經驗，以及與地方部落族人互動合作
的長期運作經驗，透過原有與原愛工坊的支持與合作關係，邀請原愛
工坊作為協辦單位，希望延續原愛工坊的理念與精神於向陽薪傳木工
坊。此提供木工坊在運作初期相當程度的支持，災後三年，當相關的
政府補助和外來資源撤離時，原愛工坊的資源網絡和資金上的陪伴，
使木工坊得以運作至今。

關鍵人物訪談

向陽薪傳木工坊的創始經理人： 孫瑞隆

訪談時間：2013年10月16日
訪談：夏黎明、洪翠苹
訪談稿：洪翠苹
編撰：林慧珍

孫瑞隆本人（郭香君提供）

在向陽薪傳木工坊（以下簡稱木工坊）創始之初，擔任經理人的孫瑞隆[2]，具有在中國廣東東莞擔任廠長十年的管理經驗。當木工坊在初期規劃為工廠模式導向的產業規模時，他則成為後續建立木工坊運作制度的重要推手。

木工坊在成立之初即擁有建置工廠規模制度的機會，莫拉克風災是促成其營運規模最重要的事件。就如孫瑞隆經理在受訪中提到，如果不是因為莫拉克風災，就不可能有「漂流木應用於臺東地區文化創意產業發展計畫」，而能有相對充裕的資本建置一間工廠該有的規模，

---

2. 編註：負責向陽薪傳木工坊的孫瑞隆經理，已於2015年離職。相關工坊營運管理交由郭香君、陳秀如兩位經理負責。

奠定木工坊走向與其他一般以工作室運作的部落產業不同的方向。

這段過程中，曾晴賢教授和鄭漢文校長扮演關鍵人物的角色，使木工坊得以成型並持續運作。以曾晴賢教授為中心所發散的清華大學人際網絡確立了向陽薪傳木工坊的成立計畫，並提供木工坊成立之初最關鍵的兩個要素：資本和通路；從鄭漢文校長發散出去的人際網絡，則為木工坊取得了生產所需的空間。並藉由與原愛工坊合作，為木工坊在經濟型培力就業的計畫申請提供優勢，而原愛工坊長期建立起來與部落族人互動合作的運作經驗，亦提供木工坊在運作初期的支持。更重要的，是其運作的原愛精神，作為木工坊產業運作的核心。

管理制度公平與彈性兼具，營造工作氛圍

生產三要素勞動、資本、土地中，八八專案的一千萬提供了生產所需的資本，成了木工坊在成立之初購買生產設備的第一桶金，奠定木工坊之後走向精緻、量產的產業運作模式。然而，雖有了資本，當時生產所需的土地、勞力、技術……則是一個也沒到位。

「工坊成立頭一兩年部落都在觀望，當時最熱衷的只有技術人員與廠長，一直到第三年，大家發現工坊一直在改變，而且是往好的地方改變，實際生產的功能有一直在維持、永續經營，大家才認同這是一個社區產業。到後來很多還沒進來的社區居民不會認為這是一個臨時工坊，除非他沒興趣，或是他有田、有工作，收入更高以外，大部分

的人都會考慮進來。所以到現在，我們有二十幾個培力夥伴。」

回顧木工坊這幾年的發展歷程，如何讓工作人員穩定下來，並且有效率合理的產出，孫瑞隆經理認為工作氛圍的營造很重要：「任何人都希望在一家正常的工廠或者企業工作，所以說先把工廠既有的制度規章整理出來，這些約法三章的規矩必須在進場的時候做說明，讓進來的人第一天就感受到他是在一個很有制度的地方。

「所以我要講的第一件事情是，營造工作氣氛，有獎有罰。做得不好的，做到我們無法忍受的時候我們就必須淘汰，其實不用擔心淘汰，有時候越淘汰越好。再來是獎勵，我們現在已經做過三次調薪。我們會看他技術是否有成長，或者是產量有增加。這個是我們遇到少量多樣的時候，我們會用調薪的方式，也包括接到大量訂單生產的時候。譬如說，我們早期接到做家具積木，負責切木頭的人整個月都在切，做同樣一個動作，這個時候我們就可以計算標準工時。標準工時就是說，透過技術人員下去計算，做這個動作一天的產量多少是合理的，如果說更認真、更努力，超過這個產量，我們就依比例發獎金，所以會有一個激勵的效果。

「另外我們每天早上會準時開產銷會，報告我們現在有哪些客戶，哪些需求，以及前一天每個人生產的狀況，或者是哪些人要特別加強，提醒該完成的時間。每天這樣的會議，其實花的時間很短，不用十分鐘，但會讓每個人知道他自己的狀態正不正常，那我們也會知道他最近的表現狀況，這是一個公開的例行工作會議。」

工坊上課情形（郭香君提供）

　　作為一種公益事業的木工坊，提供了部落就業機會，發展到第三年，工坊從少數成員慢慢增多，實際生產的功能不斷維持著，部落的態度才漸漸從觀望轉為認同。這過程中工坊的工作氛圍營造，在制度性經營下，不斷與部落勞力參與的狀態進行磨合與彈性調整，包括透過日常工作會議、訂立標準工時、合理的獎懲與福利制度、調整員工的工作態度，同時發展彈性的家庭代工制度，照顧部落勞動習性需求，逐漸讓大家認同這是一個適應部落的社區型產業。

雖然提供部落就業機會，孫經理認為木工坊並不是以一個社會救濟的想法在經營，而是試圖讓部落的人在從業過程中能自立，共同承擔工坊自主營運的狀況與風險。

「我們會有一個共識就是，你不可以影響到大家，這裡已經不像外面的工業區那麼嚴格了，你還遲到、早退，然後安排的工作都沒做完，我們一天真的是很準時讓你上班和下班，已經都是這樣子了，那你應該要有合理的產出。」

不過除了求其公平性外，面對部分已成慣習的部落族人的工作調性，孫經理也採取較為彈性的因應配套，以兼顧差異性。

「我們有兩種做法，第一種做法我們歸納某些人並不適合這樣的工作方式，我們會把他引到論件計酬的家庭代工。我們提供原料讓他在家裡代工，只要符合我們的規格，他就能得到馬上的收入；另一種是工作態度，其實我們已經花了非常多的時間在做陪伴的動作與叮嚀。所以早上的會議非常重要，不要讓氣氛營造成個體對個體，變成像是我對這個員工有偏見。我們要很清楚的解釋說需要靠大家的力量，開會的時候我們來講這個東西本來一天做十個，那你現在一次、兩次我們這樣叮嚀還是沒有完成，而這些都算是總產量的部分，大家必須有這樣的認知。工作態度也包含遲到、早退、或者是沒有請假沒有來，其實我們比較重視這個部分。如果因為不符工作態度標準而被淘汰，也會清楚知道是自己跟不上其他人的作息，就比較不會有那種在外面說木工坊的壞話的情況發生。」

基本功是創意發揮的起點

當木工坊逐漸摸索確立其規格、量產的定位時，是否會在訓練過程中扼殺了族人潛在創意和想像力的可能性？以及過去為了確保每個人的工作狀況，而在公開場合宣佈每個人的進度，會不會因此使部分自信心早已不足的族人更感自卑？

孫經理說：「未來能不能成為藝術家姑且不論，但是基礎一定要先打好，工廠的生產模式是從基礎開始。基礎就是木工的原理、木工的結構、木工的設計，這樣一步一步去催生它的教學內容。一直到某個成熟度，我們就會引進一些文化課程、藝術課程，就不會再是之前的基礎木工，工廠它是這樣子在走。如果說在我們工廠內有這方面藝術潛力的人才，初期當然是在工廠裡面做培養，到了某一個程度工廠要

工坊上課情形，由黃清泰校長教授（郭香君提供）

變成一個平臺，而不是工廠，就是說他可以有自己的創作，工廠形成一個平臺去陪伴他，他可以在家裡面生產，我們來協助他銷售，甚至他自己就能夠推銷那是最好，我們是這樣子去把他帶動起來。

「打個比方，向陽薪傳在五年內一定要產生出一位國家金鼎獎的作家出來。那這個部分我們還是希望循序漸進地去做，也就是說，很多人都不是這樣子在做，很多人基礎不熟的時候，他就開始天馬行空的在製作東西，所以做出去的東西就產生很多的客訴問題，其實這個是不對的，我們不能讓不對的事情還讓他自由發揮。

「接下來再講自信心的部分，我自己覺得其實自信心越不足的人，他的工作態度越好。所以說，我們就先管他的工作態度，鼓勵他要有好的工作態度先出來，再來才是工作才是技術，所以那一段人文關懷我倒不是很擔心。」

運作的持續有賴每個支援環節的存在

木工坊自成立之初即受清華網路文教基金會五年計畫支持，除了場地、資金、管理、技術等資源的提供，同時連結各方面能推動木工坊營運的支持網絡，其工坊運作的持續，事實上是有賴許多資源與支援環節的存在。

「公益平臺跟向陽薪傳的連結比較偏短期陪伴輔導。所謂短期就是說，其實公益平臺是一個很大的平臺，很大的一個組織，而我們是規

模比較小的，所以說當我們有提出一些需求希望協助，比如說，我們希望有一個咖啡館的空間營造，我們需要老師來指導，類似這樣短期的，他就會幫我們找駐村的老師來進場協助，指導我們怎麼樣做，這是公益平臺的功能。另外也有黃清泰校長的技術陪伴輔導，他的做法比較是長期陪伴。他認為唯有長期陪伴才能夠把輔導的工作做好，而不是短暫的做法。他是無給職的志工，每個禮拜都會來兩次。來這裡他指導兩樣，第一個是木工技術，第二個就是工廠管理，像我們最近在學財務管理，他就開始從分類帳、日記帳、損益表、然後資產負債表這些指導起。其實陪伴效用就是這樣，他的陪伴不是只是講，講完之後他就開始盯我們有沒有這樣做，做了以後正不正確，是這樣長期在輔導。」

而對於作為木工坊的協助單位原愛工坊，以及鄭漢文校長在當中的角色為何，孫經理答道：「其實在一開始的時候，原愛工坊協會只是一個協辦單位。對清華網路文教基金會來講，基金會最後計畫結束的時候，勢必要尋找一個在地的團體來承接，不然，以木工坊要五年才可能獨立的狀況來說，很難撐到那時，之前的努力可能很快都會不見，可能會結束掉。因此那個時候曾教授就拜託鄭校長接著來協助，協助包括監督管理這個部分，後來鄭校長也欣然接下這個重任，因為要經營實在是不容易。那時候也有考慮交給社區組織，但是社區發展協會連個行政人員都沒有，更何況是未來的這些協助運作。因此鄭校長在木工坊發展中擔負著銜接的角色。」

災後三年，當相關資源團體與政府補助一一撤離，木工坊的財務狀況尚未達到盈虧自負的能力時，運作多年、累積一定營運資本的原愛工坊，適時的提供木工坊半年營運所需資金，直到木工坊再次取得政府補助，再從營運餘額中慢慢償還向原愛工坊借用的資金，原愛工坊在資源網絡和資金上的陪伴，使木工坊得以運作至今。

重建人與人關係的原住民合作經濟體系

提起木工坊的成立宗旨，孫經理說木工坊的運作精神是沿襲鄭漢文校長成立原愛工坊中的原愛二字，指的是找回與陌生人、與朋友、與家人間原來該有的互動關係、愛的精神。在部落，分享本來就是人跟人的關係，孩子的誕生和照顧是整個部落的義務。南迴線本來就是經濟相對貧瘠區，因為各種外力因素導致的文化斷層和經濟貧困，改變了部落原有的分享文化。木工坊希望透過產業，建立原住民穩定的經濟體系，使過去人與人間的互助合作系統得以恢復。

要建立一個原住民穩定的經濟體系並非易事，為了得以持續穩定的運作，木工坊無時無刻都在做儲備，因應將來不再有經費補助時的營運經費缺口。木工坊精算出每名員工每日的合理工作、每件作品所需產出的時間，盡量拉近工坊在缺乏政府補助時的收支差距，累積未來自主運作的基金。

為了達到損益平衡，孫經理細數著他研究的心得：「若要達到損益

平衡，師徒比應為1：2，一位師傅只能帶兩名助手／身心障礙者／新手，其實現在外面也大概是這樣子。我們現在的師徒比狀況大概在1：7，技術者的技術含量不夠，所以現在木工坊的營運還無法達到損益平衡。我們現在考量的是說，因為這幾年還有政府的資源，我們必須趁這短暫的時間，趕快讓技術人員迅速成長。這些技

木工坊工作實景（孫瑞隆提供）

術人員的養成是非常扎實的訓練，不是上個短期課程就結束，因為一位師傅的養成需要三年十個月，需要長時間的培養。」

除了財務上的損益平衡，木工坊也在管理人力的儲備上進行預備：「木工坊做的是合議制，所有資訊皆透明公開。既然是合議，如果擔心生產技術人員流失時，平時就要培養，未來若少了任何一個人，在運作上會比較辛苦，但不至於無法運轉。」

從營利事業走向公益事業的孫經理，談起木工坊未來努力的方向時，分享了他自己在此經歷中被培力的心得：「其實我們勞工階級長期被壓榨，我之前做的也是代工業，我是踏入向陽之後才發現，每件

向陽薪傳木工坊作品（郭香君提供）

商品它本身就有利潤在裡面而且還不小，所以說我們過去長期的利潤都是給資本家拿去，我們可能就賺那一點點薪水和加班費。向陽薪傳是一個品牌，我們用這個品牌推銷產品的時候，事實上這個產品的背後的利潤是大家可以共享的福利，所以我們在決定任何事情時，不用考慮背後老闆的利潤，只要考慮我們既有的儲備，那個儲備未來都是會有預算計畫的，那個都是用在退休金、年終獎金，用在這個部分，當前期工作完成之後，後面運作就不會太辛苦。」

孫經理說，無論是公益事業還營利事業，任何事業皆需有四、五年的努力才能走向經濟自立、轉虧為盈，眼看著離木工坊成立五年的時間就快來到，他說他們也要加緊腳步為未來做好準備。只要前期工作得以完備，後面的運作就能更為順利，期望木工坊在完成初期儲備後，能早日達到他吸引人才返鄉的目標。

面對下個階段：
更貼近部落多元需求

　　2015年，正值支持向陽薪傳木工坊營運的五年計畫告一段落，也是工坊走向下一階段發展的關鍵時刻。目前工坊的營運管理由其他兩位經理陳秀如、郭香君承接，分別負責現場工作管理、培訓，產業發展與行政規劃等。在這個時間點上，工坊無論在人力、技術含量、營運的獨立程度，及與其他週邊產業連結情況等各方面，均再次的檢視與整理，也朝向下階段更長遠的方向規劃與思考。然而，也在這一年，因大陸觀光客數量劇增，加上多良車站的知名度，直接對木工坊及部落本身的環境造成衝擊，也促使工坊經理人提出相關應變的想法。

　　陳秀如經理[3]特別提到，因為多良車站成為知名的觀光景點，也成為多數旅行團遊客免費休息的地方。他們多半來到工坊停留不到一個小時，也非真的對木工坊的作品感興趣而前來遊逛購買，卻相當程度排擠了原先對木工坊抱持興趣的客戶群，同時也造成交通壅塞及製造

---

3. **編註**：2016年10月4日簡要訪問向陽薪傳木工坊現任經理陳秀如，補述工坊近年發展走向之變化。

部落環境髒亂等困擾。為了解決問題，目前除了部落決議將車站通往部落的交通暫時不開放外，卻也讓陳秀如等人在此問題點上反思，原先工坊師傅們在這類製造與展售工作模式上利潤獲取不高的處境，以及配合工坊大量生產的實際困難，因而希望設法在面對當前狀況找到更有利的操作方式。

陳秀如提到，經他們觀察，平均遊客來逛約一小時，十個人中約有一人會買一件300元的產品，但工坊需要承受十個人的環境負擔。若能藉著多良車站的觀光契機，以及當前許多人對木工體驗興趣的風潮，將這300元的消費轉化為一個一人300元的工藝課程或部落體驗，不僅可以找到真正興趣相投的客戶，也可以讓人在這裡待得較久，增加週邊經濟效益外，更有機會真正認識工坊所在的瀧（察臘密Calavig）這個部落。陳秀如說明，對目前工坊師傅來說，以他們的技術能力，加上本身具有不錯的口條，足以開設木工體驗課程，並且預設一小時十人的課程，相對於勞力密集的生產，他們的單位小時利潤也會比較高。因此在今年（2016）暑假木工坊籌備朝向預約制的部落工藝體驗方向發展，試圖拓展此區塊的產業機會，以及提供部落勞力型態朝向多元培力與工作機會的開發。

當前走向的規劃，正回應著工坊經理陳秀如對木工坊這幾年來以工廠營運規模走向的現階段反思。木工坊這幾年的營運走向，建立了良好的制度與規範，提高工坊對外的公信力，間接也提高工坊師傅對自身技術的自信與品質要求。然而在這以工廠規模型態進行大量生產的

向陽薪傳木工坊
的小型作品（郭
香君提供）

走向，勢必部落的人每天必須固定上班，排滿工作時數，才有可能量
產並獲得利潤。而這樣的制度對於部落族人來說是十分辛苦的，有時
也往往難以配合部落的現實情況。陳秀如提到，工坊成員來自部落工
班，多是部落內的菁英。但因為回到部落其實還有許多他們要參與和
照顧的事情，例如不只要照顧自己家裡的老人，也要照顧部落裡其他
家的老人，所以真正能來工坊工作天數的，平均一個月不到18天。

　　就在家生產的彈性代工制度而言，通常因家戶極少有機具，事實上
不易符合量產的要求。加上地處偏遠，常常有停電的問題，對大量生
產這件事是很大的困擾，因此在後續生產產品上，往往因現實情況而
難以承接大的訂單。再則，因為漂流木越來越少，也開始必須向西部
購買進口木材，並在作品製作上也盡量朝小型精緻化的方向發展。這
些種種現實讓木工坊不得不思考，除了持續接大量生產訂單、走工廠

營運規模的走向以外，是否還有其他的發展機會，能更貼近部落族人
在工作型態上的現實需求，提供其他更多培力與轉型的機會。

目前木工坊尚有透過勞動部的「培力就業計畫」維持工坊營運，包
括工坊延伸各項產業的工作人員總共約20名的基本薪資與教育訓練。
以目前工坊所延伸的產業如食工坊的部落飲食（咖啡館經營、風味
餐）、背包客棧住宿、甚至琉璃工坊等，其人力與部落資源足以支持
現階段走向部落工藝體驗的整合性產業發展型態。木工坊本身除了持
續接訂單與精進工坊師傅的技術養成外，也逐漸發展出工坊的重要核
心幹部，如人稱技術處處長的江哥，工坊的許多對外課程或工藝體驗
多由他來主帶，成為下階段發展部落工藝體驗產業的重要人才。工坊
經理陳秀如樂觀期望木工坊本身可以成為部落學習平台，更貼近部落
需求來彈性發展，成為培育能力的機會所在，由南迴線上的部落族人
一個帶一個學習發展，有機會讓部落青壯年在這裡有位置得以返鄉工
作。

部落食工坊的菜單（陳尊鈺攝）

向陽木工坊模式的參考意義

主要的創新關鍵

●確立產業規模走向，兼具公益與營利性質的運作模式

向陽薪傳木工坊和一般部落發展出的產業很大的不同點在於產業規模，其生產規模與方向決定了木工坊所能創造的就業機會、利潤空間與就業人口屬性。通常在資本有限的條件下，許多部落產業多以工作室的規模來發展進行。向陽薪傳木工坊在八八風災後，因高額的捐款而有了相對充裕的資本購買工廠所需的生產設備，同時，參與在建置過程的兩位企業家所提供的意見和通路，也使得木工坊走向和其他部落產業不同的運作方向。

然而，如果僅有企業家提供的資本和運作模式建議，木工坊便與臺灣眾多中小企業無異，因此，鄭漢文校長所帶出的原愛精神，以及其在原愛工坊中累積的微型經濟運作經驗，便成了木工坊兼具公益與營利性質的運作模式的重要關鍵。同時，擁有十年廠長經驗的孫瑞隆經理，將過去管理經驗導入木工坊的運作，計算出合理的標準工時及每件作品的產出效率，藉此掌握木工坊運作現況，並將其作為員工的獎

木工坊工作與相互研究實景（郭香君提供）

懲依據，使木工坊得以走出和其他公益性質產業的差異性，避免劣幣
逐良幣的弊病。

● **木工坊的運作制度，同步規範與調整適應部落勞力參與的工作調性**

初期木工坊即清楚設定各項工作規章，包含「固定召開例會」，報
告客戶需求與生產狀況，同時營造公開討論、團體合議的開會機制等
工作文化；「訂立標準工時」、量化合理的「獎懲制度」，透過技術
成本效益分析定出合理的工作產量，依技術與產量比例進行獎勵調薪
等。

　　根據訂立的產業規模走向，在部落裡建立起相應明確規範的工廠運作制度，調整一般在部落勞力參與的工作調性。然而木工坊同時除有固定的工作規章，其實也為不同屬性的族人提供了不同程度的因應配套，兼顧差異性。在做法上另有所謂的彈性家庭代工，提供不適應工廠工作的族人另一種工作收入的方式。這在所謂工廠工作制度與部落勞力慣性間採取一種彈性平衡的機制，是木工坊和許多社區產業在運作上最大的不同點，達到更適切部落勞力參與的工作調性。2015年後，工坊調整產業發展走向，開發其他產業空間，試圖貼近部落勞力參與的現實需求。

● **技術陪伴和資金支援團體的支持網絡建立，奠定木工坊持續穩定發展的基礎**

1. 長期的技術陪伴輔導：不同於一般營利事業在招收人才時，都聘用技術到位的工作人員，木工坊的技術人員在進廠前多為身在部落無基礎者。在一名技術熟練的木工需有近四年的學習積累下，引介前公東高工黃清泰校長進行技術輔導，其循序漸進的師徒制長期陪伴方式，是木工坊成員的技術養成得以扎實的關鍵。

2. 公益平臺的短期陪伴輔導：木工坊透過需求向公益平臺申請協助，由公益平臺來針對需求連結外部資源給木工坊，在短期內的協助下，使木工坊獲得即時的幫助。

3. 以原愛工坊作為在地協力團體，支持向陽木工坊後續發展的資源銜接與運作：木工坊承襲原愛工坊理念為發展核心，並借鑑其微

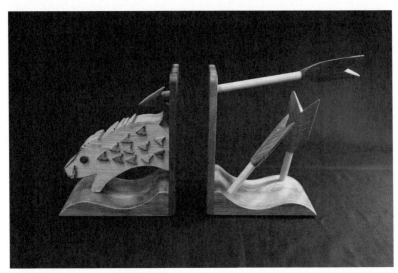

向陽薪傳木工坊作品（郭香君提供）

型經濟經驗，以及與地方合作的長期運作經驗，將此規模類型的
產業更連結在地網絡、貼近在地發展。

●**木工坊發展非為社會救濟，建立儲備機制以期自主營運**

1. 儲備自主營運基金：因應將來不再有經費補助時的營運經費缺
   口，木工坊精算出每名員工每日的合理工作量、每件作品所需產
   出的時間，盡可能要求每名技術員的生產值與薪資所得相符，拉
   近木工坊在過渡自主營運時的收支差距，累積未來自主運作的基
   金。

2. 儲備人力管理，確保未來木工坊的可持續運作：提供木工坊成

　　員能有進修、精進職能的時間，每個管理職備有2~3位的人才儲
　　備，使儲備人員得以彼此輪替，並因應未來可能的人才流動。

3. 透過長時間訓練培養技術含量，維持技術、財務的損益平衡：透
　　過成本效益分析，衡量出木工坊尚需提升技術員的技術含量比，
　　以資源提供有限的時間，盡速培養技術人才並提高技術含量，以
　　達木工坊在營運上的損益平衡。

4. 編列福利待遇，增加木工坊徵才競爭力，促進部落人才返鄉就業
　　之目的：木工坊編列年終獎金和退休金的營運預算，使木工坊的
　　薪資、福利、待遇得以與北部工廠競爭，吸引在外的部落優秀人
　　才得以返鄉為部落服務，達到木工坊的運作主旨。

現階段的弱項

●災後重建的部落產業發展不從部落總體營造著手，而從與部落連結
　相對偏弱的木工著手，並且是以非部落勞力慣性的工廠制度來營
　運，因此在希望擴及木工坊與部落的連結目標上會相對辛苦些。同
　時由於木工產業並未在部落族人已有的專長上進行產業的發展，亦
　使其需花費多年的時間做技術的養成。然而這樣的產業發展或許會
　是一個相對可行的切入點，其成為開創新產業於部落的契機外，也
　提供工坊下階段的產業發展一個穩固的技術基礎，有利未來連結部
　落多元產業推動的整合。但此點需有更長的時間加以觀察。

●因莫拉克風災捐款而獲得部落原先無法購買的設備，也奠定了木工坊的產業經營規模。然而，所有的設備都有固定的使用期限，在機器運作至需要汰換時，木工坊屆時的營運利潤能否支撐起相關設備所需費用，將會是木工坊往後的考驗。

●雖則木工坊最終目標在於不僅是一個營利的工坊，而是能形成一個平臺，培育木工人才連結展售資源，也為部落欲回鄉的青年提供就業機會。然現況仍以工坊制度、產銷方面的運作為主，即便目前試圖走向多角化觀光經營如咖啡館或背包客棧，開出多元就業的機會，但仍局限於工坊運作本身。未來如何連結部落本身文化的自主發展，基本勞力不單只是依附工坊需求所產生，部落發展本身的自主性為何，均是必須面對的下階段挑戰。

可轉移性

從災後重建試圖開啟部落產業新契機的角度來看，向陽木工坊的經驗無疑提供了一個可行的、兼具公益與營利性質的產業發展。其工坊的營運與內部管理經驗，有助其他部落在有限條件下，作為試圖開創與發展產業上值得參照的要素。

●**需要相當經驗的行政管理人才長期駐點部落，進行工坊的制度規劃與營運**

其原則在營運上需保持公開、透明、共同決議、共同承擔、共享成

果的運作機制；在內部的管理規劃上則需在短、中、長期設立不同階段的目標，從初期信心、能力和工作態度的陪伴與建立，再到個人工作與工廠運作效率的要求，接著再一一提升內部員工的技術含量與文化資本；最後，則需在財務和人力的永續上為未來做儲備。期間並懂得彈性調整運作機制，在工坊需要的技術人才規範與部落勞力參與調性間取得平衡。

● **內外部資源網絡的建立**

以工坊所需的勞力與技術人才培育盡量取自部落內部人才，除開創就業機會本身，亦是為工坊建立長期穩定、在地資源的人才基本盤；與在地組織或產業網絡結盟，如原愛工坊建立起來的產銷資源網絡和在地互動合作的運作經驗，正提供木工坊在運作初期相當程度的支持；與短中期不等的外部計畫或資源平臺合作，如曾支持木工坊的清華網路文教基金會計畫、公益平臺短期行銷輔導與近期工坊自主申請的多元就業培力計畫，為部落產業本身提升發展可能性。

對花東發展的貢獻

花東原住民族群在全臺灣分佈的比例中相當高，當許多社福團體或政府單位希望藉由發展部落產業促進部落人才返鄉時，向陽薪傳木工坊照顧部落的務實管理運作模式，無疑為有關單位提供值得參考的方向；同時藉災後重建契機創立一個從無到有的部落產業，向陽薪傳木

工坊作為公益與與營利兼具的企業朝向自主經營、解決社會問題的方向與模式,亦為花東部落振興提供一種範例典型,其工坊經營過程可參考的價值如下:

● 向陽薪傳木工坊成立初期,結合產、官、學三方的合作模式,訂立工坊產業規模與走向,同時透過三方資源連結與合作,穩定銷售出口,開啟工坊運轉的契機。此過程不僅促進產、官、學三方合作的可行性與效度,其合作模式的成功經驗也為其他部落的新創產業提供一種可行的參照點。

● 透過木工坊的營運制度,帶出部落產業工作場域中新的社會價值。如對專業成長與達及損益平衡的利潤追求,促進部落族人在專業分工與技術追求的再思考,嘗試改變在部落已受框限的勞力工作型態與慣性;同時這個作為外來管理模式扎根部落的發展型態,亦提供了如何融入與調整部落勞力參與型態的一種示範。

● 作為振興部落產業經濟、提供部落就業機會的向陽木工坊,非單純以企業工廠經營方式營利,亦非成為一味接受補助的社會救濟輔導型案例,而是透過兼具公益與營利的運作模式,不求最大利益,以達損益平衡為優先,聘用部落居民、包括身心障礙者,並培養其木工技術含量。同時預計發展平臺,連結部落產業多角化經營,如此以社會企業的概念與策略朝向自主營運,培力部落在地人才與發展機會。

延伸閱讀

1. 向陽薪傳木工坊臉書粉絲專頁：https://www.facebook.com/ sunrise.88.2010

2. 〈向陽薪傳木工坊—賦予漂流木新生命的文創〉，社企流網站：http://www. seinsights.asia/info/3472

3. 〈太麻里鄉（多良村）—向陽薪傳木工坊〉，公益平台基金會旅遊平臺網 站：http://travel.thealliance.org.tw/21521385253421820659284182796926408240372031622346.html

4. 〈嘉蘭報告34—從原愛出發〉，2010/6/9。https://www.peopo.org/news/53355

5. 〈向陽薪傳木工坊工作營—這一次讓我們從沉睡中甦醒〉，2012/9/14。 https://www.youtube.com/watch?v=QIiEEaQOQp0

6. 介紹短片〈黃清泰校長介紹向陽薪傳木工坊成立過程〉，2013/5/9。https:// www.youtube.com/watch?v=vWat5aL9kAU

7. 〈多良成立木工坊，創造15個工作機會〉，2013/9/4。https://www.youtube. com/watch?v=bS6jmytTR1I

8. 紀錄片〈臺灣部落故事—自然素材在地生根 向陽薪傳木工坊〉， 2013/11/4。https://www.youtube.com/watch?v=H7X68g-1wJI

9. 〈多良部落木工坊成果展，推廣木工產業〉，2014/10/24，TITV原視新聞。 https://www.youtube.com/watch?v=hUON2ZfFaiY

10. 介紹短片〈向陽薪傳木工坊 Sunrise Driftwood Workshop〉，2015/7/23。 https://www.youtube.com/watch?v=3bVBCXRx3fw

11. 向陽薪傳部落體驗介紹〈Masalu 台灣最美多良車站部落廚房—向陽薪傳查 拉密calavi美食〉，2016/01/12，甘單慢慢遊網站：https://gandan.me/calavi-meal/

【PART 4】

花東生活價值
新視野

O'rip生活旅人

筆觸下的
花蓮生活新關懷

　　過去這十年間，往往在獨立書店一角，或各地藝文店家的小角落，總能見到O'rip刊物的身影。一頁頁翻閱，彷彿掉進花蓮特有步調的時空，充滿溫度的筆調軟化了太平洋來的風，樸實刻劃著海岸與縱谷人家一張張務實生活的臉龐。這是花蓮以外的人認識花蓮的一種方式，也是O'rip 生活旅人藉由採訪在地人而向外人介紹花蓮的方式。O'rip搭起了一座除了旅遊消費之外，外人得以與花蓮認識和互動的橋梁，同時花蓮在地人經由O'rip作為媒介也重新認識了自己的生活所在。

　　十年前，當全球化潮流中資源不斷朝向都會集中的景況下，多數來自外地的O'rip 編輯，選擇在所謂「後山」的花蓮落腳生活。他們透過採訪，挖掘在地人事與記憶，進而將生活情感與地方認同轉化為文字，向外地介紹一個真正充滿在地能動的花蓮。在平面刊物市場疲軟的困境中，以及在地社區刊物裹足不前的局限下，O'rip突破了在地

封閉性的局限。刊物面向外地客戶，並同時根著在地，串起資源連結，讓一份不以利潤為優先的刊物，發展出全新的刊物營運模式，並得以長期運作。這樣的模式，逐漸成為近年在全臺各處地區性刊物發展的主要參考對象。

　　O'rip生活旅人，像有機體般因應在地人文特色而發展，由刊物逐步發展出與社區結合的在地小旅行遊程，出版相關書籍，甚至開展實體店面，販售在地工藝家作品與旅行文創等相關產品，並舉辦相關活動。O'rip生活旅人的組織運作，以及其可持續性的刊物營運模式，均與傳統刊物的運作、通路機制不同。其社會創新意涵在於，編輯群本身逐步建構的地方認同，以及藉由刊物所呈現的在地生活關懷，串連了外地對花蓮人事物有更深的理解，亦凝聚在地人對自身特質的認同。在全球化資源集中大城市的潮流下，O'rip反其道而行，注目花蓮特質，在所謂發展邊陲的地境中發掘正向資源，展現地方特質與能動的美好，其營運模式與發展影響相當值得探討。

O'rip 刊物封面（黃啟瑞提供）

一個有機體的長成：
作為中介而不斷深入在地的傳播平臺

　　2006年六月，《O'rip》創刊號誕生。O'rip來自阿美族語―「生活」，也是「文化」的意思，是一本以「在花蓮生活」的角度來介紹花蓮人事物的刊物，由一群泰半來自外地但生活在花蓮的編輯群所發行。這本刊物的主要創辦人，是2001年嫁到花蓮來的王玉萍，過去曾是《漢聲雜誌》、《雄獅美術》編輯，亦曾擔任過媒體公關、誠品書店活動企劃部主任。在採訪寫作、編輯與行銷方面擁有豐富資歷的她，定居花蓮後，除了引進臺北的藝文資源，舉辦大小不一等活動外，也在過程中見識到花蓮許多特殊的人事物，往往難為外界所報導和了解。因此她單純地打算，藉由製作一份免費的在地刊物，試著告訴外地人真正的花蓮，也期許自己透過親身採訪的過程，更深入地認識花蓮。在這樣的想法鼓勵下，王玉萍與花蓮一群好朋友懷抱共同的想像，由她擔任召集人，邀請蘇素敏、鍾國風、黃啟瑞、王義智進到O'rip刊物編輯平臺來。在自己的主業之外，湊出時間開會、討論，分工採訪撰寫，共同運作編輯臺，就這樣，一步步築起了一個刊物發

行的夢。

2008年，除了考量刊物的永續經營，也為了讓編輯們能擁有實際的工作收入，真正在花蓮落地生根，O'rip生活旅人工作室因而成立。O'rip初期在花蓮璞石咖啡館的二樓開展實體辦公室與店面。經營項目除了刊物，也承接專案計畫作為收入之一。同時也嘗試將刊物內容擴展至小旅行與文宣摺頁推廣，與所採訪的社區人家形成更密切的認識與連結。逐步地，這些積累包括集結過去刊物採訪內容，重新審訂改寫，或事先企劃整體方向後，分期率先進行採訪，最後以出版專書的形式介紹。從2009年的《通往花蓮的祕徑》、2011年《鐵道·縱

自2014年夏天開始的三五好友逛小城活動廣受好評，帶動地方店家串連，以及由地方的人說自己的故事。此位於O'rip生活旅人店面前活動集合處（林慧珍攝）

谷‧友人家：遊走花蓮小村小鎮》，到2014年的《活著的城：花蓮這些傢伙》，試圖訴說一種別於市面上的觀光旅遊，以緩慢遊走的旅行姿態，深入認識花蓮在地的生活與人文地景。

近年來，O'rip生活旅人的夥伴們依各自興趣、領域專長以及不同程度的生活網絡，開拓幾條扎根在地的經營軸線。2014年初O'rip生活旅人的辦公室及店面移轉至花蓮市區的節約街上。在實體展店上，透過與在地工藝家合作，協助推廣在地工藝產品；在刊物發展上，以軟性正面的基調關注花蓮開發議題，像是早期的「蘇花改」[1]到最近舊城「溝仔尾」[2]；旅行活動方面，從東海岸與縱谷的社區漫走，延展到由在地人帶路的「三五好友逛小城」；而在承接的專案計畫方面，則進行地方文史與藝文的推廣。一步步，O'rip走得更深入，強調與在地連結，也著重向外引進資源和推廣，使得O'rip漸漸成長為連接花蓮在地與外界的平臺。

---

1. 編註：「蘇花改」，正式名稱為臺9線蘇花公路山區路段改善計畫，簡稱蘇花改。實施路段為臺9線蘇澳—崇德段。蘇花公路在日治時代開闢以來，一直未能維持長期穩定的安全度，因此交通部公路總局曾提出蘇花高速公路計畫，但因為諸多爭議遭擱置，因而變更為蘇花公路替代道路（2008年）、蘇花公路改善計畫（2010年）。自2010年蘇花公路遊覽車事故後，加速通過環評，於2011年1月動工。

2. 編註：「溝仔尾」，因地點位於花蓮市自由街排水溝的尾端而得名。範圍約為福建街段以東最下游處，今泛指中華路以東的舊城範圍，橫跨中正路至福建街一帶，為早期熱鬧的商業區。其間搭建在自由街、明義街之間大排水溝上的商家被稱為「溝上人家」，源自民國40年花蓮大地震，縣府為安置災民，於現址自由街排水溝上搭建房舍，歷經水道疏濬、火災、攤販遷置等幾次拆遷翻修，逐漸演變為現今二層連棟店鋪。2013年起花蓮縣政府規劃的「花蓮市日出觀光香榭大道整體景觀工程」計畫逐步推行，影響溝仔尾具歷史價值的「福住橋」遷移及「溝上人家」的拆遷，引發爭議至今。

關鍵人物訪談

O'rip的好傢伙們：王玉萍、蘇素敏、黃啟瑞、陳亞平

1. 受訪者：王玉萍；訪談時間：2014年4月19日；
   訪談：夏黎明、林慧珍；撰稿：林慧珍
2. 受訪者：黃啟瑞；訪談時間：2015年2月15日；
   訪談：林慧珍；撰稿：林慧珍
3. 受訪者：蘇素敏；訪談時間：2015年10月26日；
   訪談：林慧珍；撰稿：林慧珍
4. 受訪者：陳亞平；訪談時間：2015年10月26日；
   訪談：林慧珍；撰稿：林慧珍

初心：讓花蓮在地的真被看見

「我其實只知道做這些，主要也是因為當時在誠品時擔任活動企劃部主任，辦了很多活動，更有機會將資源引進花蓮。剛來的時候，我覺得那時的花蓮很特別，同時也感受到它的變化；來花蓮唸書的學生多了，國民旅遊也多了，感覺開始有在動，來花蓮旅行的人越來越多，接著幾年之後就是陸客自由行。因此在最早有國民旅遊的時候，我就在想說除了帶一些藝文活動進來之外，因為住在這邊而我也

O'rip 生活旅人出版品（林慧珍攝）

想要認識這裡，有沒有可能經由在這裡進駐的幾年，去試著告訴外地人說，花蓮到底是一個什麼樣的地方，這邊的生活究竟是什麼樣貌？」——王玉萍。

2001年甫成為花蓮媳婦的王玉萍，在五年多的居住生活期間，感受到了花蓮在觀光發展上的變化，蘇花高的開通與否也成為當時的重要議題之一。花蓮逐漸將以一種姿態被看見，而擁有媒體公關與企劃資歷的王玉萍，經驗讓她敏感意識到，花蓮以外的朋友對花蓮的認知與感受，跟真實的花蓮有段莫大的距離；主流媒體多在臺北，往往花蓮在地發生的事物僅能從在地的報紙或電臺知道，而這些在地媒體卻也鮮少報導花蓮當地生活人文面的部分。在這樣的趨勢變化下，王玉萍

認為花蓮必須真正被看見，而非一種刻意報導的宣傳形象。

　　而同樣在O'rip創刊初期即加入編輯平臺的蘇素敏，來到花蓮居住生活十多年間，接觸許多環境議題方面的運動，在決定參與刊物的動機背景則與王玉萍有不同的考量，但初衷同樣希望傳播花蓮在地的真實，去突破主流媒體下的資訊不透明與不對等的問題。

　　「我們是2006年開始辦刊物，那時候玉萍打來問我要不要參與一本刊物，我說我希望這本刊物是for花蓮，為什麼呢？當時我在花蓮參與環境議題，跟一群外國人做消波塊海灘的議題，然後做到蘇花高的議題，到後來我覺得做社會運動有點無力。那種無力是我每次回到臺北，跟臺北朋友談花蓮的事情，他們就覺得那是花蓮人的事，幹嘛跟我討論，可是我在花蓮的時候，花蓮人就會跟我說，這是我們花蓮人的事，為什麼要來管我們的事情。可是我們都會跟他們說，地球是屬於全世界的，當然有義務去了解這些事情。我會看到這之間那種不一樣的態度，無論你回到花蓮或臺北，你會看到臺灣人對這部分的疏離。當時我也一直搞不懂，對於開發，媒體民調為何70％是贊成的，30％是反對的，慢慢你就懂了，那可能也是一種政治操作，因為所有資訊都是不透明的。所以這本刊物的出現對我而言，如果是外地人認識花蓮，花蓮人認識花蓮，那會是很好的事情，花蓮人一定要認識自己的地方，不然，他不會有主張，因為沒有自信就不會有主張，當初參與刊物是這個原因。」──蘇素敏。

　　面對花蓮的觀光與發展課題，王玉萍說道：「我希望建立花蓮的

自信心，一種在地人對自己真實生活的自信。我也希望外地人知道原來可以這樣過生活，不是他們認為那種物質的進步才叫幸福。有沒有可能有另一種視野和生活實踐是可以透過在地的人們去分享出來，而被看到的，那麼花蓮的發展便不一定什麼都要跟著西部大城市走。所以其實《O'rip》實質上在裡面談的都是生活，那些在地人們的生活。」

刊物定位：作為傳遞在地心聲的橋梁

「那時候的設定是我想要出一個比較薄的、容易讀的出版品，然後是圖文生動的，不會讓別人覺得有壓力，可以輕鬆自然地去翻閱，輕鬆地進到心裡。很多人很輕易地把它當旅遊雜誌來看，我覺得也無所謂。我們的夥伴都不是做出版也不是做記者的資歷，但我們就是誠實地寫出所看到的、所知道的，以休閒的方式，以我們了解在地生活的方式來介紹。讀者看到的，就是很實在地我們參訪、觀察當中所了解的過程。」——王玉萍。

2006年創刊階段，編輯群在優先考量推廣普及性、閱讀方便性，以及大家的工作負擔限度下，《O'rip》刊物設定為24-36頁的內容量，每兩個月發行一次，發行量約5000至6000本。刊物以免費的形式供人索取，同時，為降低讀者取得刊物的門檻，除了在花蓮市外，也擴及至全臺各地的誠品書店，後來延伸至將近一百多個志同道合的咖啡

店、獨立書店、特色店家等。比例上是三分之一放在花蓮、三分之二放在外縣市，並會特別為店家製作「店閱本」的紙牌。也開放訂閱，以工本服務費計算，一年三百元六期，訂戶長期有五、六百人[3]。

發行通路的動機與策略，明顯與其他在地性質的社區刊物不同。王玉萍提到：「雖然我們的手段是對外，然而實際過程是雙向的。因為早期外地主流媒體不太報導花蓮的生活面，它必須要有一個管道出去，出去之後就會有回饋，因為別人讀到會來，來了之後就會跟在地產生互動。當大家循著刊物內容到某家店的時候，其實那個店老闆真的會很開心，而且我們往往重複再去的時候，你就會聽到很多人說，『真的有人看了來找我們呢！』他們會開心地笑著說。雖然不會因為這樣發財，但是他的生活和他的東西被肯定了，他們是樂於分享的。」

這樣的通路策略對O'rip編輯群來說，是讓花蓮在地產生了他們預期以外的效果。

「另外1/3的刊物放在花蓮，在地人會看。如果沒有外地的人肯定，其實我覺得在地人都還會懷疑說，這有什麼好講的，我們醃梅子不是每年都在做，有什麼好說的。可是當外面的人說你這個生活真的太讚了，哇！你們可以吃到這麼好、這麼棒、屬於時令的食物時，我

3. 編註：自2015年底，O'rip生活旅人為反應刊物方向調整及編輯成本，將調整其訂閱辦法。《O'rip》未來改採販售形式，不定期出刊，訂閱者以期數計算。

覺得這對在地人來講會有一種特別感受，原來他熟悉的東西其實是有價值的。這產生了漣漪的現象，就是花蓮人重新去用另一種角度看自己。」──王玉萍。

對王玉萍來說，O'rip一直想扮演的是橋梁的角色。刊物的存在不是本身寫得好，或製作多精美。重點在於，編輯有沒有在主題設定上將核心的訊息傳達出去，讀者是否真的有讀到受訪者他要傳達的那個訊息。「這裡面有橋梁和雙方，有生活在這裡的人，然後也有來旅行的人，那O'rip其實就是當中的一個橋梁。」

內在：走進在地小人物生活，書寫一種細微的真實

《O'rip》刊物在內容與風格上，明顯有別於一般社區刊物或旅遊專題雜誌。其主要來自其編輯群深入在地人物的採訪方式，以及放入自己感受的書寫風格，因此內容份量雖然輕鬆不嚴肅，當中卻表露互動所產生的深厚溫度。

「《O'rip》裡面介紹花蓮的生活是經由『人』，那『人』即是在地人的生活。而我說的『人』，他們不會像在臺北採訪的時候那樣。臺北採訪好像看似簡單其實很難，因為受訪者都知道你要問什麼，以及他要答什麼才是得體的，才是可以達到目的的。但是在花蓮不是，我們採訪的都是街坊鄰居，他們也許沒有被採訪過，可能講不出什麼話來。你真的要在那邊耗個半天一天，或是持續待幾天跟他成為

很好的朋友，還要去觀察他的生活。最後文章你可能只寫了他的一兩句話，但這一兩句話卻相當重要，可能足以說出他的一生，所以《O'rip》它很深入的部分是在於採訪者的觀察。」王玉萍說道。

有人說《O'rip》的內容文字輕輕，可是熟悉的人便覺字字句句進到心坎裡。這來自於編輯群如何深入在地，與人們建立關係，以認同在地生活的角度，報導出一般看似平凡的市井小民卻不平凡的心聲。因為《O'rip》不只是一份刊物，而是一個傳遞在地生活的生活旅人平臺。

「我覺得如果你要認識花蓮，就需要交到花蓮的地頭蛇。因此我就設定不管是介紹各行各業，我都是介紹那個行業裡的人，藉由這個人你就會知道他這個行業的特色在哪，而且同時你就真的找得到他。在刊物上面它其實每一篇就是介紹人的故事和他的連絡方式，你絕對可以找得到他，而且刊物本身也產生了一個真正這樣的效果，就是真的有人帶著它來旅行，一家一家的去走，然後就真的跟店家他們認識了，同時也認識了O'rip生活旅人。

「我在花蓮這幾年的感覺是，我覺得花蓮的人因為大部分的外來移民時間都比較短，不太會有排斥性，很容易可以跟你親近。花蓮人其實不太勢利，他不會考量因為你讓他賺很多錢所以他要對你更好，而是他覺得你認同他。所以《O'rip》刊物在花蓮其實是有一定的認同度的，那在於，他們真的覺得我們把他們當朋友，然後對我們而言，刊物真的是講出了他們的心聲。」——王玉萍。

核心：不單純講美好的故事，
試圖在不美好中尋找美好

「我從來都不覺得《O'rip》只是講一些美好的事，或者是講些不美好的事，而是有沒有可能在你看起來覺得很糟糕的狀態下，你還可以看到有機會變得美好的潛力，期望要讓它長出來，它本身才是真正對這個土地是有養分的。」──王玉萍

居住在花蓮，因為一段在秀林鄉偏鄉部落的上課經驗，王玉萍才了解到來自臺北背景的自己，在欠缺對花蓮部落生活的了解下，上課節奏時常必須有所應變，也因此時常感覺到部落人的無力、混亂與沒自信。然而，在上課過程中，透過部落年輕人的自由書寫練習，使她了解到生活的另一面，族人們一起跳舞時所產生的團結動力與感動一直存在。在花蓮生活的美好與不美好，對王玉萍來說是應該要去認識的，而不美好中的美好，是她認為作為《O'rip》的編輯有使命去點出的，也是O'rip所謂「生活」的存在意義。

「如果你在不了解他們內心的情況下，持續觀察這個部落，你會以為『絕望』就是你看到的樣子。然而當他們訴說跳舞時候的感動，就讓我想到，為什麼他們都這麼的辛苦在外面工作，卻還願意跑回來練舞呢？因為他們在這當中感受到了一點點的自信。我覺得像《O'rip》所謂的出版就是一個橋梁的使命，我應該要把那背後的正面力量給點出來，在課程裡面我也去把它點出來，他們很開心地發現

原來自己為什麼工作這麼累還要來跳舞，他們開始去肯定說，對，因為我在裡面找到屬於我們這個族群的能量。」——王玉萍。

同樣地，曾經《O'rip》刊物在面對花蓮一些地方開發的議題上頭，明白自己的角色並不一定要做直接抗議或倡議的行動，但O'rip夥伴們仍持續思考，是否《O'rip》應該依據自己軟性且正面基調的報導特性，去傳達在這個不美好的開發議題下，值得去爭取的美好應該是什麼。

2007年，蘇花高議題爭議不斷，面對開發與否，支持與反對人士各持一方。《O'rip》編輯群在當時因各方機緣與社群網絡的關係，與當時的中國時報【開卷】週報主編李金蓮合作，希望介紹花蓮生活藝文內涵的一面，讓更多人認識其在地人文特色。其不僅策劃於開卷週報中，亦於《O'rip》第7期專題大幅介紹定居花蓮的作家，及其文學巷弄風景。期間，亦與中華電信基金會合作，規劃「花蓮文學巷弄之旅」和「福爾摩沙大航海」的文學漫遊活動，要人親自領略花蓮的生活風情。在《O'rip》第7期〈燥 因漫遊而樂〉一文中表達了編輯臺策劃此主題的心情：「臺灣這樣小，更需要保留一些『不同』讓大夥兒有所選擇，如果東部與西部一樣了，我們的心靈，只好用飛機載到遠遠的遠方，才能休息了。」爾後《O'rip》陸陸續續也在第29、30期帶出以〈193縣道〉、〈臺11線〉為主題規劃的在地人文生活等介紹，目的為強調這些沿線的每個社區所擁有的在地生活與文化累積，造就了道路的不同人文風情與功能意義，道路並非只有求快求便利的

單一功能而已。

「我們就是希望花蓮被看見，當它被看見的時候，你就會發現很多東西都在改變當中。如果你不滿意改變的現況，一直批評沒有用，就應該要提出建設，那今天我們如果不希望大財團進來的時候，我們自己就先站好，而O'rip也是那個要站穩的其中一個。發現花蓮那麼多人在破壞的時候我們就自己獨立，然後O'rip要盡點力，要讓這些被看見。」——王玉萍。

朝多角化經營：從刊物發展到「漫走」與「有禮」

「刊物放到外地去是個手段，最後仍是要連結到在地人本身，所以我們後來才會發展出有小旅行和商品的部分。如果你看了刊物都願意自己來到這裡了，那有沒有可能產生一些屬於在地的市場？因為我們真的覺得，很多在地人都很努力地做事，在用心生活，如果我們可以讓更多人能夠進來，他們就可以安身立命，於是我們開始有了小旅行。那麼假設旅客如果可以自己來那當然最好，但如果覺得不好意思，也可以跟著我們的旅行。如果覺得實在太有意思了，也歡迎買個紀念品回家。其實 O'rip 就是在做這件事情。」——王玉萍。

從刊物到出書到小旅行，到實體店面展售商品，工作內容的增厚與多角化經營，來自2008年O'rip編輯群決定成立工作室時，也希望有個實體經營空間，讓這些志同道合的好朋友可以一起留在花蓮工

作。他們開始於璞石咖啡館二樓租下空間，一半作為辦公室，一半作為相關商品的展售店面。

　　O'rip「漫走」與「有禮」，便是從刊物延伸而來的小旅行與商品兩類工作項目，主要由過去是O'rip夥伴的蘇素敏積極開發。「漫走」是透過刊物踏查拜訪在地店家或社區人家，將點串連設計出路

今節約街O'rip生活旅
人店面（林慧珍攝）

線，規劃成旅行漫走，親自帶著讀者或遊客，將雜誌上的內容於行腳中實現；而「有禮」則是與在地店家、工藝家合作，協助包裝、行銷，或研發文創商品，展售於O'rip的實體店面外，也協助尋找通路。 曾經負責開拓「有禮」市場、現為「花蓮日日」負責人的蘇素敏說道，「我在2010年開始創有禮是因為想要推在地工藝，主要跟在地的工藝家合作，那時候我們會做包裝、行銷，幫他們找通路和販售。跟我們合作的工藝家，條件是一來他們一定是住這邊，二來是材質一定跟在地比較有關係，通常是石頭、木頭以及織布這類材質。後來我們也發展工藝家的工藝體驗，把它放進去與漫走結合，用旅行來帶動文創商品。」

　　而當年經由「漫走」專案加入O'rip生活旅人的陳亞平，則提到在「漫走」專案成立之前，其實O'rip已辦過小旅行的活動，只是當時主要的初衷是針對《O'rip》刊物的讀者透過旅行規劃來接觸採訪對象，真實認識在地人家。因此不定期，也無特定商業發展。但到成立之後，以工作室的形式可以開始有些企劃、行程規劃的條件出來，認為小旅行可以比較有組織的來進行，因此出現了「漫走」這個專案。她說道，「大家認為我們就是花蓮頭，因為我們過去採訪所累積的經驗，把它串起旅行一定會非常的精彩，外界有這樣的反應，我們自己想一想，好像也蠻OK的。因為刊物累積有一定的量，我們採訪的點也有一定的數量，而且的確有一些伙伴在做旅行接待，就覺得我們也許可以試試看，把這些接待的伙伴能夠更有效或更有趣的串連，所以

才會開始有漫走。」大約是從2011年《鐵道・縱谷・友人家：遊走花蓮小村小鎮》出版宣傳開始，而有「漫走」專案規劃的行程出現，書是《O'rip》採訪的集結，而行程的基底本來就存在。

重點在扮演好「橋梁」的角色

這些營利性質的業務拓展來自夥伴們各自的專長興趣，與共事間討論得來的想法，不過王玉萍提到，不論夥伴們如何進行，核心都必須回到怎麼做好這座「橋梁」。

對蘇素敏而言，她提到近年來政府政策積極推動文創產業，有許多成熟的創作或手作工作者在政府推動下加入，雖成效不大但有進步，可自己開店、行銷自己，也有銷售平臺，通路可直接找到他們，因此對O'rip的「有禮」來說，並不能總是持續扮演領頭羊的角色。於是她更強調與社區在地工藝家的陪伴，特別是針對年輕尚待成熟的手作者。她說：「我想回來做技術面的陪伴，那個技術面含產品設計、材質、包裝，想把這個釣魚竿放回到年輕的手作者，他們能夠自己做這件事情。對O'rip而言，一旦扮演好這個角色，工藝家們一定會繼續跟你做通路上的合作。」

關於「漫走」，陳亞平則特別提到這種有別於旅行社大眾化主流行程的社區小旅行形式，最終是要回到這些提供接待的在地夥伴與社區身上。她說道：「我們的做法是希望串連在地伙伴，做接待旅行，我們把它稱做深度旅行。深度旅行就是每個旅人到每個點的時候，會跟

每一個在地伙伴接觸，包含一些活動設計，接待的也都是在地伙伴，這幾個原則和精神，讓這個旅行的質感，跟一般大眾跑景點住高級飯店的行程會不太一樣。不太一樣的是，體驗的過程會比較多人味在裡面。因此事前需要比較多的規劃，付出的成本也比較高。包含旅費的這些成本不會回饋在很高級的飯店，而是回應在每個接應點所付出的時間及所做的準備，更是回應到我們在地伙伴的薪水身上。」

陳亞平提到參加深度旅行所花的旅費，可能跟去住高級飯店差不多高，但除了旅行內涵實質不同外，產業鏈以及回饋對象也有所不同。而 O'rip 所扮演的橋梁角色，正是期待透過建立「深度旅行」模式，直接幫助到在地社區產業本身。

「大眾旅行，它的費用高的原因，主要是吃和住，住的話就回到財團，就是我們一般熟知的大飯店，那個東西對於社區的回饋是低的，可能社區或部落裡有人在那工作，領服務生的薪水，對於部落整體的產業並沒有太大的助益。但是深度旅行本身，因為每個接待的伙伴都是在地人，講師費都是回到每個接待伙伴的身上，所以比較可能藉由深度旅行促成一種部落社區裡面的產業，深度旅行對社區的幫助是比較大的。不過大部分人的觀念未改，沒辦法很快地接受，因為它的費用一樣不低，可是實際享受的東西卻是不一樣的。」——陳亞平。

漫走小旅行：讓能力回到在地的創新合作模式

也是基於對做好「橋梁」這個角色的期許之下，王玉萍提到，項目

的經營O'rip夥伴們多半帶著社會企業的態度。要透過實體店面商品與小旅行達到營收的目的，實際上並沒那麼容易。以小旅行為例，即便刊物或專書已累積訪查的路線與資料，然而等實際要帶旅行時，其實仍必須依當時的現實情況重新規劃組合，與一般制式的導覽旅行有所不同。

「當時我們的想法是，既然刊物已經走在前面了，而且有這麼多人認同，包括在地人都很願意跟我們合作，其實就是一個好的時機，那我們有沒有可能就是讓在地的各個產業真的開花，產生串連。因此我們花了一年半的時間，每個鄉鎮慢慢走，走完之後，負責漫走的亞平才開始一條路線一條路線地去規劃。經由刊物和集結出書的這個過程裡面，你看刊物介紹是，我們初步把這個地方的特色先介紹出來。但是等到亞平實際要帶旅行的時候，她必須重新再規劃組合一次，因為我們寫的是我們初步的理解，真正帶小旅行又不一樣，所以小旅行規劃的過程，其實經過了很多層次。」——王玉萍。

另一方面，小旅行漫走最主要的成分是與在地店家或社區人家合作，更希望是在地產業能主動承接這樣的在地解說或體驗活動的展現。O'rip尊重在地人家的意願與原有的生活模式，也因此這樣的溝通過程通常不會只有一次，人力與溝通成本頗高。

王玉萍提到：「跟在地合作是一步一步地來，你全部告訴他，其實他沒有辦法抓到重點，也會覺得很沉重。所以通常都是亞平每一個點都談好多次，除了考慮旅行接待最基本的內容外，也要考慮有些點承

擔的量沒有辦法太大，或者是屬於季節性的點，有些是夏天適合冬天不適合，那麼她必須做更換。或者在地人有自己的事要忙，那我們也要尊重他們原本的生活方式。」

關於與社區或在地店家的合作模式，陳亞平提到他們會優先與意願高的在地夥伴合作，同時評估在地夥伴的實際狀況，是否成熟到可以成為漫走行程中的一個點，若有些部分還無法具備，那麼就依O'rip的能力提供協助，產生行程來。通常針對需要長期培力的在地夥伴，O'rip會視接案的情況，將資源放到在地夥伴身上，如找老師為夥伴們上課，或研發DIY。培力的方式主要是上課、實作與觀摩，內容有針對深度旅行需要的解說設計與演練、工藝DIY研發、食材料理，以及讓鄉鎮之間的社區夥伴相互走訪觀摩。以食材料理為例，陳亞平提到：「在地食材是很有特色的，但料理還是很傳統單一的方式。培力不是要把料理搞得很複雜，而是希望它單純，透過料理、擺盤去突顯食材特色。我們找還不錯很用心料理的廚師，讓在地夥伴們觀摩、交流討論，不是說涼拌山蘇一定要用美奶滋，箭筍一定要炒培根，而是用一樣的食材，如何表現食材本身的特色。」

「在地接待伙伴都需要練習，沒有人生下來就很會講，有許多東西需要修正調整，調整後再嘗試。行銷上也有它的困難，因為我們不是旅行社，要如何能有一個友善的平臺去對應到旅人，那個東西該如何創造，這其實蠻困難的，相較於一個旅行社，在邏輯上的不同，操作上的難度就會因應而生，要去改變一般人對旅行的想法，也需要花很

多的時間去挑戰。」──陳亞平。

　　小旅行漫走的模式操作到後來所累積行程的點有它的品質，O'rip
與在地夥伴維持良好的關係，配合度相當高，形成一種特殊的在地合
作模式。這樣的模式十分有機，必須是長期駐點溝通，是外地旅行社
難以遙控操作的，因人力與溝通成本往往花在對應在地夥伴的接待穩
定度上，然而求穩定卻是讓社區或部落有機會發展產業的重要條件。

　　「我們與在地有蠻特別的一種合作模式。因為大部分都不是專業的
接待者，他可能平常有其他工作，到了旅行比較旺季的時候，才會來
做接待，所以我們在跟在地伙伴的互動上就會需要常常彼此聯絡，而
且也不能是直接要求對方依照我們的標準來，反而像比方說有人家的
農產品要賣，也會通知一下我們幫忙。一般旅行社不大會有這樣的合
作模式，但是我覺得在東部必須這樣子做，我們沒有跑出一個絕對的
成功方程式說，真的可以把客人帶進來，部落都能夠消化。因為有個
矛盾，我們都知道這個狀況，有時候量太大，不見得吃得下來，量太
少錢又不夠，往往他們不是能夠穩定地接待的，但是他們又需要那個
收入。這個狀況是一直在調整的，穩定本身就是一個高門檻。但是如
果能夠熬得過去，接待能夠穩定，我覺得讓社區或部落形成產業這件
事不是不可能，只是仍然必須具備一些條件，而且不是每個社區或部
落的人都合適。」──陳亞平。

　　O'rip漫走亦逐漸建立起口碑，花蓮附近鄉鎮的旅遊或民宿業者，
繼起仿效O'rip的漫走導覽模式。對O'rip來說，他們反而期待更多人

或者在地人能參照這樣的模式操作，確實形成能與在地人合作，對在地發展有益的小旅行模式。

「我們聽說壽豐豐田那裡就真有民宿業者照著我們的模式去帶，也請媽媽炒菜、也去有機農場體驗，但是對我們來講這是好的，不覺得這叫抄襲。因為越多人做這樣事情表示越有市場，同時我們也很希望在地店家經由這樣子的創意，未來自己接客戶也可以用這種模式進行。」──王玉萍。

對於在社區陪伴經營漫走小旅行多年的陳亞平，她特別提到：「我們從來不會想說，這個行程出來，要回到O'rip身上，我們還是希望這能力是回到部落或社區的，因為我們是找在地夥伴，今天就算O'rip抽走了，他們還是可以合作的，如果他們願意的話，我們也讓他們知道說O'rip在這行程當中，只是一個過客，我們能參與籌劃、前置，而這東西是可以被留下來的，所以他們蠻信任我們的，願意長期跟我們這樣合作。」

對於O'rip漫走本身的意義，陳亞平其實對旅行的消費選擇性，以及背後產業鏈結的部分有著深刻的期許。「我們同樣做一個消費行為，這個消費行為本身，它的意義會有加乘的效果。回到深度旅行的問題，今天我拿一筆錢去太魯閣、七星潭，然後住一下理想大地；還是去走深度旅行，花錢讓很多部落練習接待，然後慢慢形成自己的產業，讓年輕人不用到外地，可以在家鄉工作？如果你知道你的選擇背後有不一樣的意義的時候，你會如何選擇？我覺得就是這樣的差別，

回到很簡單的消費行為選擇來看。但我也不會把深度旅行講得多偉大，因為到最後這都回到每個旅人的選擇，這個又會回到每一個公民素養、社會意識，那不是我們一個深度旅行計畫能夠去改變的，但至少我們能做覺得比較對的事情，促成另一種選項，讓人有機會選擇。」

O'rip營運模式與轉變

O'rip從2006年創刊到2008年成立工作室，基本上有五位股東，當中三位是初期執行工作的人，持有皆不超過股份的一半，因此沒有人有權力決定O'rip的走向。O'rip的走向與經營策略，主要是扁平式組織，成員都是平權的情況下，開會決議。也因此O'rip依恃著工作夥伴不同的專長，而發展出各種不同的可能性，也因為對O'rip扮演橋梁核心價值的認同、花蓮生活的熱情，以及在人力需求的現實條件下，O'rip夥伴在每個項目的發展之下，如刊物、小旅行、工藝家商品合作展售等，經常是需要全面了解，甚至一人身兼各項技能。

如今在花蓮有一定認同度的O'rip生活旅人工作室，以公司型態營運，經營模式卻與一般部門依專業分工的方式不同，以「社會企業」的態度經營，以扁平式的組織共同決策，發展各項創新而細緻的工作項目模組，帶來一種「刊物＋小旅行＋文創商品」的在地營運與組織經營模式的創新。

然而這樣重團隊經營與高人力成本的工作項目經營模式，對團隊的人力分工、默契配合與決策討論上往往是個考驗。在O'rip經營項目逐漸規模化的情況下，人力相互支援到一個勉強的階段，資金分配需權衡輕重的情況下，O'rip工作夥伴往往面臨自己的核心志趣與團隊共識出來的發展方向是否一致的問題。在例行性的工作會議或股東會議中，這樣的問題便經常被常拿出來討論與爭執。王玉萍提到：「常常我們在開會時很愛吵架，因為一直都在檢討這樣做到底有沒有符合原本的那個核心價值，但是相對的，如果O'rip不考慮生存下去，我們怎麼告訴別人你可以生存下去。在O'rip實際操作的人常常壓力很大，而資金永遠都是緊緊的，結果是名聲很好，可是成本很高利潤很低，這對O'rip在理想與現實上都是一個很嚴格的考驗。所以當O'rip由刊物發展到小旅行與工藝家商品展售的階段時，現在要求的東西是在夥伴手上經營的時候，老實說這裡面我經營不進去了，因為我有我的模式，我有我的操作方法，但是我的操作方法不一定會是有益於夥伴的做法。」

內部營運所產生的困境

正因為O'rip模式要走到細緻化所耗費的人力與時間等成本，在當前多角化經營，以及有限資金的情況下，面臨了必須考量以何種經營項目為優先的取捨問題。這同時在工作夥伴個別付諸心力的負責項目中，形成各自堅持的局面。王玉萍眼見O'rip已經發展到一個不是以

她所擅長的方式就能操作的階段，因此在2014年初選擇將位置交由其他夥伴主導經營 。王玉萍說：「我會把工作交出去，主要有一個原因，是因為我回頭看自己發現一個問題，就是我最愛的是刊物，可是我卻因為O'rip其他的業務把刊物壓縮到最短的時間去處理它。第一是關乎我自己的志業；第二是我覺得這不是一個好現象，表示O'rip的發展已經到了一個不是我有限能力可承擔的了。關於刊物出版，老實說如果別人做一本要一年，我可能只要做半年，節省了非常多的人力成本，而且可以做到一個品質。可是旅行與商品是創造出來的，它沒有人可以學，必須自己土法煉鋼，幸好它有自己的媒體，以及大家對它的熟悉，可是它還是辛苦，跟其他業者的差異性又要拉開。很多這樣的狀態都在考驗我們，對我而言，它們真的比出版的難度還要高。」

　　然而在營運方向的路線取捨上，負責拓展「有禮」的蘇素敏，以及負責「漫走」的陳亞平則認為與社區合作的小旅行有其發展潛力，是作為刊物延伸的發揮應用，並能真正回饋至在地，同時可串連與在地工藝家合作的工藝體驗與商品展售。雖然三年經營下來，獲利不足以支撐所耗費的人事與溝通成本，但加上相關計畫的費用挹注，長期來看「漫走」項目，是有機會自給自足的。蘇素敏提到：「漫走我一直覺得它發展得很好，如果一個單位要以它做獲利模式的話，旅行一定是最好的介面，因為可以帶動文創商品，也可以帶動刊物，只是遲遲還沒有獲利的部分讓股東們擔心。但那個沒有獲利是因為前面我們花

了很多時間陪伴社區，也差不多三年後（2014年）變得成熟，社區也終於跟我們合作到有信心，願意捨棄主流旅行，選擇跟我們一起支持深度旅行，因此喊停的話其實是可惜的。」

此外，資金緊張是O'rip在成立旅人工作室後，發展多角化經營下，一直在每年會被提出來的問題，也是造成營運方向上分歧的原因之一。就作為一份非營利性質的O'rip免費刊物而言，在營運上一直是持平的狀態，有它的好名聲，也能自給自足。但讓工作室的夥伴能有穩定薪資長期發展下去，除了接計畫外，便是積極在營利項目的「有禮」與「漫走」方面拓展。然而無論在計畫經營上，或在營利項目上，所產生的高人力成本，除了不完全與所得利潤成正比外，資金的限制影響在人力方面的使用，也相對限縮工作夥伴在彼此經營項目上的心力。關於這部分，蘇素敏提到：「其實資金的緊張一直都存在，而我認為接案子是卡住的原因。因為我覺得案子會拖累品牌發展，除非你有很

2014年接手負責O'rip生活旅人的黃啟瑞，將走向下個階段的O'rip帶出新的方向（林慧珍攝）

龐大的人力，要不然本來是做品牌發展的那個人力就會被稀釋掉。那個人力就會去執行專案，可是這個案子又不是在我們的發展計畫裡面，那等於是人家發包工程，你接工程，然後是幫別人蓋房子，不是蓋自己的房子。對於案子我覺得要聰明接案，它一定要符合我們今年度要做的事情，例如『漫走』現在要發展的東西，我們用案子去做。我一直覺得O'rip品牌一定要被重新看待，反正每年都卡到資金，要不就不要做，要不就出來試試看，後來就搬到節約街上。」

邁向下一步的O'rip

2014年初O'rip的實體空間由璞石咖啡館二樓搬至節約街上，一樓作為活動與展售的實體店面，二樓為O'rip夥伴工作室。創辦人王玉萍離開後，統籌由蘇素敏負責，刊物編輯平臺工作的部分則由股東王義智承接，其他工作項目仍由原工作夥伴各司其職。O'rip由原工作室名稱，正式登記為有限公司，試圖發展出屬於O'rip的品牌。

王玉萍雖然離開O'rip，實際上仍是編輯平臺的顧問指導，也時常以講師的身分支援，對O'rip的未來仍心繫期許。「我常跟夥伴們說，我會被看見是因為我是一開始做的人，當你的東西還沒有很成熟的時候，大家看到的是人而不是那個東西的時候，勢必我會一直被看見。但是我覺得我們應該都是花瓣，所以我希望有一天我不做的時候，有人可以接手。如果某天接手的人要用另一種方式去介紹我們的核心價值也沒有關係。」

重新在節約街上整頓開張的O'rip，主要以社會企業的概念操作，重心放在陪伴工藝家的「有禮」與社區深度旅行的「漫走」這兩部分。對於刊物，負責統籌的蘇素敏則希望積極拓展更多的訂戶，讓刊物成為穩定的收入之一。2014年的五月，O'rip召開股東會議，蘇素敏提出增資的需求，希望能加重在「漫走」項目的預算。然而最後股東們在有限資金下考慮應重點發展的工作項目上意見分歧，蘇素敏因無法達成共識而選擇讓出。隨後她仍忠於自己的興趣走向，結合在地工藝文創理念與繭果子合作，創業「花蓮日日」。O'rip則再次改變經營組成的形式，統籌改由原O'rip股東黃啟瑞承接。

當前O'rip的主要經營者黃啟瑞，曾多次參與刊物的主題內容規劃與撰寫，本身具備相當豐厚的在地文史背景與社區關懷，也在後續O'rip接專案計畫發展時，參與較多花蓮藝文與文史發展議題等面向。邁向下一步的O'rip，工作項目大體不變，但細節內容隨主事者有些許變化，形成一個承接前期包袱，同時也是優勢資源的狀態，試圖透過重整，加入新的成員和合適的操作模式延續先前的優勢，並開創新局。

新階段操作模式的摸索

店務重新定位，商品類型多元化

重新接手後的O'rip，工作夥伴的組成有了些變化，團隊開會與分

工模式也有局部調整，多由黃啟瑞主導店務定位與商品類型的重新設定。2015年初，黃啟瑞試圖拓展有禮商品的多元性，思考如何讓店內原先相對高價的工藝品，與一般平價的紙製品，兩者類型與價格上能提供更豐富多元的選擇。另外也考慮將商品範圍不完全局限於花蓮，商品類型也不局限於工藝品或文創商品，而是更回到O'rip實體店的定位與消費者的需求上，也包括納入在地小農的農產品。其核心想法在於，透過實體展售讓在地與外地消費者都能認識花蓮的生活面向。

「我會希望說有禮商店的產品可以更多元，更符合店的定位跟與人的需求。O'rip的名稱叫做生活旅人，它可以作為是花蓮旅遊之窗，就是你透過我們看了我們畫的地圖，然後你來到花蓮旅行，以O'rip店面作為認識或出發的窗口。那麼當離開的時候你可以帶一點點伴手禮，那些跟花蓮的產業、花蓮的土地，或是跟在地工藝家可能都是有相關的，而另一方面你便也可透過購買的行為來支持在地這些人。」——黃啟瑞。

重回刊物編輯臺運作模式，面向在地生活與各地議題

接手後的黃啟瑞，作為O'rip刊物的統籌，期望能回到原先編輯臺的運作模式，並邀請王玉萍擔任編輯顧問，指導與協助編輯平臺運作。後繼出刊的第43期《一條河的打開》，清楚回應當時花蓮市的「溝仔尾」議題。其有系統地採訪當地社區居民對溝仔尾的文史記憶，風格以柔軟而正面的文字基調，喚起更多人對「溝仔尾」地方的

過去與未來發展議題的關注。

　《O'rip》刊物後幾期內容除了表現花蓮在地記憶與文化生活、地景、藝術發展外，也在未來的發展導向，會與各地時事的議題穿插出版。

連結公共議題，進行工作項目的延伸與轉化

回到自身：透過議題，連結刊物與實體店面，並重新定位

　積極關注花蓮在地公共議題的黃啟瑞，不僅在近期刊物主題規劃上與公共議題有較為強烈的連結，也從O'rip實體店面延伸，自2014年夏天開始辦理「三五好友逛小城」的活動；每一或兩個禮拜，邀請社區的帶路人帶街區導覽，面向有興趣的市民或外地人，訴說自己的街道回憶，同時也邀請訪客透過街區地圖自行漫走，認識花蓮這座城市。「三五好友逛小城」的活動，回到先前提到O'rip實體商店定位的問題思考上，其實也是在為這家店作為旅行窗口的一種定位操作。黃啟瑞說道，「對於溝仔尾這個地方議題，它其實同時承擔了兩個想像，一個是讓我們重新認識這個街區，然後讓我們有使命帶人去認識這個街區；第二個想像是以我們O'rip自己的實體商店做出發，所以也等於是這個店的活動的一部分。這個想像是種「集客」的做法，透過活動，讓客人來到店裡，認識了O'rip這家店，也因為活動需至少在三十分鐘前報名，客人在店裡等待的時間偶爾會有一些消費。」

城市帶路小旅行（黃啟瑞提供）

「當然，這樣的街區漫走活動，延續原先鄉鎮漫走活動的形式，但想法上比較不是原先漫走的那種我們陪著社區走的想法，而是把臉轉回來重新看看，每天我們自己走的位置。」

O'rip藉由關注議題，以專案形式進行串連與行動

和過去O'rip以接案來操作舉辦藝文、小旅行漫走等推廣模式有所不同，當前O'rip接的計畫案延續關注議題的精神。從溝仔尾議題的精神延伸，認為有街區文史教育的重要性，與市公所合作策展，展覽

與花蓮有關的重要人物，累積對在地文史的資料與推廣。也針對在地社區協會成員舉辦城市導覽員的培訓，培養在地對城市歷史發展、旅行規劃的正確認知。

「對於花蓮近年的公共議題，像溝仔尾這種城市開發的議題，就我自己個人很積極。比如說我們以前遇到這種覺得會想要爭取在地權益的事情，我們會出來反抗，或是發表議論，但是為什麼到現在這個階段，好像花蓮這個公民意識卻是非常的低落，因此我一直希望能跟在地一些團體或是組織開始有一些互動或討論會議。就溝仔尾這個議題，就是不要讓這條河再蓋起來的這件事情，透過討論，我們大家發想了一堆行動方案，包括說要在河上頭做一些相關的行動藝術表現，讓大家關注。第二個是與市公所的合作，像洄瀾人文館、大陳故事館的策展，這個部分同時也在累積我們對市區的公民參與，以及跟對市區的知識。」——黃啟瑞。

舉2014年10月洄瀾人文館的開幕展為例，雖是為了感懷紀念《東海岸雜誌》創辦人楊守全校長，展題卻訂為〈給天底下的可奈子〉。O'rip策展過程中，透過對校長一生行誼的重新檢視，發現他想說的話，都在晚年埋首致力翻譯的一系列日本作者船越準藏作品中。於是便試著傳達作品內容裡，與可奈子書信往返的對話中，所傳授的教學經驗與對教育及人生的見解。黃啟瑞說：「我們試著運用生動活潑的主題及視覺呈現來吸引觀展者，也讓彼此產生意義連結。」接下來數檔主題，O'rip也在同樣的原則下，試著呈現重要人物或事件中最值

得認識及迷人之處。

承先啟後，邁向新的里程碑

　　自2014年夏天，身為O'rip股東的黃啟瑞開始大量接觸各項業務操作，到2014年冬天正式接手，走到現在，O'rip細微的轉變，關心的人都看得見。現今的變化，保留了原先刊物編輯平臺運作模式的優點，在此基礎上更加強了議題的關注性，也與O'rip實體店面有更密切的連結與清楚的定位。而無論刊物、實體店面與小旅行的操作模式，明顯地因為主事者想法上的變化而有些微的轉變，O'rip核心仍是將自己定位在連結在地與外界的傳遞平臺，然而在操作層面上，透過反省更回過頭來看自己，更細緻化地將多角化經營的項目，以連結議題的方式，釐清定位，更聚焦於當前能力所及的操作對象上。然而，過去由工作夥伴開會共識決、專業分工的扁平化組織型態，漸漸朝向公司經營者聘用專職人員的相對權責分明的模式運行，主事者相對擁有主導性，相關的運作模式將帶來O'rip在未來營運上的制度化。

O'rip 模式的參考意義

主要的創新關鍵

● **有效的通路策略與刊物形式，突破在地刊物的局限，成為連結在地與外界的傳遞平臺**

《O'rip》刊物作為一份報導花蓮在地生活的刊物，過去能有效傳播至其他縣市，並產生知名度，同時又能回歸在地，獲取認同。其關鍵因素有三：

1. 刊物核心目標明確，作為傳遞花蓮生活與人文面的訊息，外界與在地雙向流通；將自己定位為平臺，發揮流通與牽引的作用。

2. 刊物初期推廣階段，因作為花蓮生活訊息平臺的定位，而有明確的通路策略設定，帶來預期的傳播效果。刊物的三分之二在外縣市鋪點，三分之一在花蓮縣市，達到有效讓外地的人認識花蓮在地人事物的企圖，也讓在地人有機會認識自己家鄉的生活，進而藉由刊物為傳播平臺，使外界與在地人互通有無。

3. 最重要的，仍在用心經營地方的編採過程。透過與當地社區關係的深入經營，才能採訪到令人深刻的故事，並以亦客亦主的書寫風

格，帶入感情報導，吸引越來越多的忠實讀者，是主要關鍵。

● 讓免費刊物能自負盈虧的營運模式

《O'rip》在發展初期階段，以推廣在地人文事物為主的免費刊物持續營運，又能產生後續效應，其由創辦人王玉萍的專業經驗所帶來的營運模式，是為主要關鍵：

1. 設定24-36頁的低內容量，不僅考量推廣效益，更是計算過當時編輯臺工作夥伴在兼職情況下，每人所能負擔的工作量。

2. 利用廣告來支持刊物營運資金，同時突破廣告內容與效果的局限性。版面設定1/3 為廣告頁，藉由廣告資金支撐刊物營運成本，但O'rip並不被動刊登廣告，而採主動決定廣告品質內容。因此在廣告頁面內容操作的策略上，以專題形式報導為主，使廣告內容與主要刊物內容盡量和諧一致，絕大部分廣告頁內容因此成為刊物內容某種專題報導之一，兼顧「專題報導深度」與「廣告」雙贏。此外，與廣告業主的合作約談上，O'rip更主動出擊，與廣告業主談其企業社會責任部分，O'rip願意以整年份專題報導其公益事業執行情況。此舉不僅讓O'rip在刊物營運資金上有更長遠而穩定的支持，同時也為廣告業主的企業公益形象帶來實質內涵的宣傳，而廣告內容易成為讓讀者認識與關心之專題報導，因而獲得三贏的局面。

● 與在地社區合作的小旅行漫走模式

自刊物延伸的「小旅行漫走」，為O'rip成立工作室以來的營利事

業項目之一。其模式與一般社區或生態旅遊不同，主要按刊物每期不同的主題或專書主題，所介紹之沿線在地生活特點，與在地社區或商家合作，所串起之旅遊線。相較於一般旅行社的旅遊規劃，更深入在地生活的細緻面。小旅行定義下的漫走形式，跳脫遊覽車一站站景點停留的模式，O'rip規劃與推動由在地社區的人親身來解說在地文史或生活記憶，邀請訪客參與其產業生活，自2011年以來，提供了在地社區產業消費性的挹注，亦增強社區人們對自我生活的自信心與推廣的使命感，亦為花蓮在地旅行帶來多元性與細緻化的想像。惟對於O'rip在小旅行營運本身，其高成本的溝通、合作與人事，並未成為O'rip有力的營收及後續持續發展的項目，殊為可惜。

現階段的弱項

● 持續變動的組織人事運作

　　2008年成立工作室至今，人事方面的調動將近二至三次。2014年以來人事與營運方面的調整，亦尚在試圖穩定當中。O'rip前期階段的組織工作模式，由一群對花蓮生活熱情的夥伴聚在一塊築夢，採平權式討論共識決、專業分工、共同學習的模式進行，是熱情與志趣支持著O'rip的發展。事實上，在一定規模下，這是相當浪漫卻可行的組織工作模式。然而，當成為明確的營利事業為前提之下，O'rip隨眾人夢想逐漸開拓各種可能的同時，其帶來相應的工作負擔，卻不一

O'rip 生活旅人店內擺設（黃啟瑞提供）

定是團隊成員都有熱情負擔得起的。分合形成必然，故而在O'rip下
階段的人事組織，，將朝向公司聘任專職方式運行，組織操作文化可
以平權討論、扁平決議與執行，此操作方式仍待觀察與時間考驗。

● 資金運作仍求其平衡

　　O'rip生活旅人以刊物起家，其於初期發展階段能使免費刊物自主
營運，資金形成打平狀態的模式，值得參考。後續O'rip在推向「漫
走」、「有禮」，以及實體店面經營等營利項目的操作上，仍有調整
空間，包括如何進一步做好投資與利潤分配，如何在品質要求的前提

下降低高人事或操作成本，並釐清店務與商品的定位，於現階段拓展人力與增加利潤，是O'rip首要之務。

●**O'rip後階段局部轉型的模式有待時間考驗**

O'rip在2014年冬的運作模式上有初步的調整。刊物部分重新回到原編輯臺的操作模式，顯見欲保持原先《O'rip》刊物操作模式下的品質優勢。不過在此階段訂閱方式則有些微調整，將取消免費索贈的方式，改以販售形式，成為完全的營利項目之一。

而O'rip在核心定位以作為「橋梁」的平臺角色前提下，不同於先前所聚焦的生活、行旅、社區陪伴的角度，O'rip調整以「關注議題，在地生活」為出發點，串起各項工作項目，以先面向自己為主，將城鄉「漫走」重心局部移轉至O'rip實體店面所在街區，範圍回到城市，也包括其他計畫案等方面的聚焦。此策略模式效益與否，尚待時間觀察。

可轉移性

●**刊物經營模式**

為 O'rip 發展最成熟也是最自主的部分。2006年創刊的《O'rip》這樣的刊物模式還是第一個，近幾年外縣市則陸續可見相似的發行刊物。彼此雖形式、風格不一，但皆強調介紹在地生活面，以及可在不同縣市的書店或咖啡店取得，這樣的方式逐漸形成普遍的趨勢。

2015 年 O'rip 於花
蓮市區迴瀾文物館
三樓設立「繁花基
地」，結合專長換
宿，推動青年倡議
講座，提供討論在
地議題的實體空間
（黃啟瑞提供）

　　《O'rip》刊物在發行、通路、或廣告策略等經驗上皆值得參考，
也是容易複製轉移的部分。然而《O'rip》刊物最重要精神，仍在編
採過程與當地建立的關係，以及「亦客亦主」帶入主觀情感的書寫風
格，更值得細究與參考。

●定位生活旅人的在地窗口，小旅行漫走經營模式

　　雖則在小旅行漫走項目的經營上，付出較高的人事與溝通等工作成
本。然而由 O'rip 小旅行的城鄉「漫走」在早期的經營上，不僅開創
了對「小旅行」定義與形式上的想像，提供了外地人旅行花蓮能更深
入在地的行旅方式，同時也讓在地對觀光與產業行銷多了另一種發展
的可能性。這種按主題規劃路線，幾處與店家合作的重點停留處，加
上解說與實作，迄今有相關旅遊業者或在地店家參考經營，也有自己
的社區或部落在營造過程中，試圖將之操作形成主題性的旅遊接待的
模式。

對花東發展的貢獻

● 以花蓮在地為主體的刊物傳播視角，讓在地的生活價值被看見

當主流媒體話語權多聚集北部與西部，區位相對偏僻的花蓮，其人文與生活面向的報導訊息僅於在地電臺或報紙流傳，使得外地對花蓮生活的認知上有距離，而區位上的發展卻以北部與西部為主流，顯見訊息不平等之處。

O'rip工作夥伴八成來自外地移民，融合原有西部觀點與長居於花蓮認知觀點，嘗試呈現編輯群在了解過後的在地生活價值，期許自身為橋梁，以刊物雙向溝通的方式，展現花蓮觀點與自信心，進而逐步撼動花蓮長期在區位發展與地方開發上，往往以北部主流發展觀點的省思。

● 形成花蓮在地串連與傳遞的平臺角色，作為花蓮在地與外界的窗口

O'rip除了在刊物上扮演在地生活價值傳遞的角色外，其延伸發展的實體店面與其他工作項目皆扮演一處真實連接在地與外界的窗口，並具體發揮平臺在雙向溝通間互通有無的功能。這讓以往區位相對封閉的花蓮，透過民間這樣自主發展而來的窗口平臺，有機會展現花蓮在地的能動性與自信心。此外，早期O'rip也扮演了串接的功能，響應當時自發「慢城花蓮」的賴冠羽，連結同期與晚期志同道合的店家，共組讀書會，或共同行銷宣傳、相互向客人介紹店家，形成一種

O'rip 城市帶路小旅行漫走主題
（黃啟瑞提供）

相互串連與照顧的社群網絡。這樣的窗口平臺角色，在這近十年間也帶動了東部或其他西部在地類似窗口實體營運的發展，作為在地的對外窗口，向外輻射各種在地生活價值。

延伸閱讀

1. 陳則秀〈花蓮社區刊物營運與編輯地方認同〉，2012，碩士論文，國立東華大學社會暨公共行政學系。
2. 王玉萍，〈生命是一趟旅行，沿路是豐富：來花蓮O'rip吧！〉，2012，《七月號─回鄉，灌溉自己的文化─文化旅遊》，國藝會線上誌。http://mag.ncafroc.org.tw/single.aspx?cid=1&id=3
3. O'rip生活旅人臉書粉絲專頁：https://www.facebook.com/orip.Hualien/
4. O'rip生活旅人網站：https://orip.wordpress.com/
5. 王玉萍，〈慢城花蓮─健康、自給自足的生活：O'rip@Hualien〉，《花蓮農業區改良場雜誌》。
6. 朱永光，〈創愛的業 / O'rip讓你重新認識花蓮〉，2014/5/6，《經濟日報》。社企流網站刊載：http://www.seinsights.asia/story/250/6/2104

法采時光
傳遞花蓮生活新價值的傳教士

在經歷上一代物資缺乏、相信愛拚就會贏的臺灣奇
蹟後，近幾年，臺灣經濟持續呈現疲態，出現越來越
多誕生於物質相對充足卻也看似越來越缺乏機會的崩
世代人們。這群人，或許是主流市場機會變少，也或
許，眼看父執輩辛苦工作只為生存，因而多了些思考
生活可能性的機會，以及探求不同發展路徑的動力。
有的人甚至勇敢地把自己丟到一個未知的境地，試圖
去開創出一種他們想望的生活。

花東，雖是個較缺經濟資源的區域，卻也給予人們
相對寬裕的時間和空間，讓人們得以在當中摸索與犯
錯。因此，這些年來，陸陸續續有許多人從西部、北
部移居到花東來，在當地深耕經營法采時光民宿的主
人便是其中一位。有別於一般民宿的開設，法采的空
間成為在地與外地連接的文化窗口。特別是因著千禧

年以降蘇花高是否興建等議題發展上，初期法采的空間更因而成為在地議題討論的據點。這個空間匯聚著來往的旅客、新的移居者與在地居民交流彼此的想法，更在開發議題的後續花了更多時間去實踐一個他們心中應有的花東發展與生活想像。

法采時光講座（賴冠羽提供）

一個實踐花東生活
新想像的移居者

　　民宿「法采時光」的經營者賴冠羽，移居花蓮近十年。不同於許多對花蓮生活抱持美好想像而移居此地的人，他一開始搬至花蓮有更務實的原因。當初由於喜愛花蓮的父親，為了支持一名青年得以東山再起，而租下這青年位於太魯閣竹村梅園步道盡頭交通不便的農場。除了父親有務農經驗的投入，妹妹盈羽也勇敢地接下經營農場的工作，但往往在毫無務農經驗的情況下，為著山上生活和農事忙得焦頭爛額。責任心重的賴冠羽見狀，在研究所畢業還沒領取畢業證書當下便衝到花蓮，協助妹妹作物採收、包裝和運送的工作，開啟了他居住花蓮的扉頁。

　　面對農場生活，賴冠羽在毫無農業、烹飪與建築的背景下，即便擁有行銷與管理的高學歷，也少有用武之地。然而像是從頭開始般，在務實、勇敢的求生存、守原則過程中，他逐漸成為友善土地與農民的好事集顧問，以及經營出個人特色的餐飲與民宿業者。同時，也因為他對認真生活的追求和實踐，成為提供另一種生活見證的慢城花蓮發

起人，以及提供自力修屋者參考書的《築家自習本》作者。

　　作為近十年花蓮在發展上快速變化中一個尋找契機、串連在地店家、並提出想像的居間聯繫者，賴冠羽在經營上擁有其在地化與創新性兩種元素，其模式值得了解與參考。

法采時光主人賴冠羽
（賴冠羽提供）

法采時光的經營者：賴冠羽

訪談時間：2013年12月24日

訪談：夏黎明、洪翠苹

訪談稿：洪翠苹

編撰：林慧珍

移居花蓮十多年的賴冠羽，回憶移居扎根的過程，他認為大致可分三個階段。從一開始的試著生存到能真正生活，從協助務農到自己開店，到能真正享受生活，在生活中辦讀書會、發起慢城花蓮，並匯聚有志一同人士討論蘇花高議題，一同構築對花蓮發展與生活的新想像。

第一階段：從生存到生活

學習走進農場，學習整修一個家

「以目前來講，我想應該是三個階段。第一個階段是我第一年剛來的時候，那時候主要是在很不安的狀況，就是資源不具備的狀況。一開始我也不認識花蓮，我純粹是想要幫助家人，來了之後因為沒有做

過服務業，也沒從事過農業，一開始完全不知道狀況。因為一開始你要快速學習，所以很快就會感受到所有農夫會遇到的困境跟衝擊，包括銷售、保存、運輸，所有的過程，其實這階段跟後來擔任好事集顧問有很大關係。我一開始是要先能安身立命，要先找到一個地方可以生存下來，所以前面的八個月除了做銷售水果之外，那個時候就在整建這棟老房子。那是一棟四十年的老宅，那時候家裡買這個空間是要當自己住家，因為爸爸想說家人陸續移居來這裡，應該不是顛沛流離的一直在鄉下租房子。所以當時家裡買了一個家，雖然有付貸款，但先整理能夠住再說。」

在這個接近自然的土地上，賴冠羽開始認識農業，也因著產業特性，使得他對大自然有了更深刻的感受。

「不用除草劑，不用化肥也不用農藥，我們一開始只知道這三件事情，可是我們不知道水蜜桃是一個高勞力密集的工作。雖然它高單價但是它高損傷，而且運送有很多的困難，所以真的一家人不懂就一股腦地投進去。水蜜桃在採集的時候是很緊急的狀況，它每天都會熟成，所以剛開始來這是協助妹妹做銷售、運送、包裝。杜麗華當局長的時候，她有幫我們開記者會，有上一些廣播節目，一些花蓮市民有幫忙訂購，而我是負責開車送貨，所以剛開始來的時候生活是這樣子。

「那一年，也就是2005年的夏天，遇到泰莉、龍王、海棠三個超級強烈颱風從花蓮進來。當時真的就是天崩地裂，我沒有在臺灣遇過這

麼嚴重的災害。我們那時候住的地方，災情嚴重，到半夜突然一聲巨響，一間鐵皮屋就不知從哪裡飛撞到院子門口的圍牆上，一根鋼梁直接穿進我爸媽的房間陽臺。因為在新城那裡比較偏僻，斷電四、五天都沒有恢復。等到災難結束後，才想到市區貸款買的那間老房子應該要看一下狀況。結果發現狀況很糟，被吹得亂七八糟，必須進行大整修。因為在花蓮無親無戚、沒有朋友，在求助無門的情況下，我們才會開始學習自己裝修。我記得那時候我跟妹妹盈羽會跑去中華電信翻中華黃頁，我們一個一個打電話找廠商、師傅，自己發包工程、晚上大量看書，白天實際操練，真的沒日沒夜這樣整整做了半年。其實這個部分跟我的第二階段有關係，我前期的辛苦這個是二分之一，接著後來就是開店。」

創業空間的開始：法采時光

提起創業的緣由，和許多旅北的花蓮青年狀況相似，在地因為缺乏讓專業能有更好發展的工作機會，賴冠羽選擇了開店。他說：「我那時候想，如果有機農夫都只能在農作物熟成的時候才找通路，這件事情我覺得永遠都會被困滯在通路這個部分。所以我就跟妹妹講說我們要發展自身品牌、做自己的通路。剛開始我們先做一間店開一個小通路，但並不了解花蓮這裡的市場跟生態。這個空間的一樓本來是要賣自己農場的農產品和加工品，或者是幫農友賣其他東西。但想說有一層樓是空的，八、九年前的民宿又很少，就想說用分享家裡空間的概

念來做，如果沒有客人也無所謂，因為是家的一部分，如果可以的話，也是一份收入。」

　　談到開店一開始的發展，賴冠羽說：「開店的時候，因為也沒做過服務業，不懂門道。當時鄰居就說，這樣沒有人會進來，人家不會知道你在做什麼。那時候佈置得比較像咖啡店，他們說就做簡餐店，人家有個理由進來也可以有機會認識你們啊！人家吃你的東西才知道你的東西好不好啊！你農產品放在那邊一罐一罐的，人家怎麼會知道那是什麼。因為這樣子我們開始想辦法開餐廳，所以我們的創業歷程比較特別，不是因為帶著成熟的技術或是因為要圓什麼夢想。我一開始到花蓮的時候，有找到我們另一位創業夥伴阿仰，當時因為他在人格特質上跟我很互補，所以我一開始來花蓮的時候就找他來工作。一開始什麼都不會的時候，我們就看食譜，不斷摸索、練習，開始把農場裡的食材、妹妹的農產加工品，像是果醋、果醬，拿來應用在料理裡面。技術核心的東西我們都自己來，包括後製的甜點，大概開店前十個月是非常辛苦，這個連著前面的八個月，等於這十八個月，一年半的時間，等於是一直衝，一直衝，一定要做出好吃的東西，一定要把生意做起來，那時候就大量閱讀、大量做，不行就檢討，然後就想一定要把它弄到大家都喜歡。所以我大概在做生意十個月的時候生意就突然起來。」

　　法采時光空間的形成，並非為了圓夢而有所計畫。它從嘗試販賣農產品，到開餐廳到兼營民宿，到後來形成讀書聚會、店家串連的空

間，店內本身的生意越顯規模。一方面除了因應每個階段迎門而來的挑戰，透過自身經驗的累積與努力而成，另一方面也是因著在此地生活的時間一長，匯聚的事情及人脈越多，得力於社群網絡的支持，空間的發揮變得多元，在這之中也更清楚要朝向什麼方向。

「有一間『自己家・住海邊』的民宿主人趙書琴，當時輾轉認識我們。她想起兩三年前剛搬來花蓮時，曾經開過一間『不早不晚』的brunch店，十年前開早午餐店真的是很前衛，後來她們因故結束營業。她當時拜訪我們時就覺得這空間跟她之前的空間有一點像，她覺得說，我們怎麼敢同時開民宿又開餐廳，其實現在也極少有同一組人同時經營兩種事業。因為這會讓人完全沒有時間休息，那時因為年輕不懂，沒做過服務業才敢這樣衝。然後她就開始幫忙介紹客人，介紹慈濟那邊的人來這邊吃，學生市場有進來，所以我們大概在十個月左右就可以開始發薪水了，就是我自己也給自己一份薪水，這應該算是我第一個階段。」

移居到花蓮的第一階段時期，面對一處人生地不熟的環境，一腳踩入先前未曾碰觸過的事業，對賴冠羽來說充滿著求生存的辛苦，卻也在這樣的環境中鍛鍊，快速了解花蓮的在地資源與社群網絡，獲得更多經驗與知識方面的累積。

「第一個階段我主要感受兩個部分：第一個我看到農夫的困境，第二個是我感覺新移民的孤立，就是會有一點不知道去哪裡找資源。我在臺北生活的日子喜歡看展覽、看表演，一開始來花蓮最不適應的是

法采時光公共空間（賴冠羽提供）

這裡沒有這些資源，文化局辦的其實不夠精彩，那時候只有一間璞石咖啡讓我覺得有一些藝文的想像，時光二手書店也剛開不久，也沒有很多人在辦藝文活動。不過後來的生活就是進入我的第二個階段。」

第二階段：「我已經在過我想要的生活了」

自家店中法采時光組讀書會

在研究所時常舉辦讀書會的冠羽，來到花蓮後不希望中斷這個習慣，便找了店家朋友一起念書。

「其實我沒有鎖定一定是店家，後來還有老師之類的。一開始因為有人喜歡閱讀，我找到一個可以讀書的伴，然後又找到泥巴咖啡的巴

俗，他也喜歡閱讀，我們三個就開始在店裡面組讀書會。一個月一本，然後就開始有一些喜歡閱讀的人在這裡聚集。大概讀了一年左右，有一件事情發生就是『蘇花高』，我們因為共同閱讀就共同建立了一些對這塊土地的想像跟理想。

「我的背景也有一點特別，在嘉義大學念MBA的時候，我跟的老師他承接了嘉義市未來的特色產業規劃。當時有兩個研究生寫，我是其中一個，所以我在那個階段有受一點訓練。我讀過很多的資料去做產業分析，去了解一個城市包括區域性的規劃，以前會有些人覺得我有點像城鄉所的人，可能是因為當時用了兩年的時間參與一份滿厚實的企劃書。所以那時候我雖然剛開店，生意稍微穩的時候我就有想說，期待我居住的城市跟環境不是只有自然的風景，希望是可以有一些在地人文層面的活動出現。在讀書的過程中，店家間的情感就不是商業競爭，而是一種互助的關係，所以那時候就會想像，如果能夠去幫助更多像我們這樣的新移民來，透過彼此的互助跟介紹，我覺得可以降低他們前期的不穩定性。但這個是隱隱發生的事情，剛開始沒有那麼具體。」

串連在地店家，發起慢城花蓮

2007年，蘇花高的興建爭議再起，這一回，聲援反對急就章建設的花蓮核心隊伍裡，除了在地環保團體，還有另一股柔性力量，將反對的戰場拉回至日常生活中。賴冠羽發起的慢城花蓮，嘗試以另類的商

業模式，開啟人們對花蓮發展的想像力。

思考的契機：東部發展的其他可能

「當時有兩件事情促成慢城花蓮，一件事情是蘇花高工作坊的李佳達跟許靜娟，他們有來找我們，也有找璞石的玉萍。我們兩邊協助他們做手冊，那時候我們在檯面下有在做一些串連。我們有感受到在地九成以上民眾的壓力，大家

慢城花蓮起源：尋找最美的風景路展覽
（賴冠羽提供）

其實是希望蓋這條高速公路。那時候其實我有很大的震撼跟反思；記得在舉辦反蘇花高的晚會上，有名高中生跑來問我旁邊的人，你們為什麼要反對讓我們的家鄉變繁榮？我覺得他們不是被策動的，那個眼神其實有點震撼我，因為我以為我想的其實是這裡可以深度的人文發展，不是用快速的。這件事情其實讓我重新思考，就東部發展來講，有沒有別的可能？這是一個契機。」

串連的契機：花蓮25家特色小店展覽

「還有一個契機是，那時候文化創意園區第一個得標經營的廠商橘園文化，辦了一個『尋找花蓮最美的風景路』系列活動。當時我在花

蓮有幫一個雙語雜誌《Highway Eleven-11號公路》擔任中文主編，那時我義務性地挹注他們做這件事情。當時我覺得不論是誰得標花蓮文創園區，我都一定要協助這個地方的發展，所以如果有相關的文章我就會幫他們刊登，因此他們也是想找個機會回報我。當時這個展覽把花蓮分成六大區塊，給了六間民宿一個很大的空間，花蓮市區他們就選擇我們當做代表。我不覺得我的空間可以去做一個展覽，只有一間民宿的佈展我覺得有點無聊。所以我跟讀書會的朋友講說，我們來辦一個有趣的展覽，把花蓮覺得有特色的店家做一個展覽。我們找一些相同的問題來問這些人，把那個展覽做一些懸吊式的猜謎，在木板上用水泥漆畫一張地圖，用另一種方式來介紹花蓮，這樣大家可以去看到花蓮市一些特色店家的點。其實有一些店家我不一定認識，有一些是巴俗的朋友，有一些是書琴的朋友，可是這些都是我們覺得自己想去，也會想推薦給朋友的店，所以一開始有25家特色小店的概念去詮釋。

「後來沒想到造成一些效應。展覽的時候大家幾乎都圍著那展區繞，發現原來有這些店家、書店、咖啡廳、藝術工作室，就覺得很好玩，大家也把名片放在那邊讓人拿。當時我們問這些店家八個共同的問題，來編寫一本展覽的介紹手冊，沒想到很多人的回答竟然都是一樣的。譬如說，你最期待的生活是什麼？很多人回答說，我已經在過我想過的生活了！我們當時有一些類似這樣的Q&A，這也是跟我們那時候讀書會閱讀的一本書有關係，是一本用同一個問題問不同的人

所集結成的書。」

● 慢城花蓮的契機：以互助、分享的方式串連出小鎮生活地圖

「這展覽結束後，巴俗就建議說，針對蘇花高我們要不要來做點什麼事情？覺得是有一點力量的形成，當時還蠻有趣的，就想，好，我們可不可以用另外一種由下而上的力量去看待這個城市，不依靠政府或政黨的資源，有沒有辦法做一些改變。

「當時我們研究了國際慢城組織這個概念，它是歐洲發起的。我們之所以會選擇慢城這個主題，是因為我們發現花東這裡的環境，它應該是提供快之外的另一種選擇、一種想像，一種對傳統人文、自然生態是珍視、重視的、可以被延續下來的。而且，我們覺得這是我們從讀書會一直在閱讀有關『慢食、慢活』這些書中我們共同的想望。當時甚至請朋友協助翻譯國際慢城的憲章，後來就決定做一個聯誼組織叫慢城花蓮。可是我們後來發現沒有辦法成立的原因是，它必須由地方政府單位跟國際慢城申請。還有一些限制，像是該地區要總人口三萬人以下，百分之多少的電力是採用自然資源，這些其實都是我們無法做到的事。不過我們可以試圖從食衣住行各方面去做推廣，所以當時我們仍然組織慢城花蓮，但沒有成立協會。因為希望不要用僵固的方式去限制團體，而是用一種互助跟分享的方式串連彼此。當時主要透過像部落格的連結，或透過每個店家放置名片彼此推薦。那時很多人來花蓮都覺得很有趣，好像在花蓮會鬼打牆，去他們覺得還不錯的店家，卻發現這些店家都連在一起。這些隱然讓當時的花蓮，有種讓

大家聚焦在小鎮生活地圖裡的感覺。

「這樣的一個串連在六、七年前開始做，這個階段性的任務是鼓勵更多人去開有自己想法的店，我覺得這應該是慢城花蓮後來存在比較有意義的部分。近年的一些新店家也都是我們的朋友，可是他們沒有加入這個團體，因為這團體有一些小小的規範，譬如出席率之類。而他們只要把自己做好就會得到推薦的這件事情，其實更是慢城花蓮那時候在推廣的核心精神！」

賴冠羽說，發起慢城花蓮時，也希望裡面的店家都有傳遞美好生活的能力。事實上，三分之一左右的店家在本質上也皆如此，而花蓮店家的人情味才是他認為花蓮最吸引人的地方。

「你很少去一個旅遊景點，一次跟這麼多人建立旅遊情感。我那時候的想法是覺得說，這才是另外一種吸引力，這才是吸引他們再次往返很重要的一件事情。你想看風景、大山大海，其實都還有地方可以去，臺東甚至某種程度來講都還比花蓮漂亮，可是有什麼原因會讓他們想再回來，我覺得慢城有一個很重要的原因就是在於人文的部分，在人情的流動這件事情上。在做慢城的時候，我的想法滿清楚是要做這樣，因為我自己就是用這樣方法經營的人。我讓他們看到說，原來這樣沒有風景的民宿，可以做到客人跟我之間是這樣的情感，住房率是可以到這個程度。雖然我的房間並沒有特別好，設備也沒有很高級，可是我希望能夠產生的是可以傳達你的態度，他們來旅行或許是一種體驗或學習。」

步入第三個階段的前戲

人生一定要有所取捨

當慢城花蓮成了某個階段新移民的招牌，經營五年的餐飲也穩定下來，不再需為顛沛的生活煩惱。然而在這個看似穩定的時候，賴冠羽卻決定把餐廳收起來。

「其實對開餐廳的工作，我有很多的抗拒。因為同時做民宿和餐廳，我又是比較事必躬親的人，要同時把這兩件事情做好，就會花費很多時間，也要花很多時間做管理工作。初步時間我願意撐是因為我需要資金獨立去支持我的夢想，畢竟我並不希望靠外來的資源。

「我這幾年也進修自習了日本的室內設計跟建築相關知識，花了很多時間閱讀，也幫一些同業免費做空間，有一些實務經驗。雖然法采時光的空間是我自己設計，但我覺得它的層次在佈置不在設計，我覺得設計要更精確，所有的數字、所有的動線、所有的尺寸它都必須具有背後的意義。而這幾年自修日本的室內設計及觀察實際案例，讓我得到許多實用知識，但我一直沒有一個可以發揮的地方。

「後來遇到一個機緣，遇到了另一間老房子（現已開業的民宿「靜巷裡的二十七號」）。那棟房子的價格是我覺得還負擔得起，可以自己買，我也就把這幾年自己的存款購置了我的第二個地方。等裝修工程都完成的時候，就覺得時間到了，該是要結束餐廳的時候。有許多人覺得可惜，但我覺得沒有關係，因為人生不可能什麼都要擁有，一

定要有所取捨。那個時候也進入我第三個階段，慢慢把從慢城花蓮的心力移轉到花蓮好事集，也就是這兩三年的時間。」

生命的吞吐：重心移至花蓮好事集

「其實在更早些年，我跟我妹妹就想做農夫市集。我們那時候有看到國外的一些案例，國內好像還沒有人做，合樸好像才剛開始，可是那時候我們還沒有資訊知道臺中已經開始了，只想說如果花蓮能有人來弄市集，好像可以讓生產者直接接觸消費者，覺得很有趣。但即使盈羽有很多農業資源，我有一些藝文朋友，可是那個時候我們還年輕，也沒有一個場地，不知道能在哪裡辦市集，所以這個想法一直壓在我們心裡面。」

當向來與賴冠羽熟識的大王菜舖子主人王福裕想跟賴盈羽購買有機食材時，讓兩兄妹的想望有了機會。

「大王在找有機食材，然後就找上我們。當時我跟盈羽就覺得，咦！你幫大家買好像滿好的，你要不要做大一點，初期很多農友我們可以幫你作介紹。那時候覺得做有機通路可以是一種選擇，不一定是唯一的方式，但我們希望是越多元的選擇通路越好。」

本著創造購買有機食材多元管道的初衷，當花蓮好事集找到賴冠羽時，他也就義不容辭的答應了。

「當時市集在籌備，我跟盈羽都有收到通知，但是我那時候正面臨事業的轉換期，自己還在做調整。好事集做了半年，那時候他們還在

法采時光活動（賴冠羽提供）

明義國小，營業額一直起不來，所以他們想要找第三位顧問協助。他
們可能覺得我比較擅於行銷或一些專長，再加上我妹妹也是好事集的
農友，就問我可不可以當好事集的顧問職。

「我進入市集有兩個目的，第一個是我去做行銷的部分，包括每個
禮拜辦活動、視覺設計等，是我進去協助的部分；第二個部分是關於
行政組織運作的地方，包括後來包裝、加工規章的討論與大家共同訂
定，那比較像是原本的專長，就是組織。我們三位顧問其實做不同的
事情，就是在私下做不同的運作。

「我花在好事集的時間比較多，慢城花蓮一方面我覺得它也比較偏

於成熟的團體，當然還有些私人的因素，後來覺得淡出會比較好。我
不是一個在意頭銜或位置的人，我覺得我的時間應該花在需要的地
方。因為我覺得市集需要我，所以我把重心全都移到市集上面。」

第三階段：法采空間走向社會企業概念的推廣

「第三個階段我開始自習咖啡的技術。阿仰從廚師轉成甜點師，開
始自習甜點。因為我們事業面臨轉型，咖啡店一直不是我們主要的收
入，這空間後來就變成主要辦活動的地方。我就開始辦跟食物、旅行
有關的講座，有些非營利組織，像鄭南榕人權基金會，他們也曾借這
空間來辦活動。我以推廣社會企業這個概念作為我這個階段想做的事
情，所以包括一些獨立刊物都在這邊寄賣。很多我都是不抽成的，因
為我一直覺得每個空間它要有它存在的價值，對我來講，能做多少是
多少，所以這裡會賣一些我覺得還不錯的獨立刊物。

「在這兩三年，這空間就以推廣一些活動為主要的方向，我自己的
人生規劃也進入下一個階段。透過文化部的案子，先前我去香港辦一
個代表全臺灣文創跟獨立小農的市集——『微光生活綠市集』。我跟
另外一位夥伴做這個市集，等於是一個週末再加上一個聯合講座。我
們前後籌備11個月，很繁複，因為跨國的東西還有招商。而我也完成
我的第一本書《築家自習本》，就是這幾年來有關住宅及室內設計知
識的累積，覺得可以分享的部分。我覺得這個階段剛好將想要分享的

東西把它做個結束，所以從兩三年前一直到現在，這是我的第三個階段，就還滿巧的，如果不是今天這個訪談我不會做這個整理。」

下一步：好好生活，串連各地資源成一道風景

面對未來的下一階段，賴冠羽還在思考。因為出了一本書，相關的出版邀約、活動企劃或企業贊助的邀約其實很多，然而賴冠羽選擇把所有的邀約都暫時結束，想再用一年的時間沉澱，想落實好好生活這件事，並且思考如何讓周圍身邊的人也能同步。

「我自己是一個物慾較低的人，所以不覺得自己過得不開心或是辛苦。而下一階段我想要再淡一點，想要落實在簡單生活裡面，所以在第四階段我有可能會讓它更生活感一點。我沒有覺得我一定要出來，或者是我不一定會符合大家的期望，但是會去想說我在東部的生活是要過得有能量、有熱情的，我覺得自己的部分是需要去維護的。就像你說閱讀，也許我前幾年閱讀的時間是多的，可是這兩三年反而更像是吐東西出來，可是我進東西的時間跟能量，閱讀的知識的部分大不如第一期跟第二期的時間。以前即使再忙，我是很有紀律會至少每天要閱讀一個小時的人，各個領域的書我都喜歡看。可是這兩三年反而因為承辦大型活動、寫書，再加上我的工作，閱讀的時間減少了。我有預警到這是一個消耗，所以才說接下來我的調整是這樣子。

「我更想落實把生活顧好這件事，真的想要每天可以自己煮一頓

飯。因為自己是一個多興趣的人，我想學陶，想做瑜伽，想再用一年的時間去沉澱，我其實也重新思考要不要再對這城市做一些努力。覺得還有一些我能夠做的事，想讓更多人有機會一起進步，這是我想做的事情。協助新移民是我一開始的方法，如果用方法來這樣形容可能會比較好。是想讓更多人站起來後，這些人可以更開放、可以去分享你的資源給在地人。」

就在賴冠羽述說著他正在考慮的幾個關於第四階段的選項時，仍然讓我們清楚感受到過去促使他發起慢城花蓮那背後的驅動力：以非全然反抗而是共生的姿態面對開發，期待透過理想空間的串連、消費的創造去提供生活的另一種想像。

「我目前對這塊土地還是有感情的，我還是希望說它可以有一些不一樣的選擇。那時候慢城花蓮就一直在想說，如果蘇花高蓋完，到時候連鎖商店因為營運成本降低這件事情會引來很多投資者，讓這裡變得商業，那這些獨立店家的存在就是很重要的一脈命息。你還是在這些裡面看到有一些有理想的空間存在著，而它們已經是既有品牌而且做穩了，所以當時我在操作慢城花蓮用的不是對抗，而是一種共生。我希望提供另外一種選擇，而不是要跟蘇花高說 Yes 或 No。我在想說我怎麼去申論這個選擇，如果你還是要蓋就蓋啊，因為我擋不了你，可是我不是坐以待斃說我無法跟你抗衡，我想要的是有更多有理想的店家是可以存在的，而且因為它是做了五年、十年，是可以屹立不搖的。

「那接下來我們就可以把市場這件事情重新定位，是可以分區的。我的下一個階段本來是想說讓這些店家成功，所以接下來有一些店家可以用交流或學習的方式讓他們變得更好，我覺得花蓮市就有下一個可能。因為花蓮市是一個說大不大、說小不小的地方，是從日治時代到現在都沒變過的彈丸之地。相對於花蓮縣來講，它很小，但是這裡的資源是豐富的，這裡有河、有海、有山，街道的市景我覺得是有機會做反轉的。

「還有就是這個地方的密度夠，所以店家的串連很容易像在一塊布上面把珍珠串起來，它會是一道風景，是很漂亮的，這會有機會團結。我當時在想這些事情的時候是一步一步有構思的，所以初期也是如自己跟朋友的預期般順利的。」

自我定位：美好生活的傳教士

傳遞一種美好生活的想像

移居花蓮的發展，以及社群關係網絡的建立，給了賴冠羽在花蓮生活定位上的思考。

「我覺得我有點像傳教士，在傳達一種美好生活的想像。我的民宿客人有很高的比例是他們透過我個人或臉書去被安慰，但這不是我刻意做的。我一直都覺得有時候我們去傳達環境或生活的一些理念，如果可以讓他在旅行中得到一些紓解，回去改變了他們的生活，那麼他

就是一顆種子，不知道什麼時候發芽，但我一直在耕耘這件事。

「有一個部分我可能比較不一樣是，我比較少關乎自己，覺得自己的人格特質裡有一部分是喜歡大家覺得很幸福這件事情，這是這兩年意識到的。很多人會先看到人家的缺點，可是我都會看到對方的優點，會採取一開始就是比較信任的心態。先有一些美好的想像，我就會想去落實它，不會覺得不可能實現，因為一定有方法，只是我還會不會、準備夠不夠，既然有就去做，就不要只是想。

「下一個階段對我很重要就是，可以更少的得失心。我常常跟自己講，無欲則剛。本來我就沒有什麼欲求，可是我對環境還是有期待它變得更好的，當未必如我預期的時候，我會批判自己：你前陣子的失落感從哪裡來，你為什麼覺得那些有錢的財團，他們可以這樣破壞環境？然後我會有股失落感，會覺得重視生活理念的都不愛賺錢，然後變成好像沒有辦法去控制，只能去抗議。我覺得下一個階段應該再平常心一點，然後自己還能做什麼就繼續去做。」

集結一群人的熱情，化生活的想望為實際

「對於理念傳達或行動這樣的事，一開始並沒有預期，可是後來得到的回應很多。因為我的民宿回住率還滿高的，發現他們都變成我生活中的朋友，甚至變成我的義工。他們可能是很多專業領域的人，如果真的要付費，我根本付不起。可是不論是法律的、設計的或是出版的，就是很多專業的人，當我覺得我需要資源的時候，他們都願意免

費支持我，所以我才有辦法譬如說弄好事集、辦香港活動。我雖然表面上只有一個人或兩個人，可是我其實似乎有一個無形的團隊。這些人其實這麼多年也是看著我是怎麼樣過，我說的話是不是可以印證在我這個人身上，他們是理解的，所以我說我不一定意圖要做這件事。大家會問我創業的問題、他感情的問題或他人生的問題，也許我也有這麼一點點天分，很容易一針見血的去評析這些事情，而讓他們會有一種跳脫既有思考的方式，所以後來就變成會有超過主人跟客人間的感情，我們會變成生活裡面的朋友或家人關係。」

無論在辦讀書會，或後來的好事集、香港綠市集方面，面對如何集結一群人的熱情，義務性參與和投注，並將這些觸動人們想望的感性部分，讓它變得更具執行力這樣的問題上，賴冠羽有其經驗上的心得與默契。

「今天講志工或是義工一定是無給職的，那一定要給予他等同的心理滿足。因為我覺得人在他的生活裡面，一定是除了有付薪水這件事情上面，有需要被肯定價值的地方。不論是自我實現的成就，或者他覺得做這件事情會得到無形的快樂，我覺得這部分是我觀察得出而且是可以努力的部分。因為有時你提供他一個當志工的機會，同時也是提供他一個追尋心靈快樂的機會，也是一個本業以外學習、增廣見聞的機會。我覺得這件事不要把它變成免費勞力處理，我覺得那是一個特質，比較細膩的部分。當你讓他有這方面的滿足的時候，他會好開心，而且他會盡力，甚至比拿錢給他做得更好，因為他覺得他看到改

變了。我在花蓮看到我的行銷、管理能力很容易立竿見影，因為很多
NGO或是一些農夫，其實缺乏行銷、管理的概念，有時候只是觀念
上的分享，他們就可以有很好的調整。

「我自己在這裡面其實就是一個志工，我發現做一些事情，得到心
靈的回饋是很開心的，你可以看到立竿見影的效果。這個東西其實有
點有趣，就是說，你在城市因為人太多，有才華的人太多，還有商業
機制太過繁複，其實不容易看到自己存在的價值，會覺得你好像渺小
到無法去完成什麼。可是我覺得來到花蓮，我好像可以去做點什麼，
但我不是要留戀自己的成就，而是你真的看到自己的努力而讓有些事
情改變了，我覺得那是個鼓勵。你在做一些事情，你是可以持續再努
力的，或者是你看到，原來還可以變得更好一點，這真的是無法用現
有的商業模式去換算它的價值多少，或我覺得多少，所以有時候我覺
得這是一個很好的經驗。常有人問我在花蓮做什麼？我就說除了做民
宿之外，我常不務正業，有些人知道我在做的事之後會鼓勵我，甚至
是跟我講如果我有需要他們的時候，不要忘記帶他們一份，我覺得這
是一件還滿有意思的事情，就我意外發現民宿成為我累積人脈的另一
個方式。」

空間特性與條件造就生活新想像的契機

對移居東部的人來說，擁有相對自然、彈性、低競爭空間的花蓮，

鼓勵著移居者前來築夢，實現美好生活的可能。然而對賴冠羽來說，初始不存在圓夢的計畫，卻是為了協助家人，而與花蓮結緣。反倒是花蓮本身在空間特性上的限制與潛力等條件，磨練著欲在此地生活的人；除了激發認真生活求生存的意志外，同時也鼓勵存在本身發展的潛能，珍視過生活的價值。透過那些生活教會的事，賴冠羽得以積累，並陸續發展出在花蓮生活的好幾個階段。

「我覺得花蓮對我的選擇是有關聯的。我在城市裡面只知道我不要什麼，可是我沒有辦法像現在一樣那麼清楚我要什麼，因為我一直都是用篩去法來決定我的人生，在我二十到三十歲的時候。可是我來花蓮之後，我看到這裡有很多我可以努力的部分，這裡有很多成長的空間，我能看到自己可以貢獻的地方在哪裡。

「而我是真的希望這裡可以越來越好，所以會覺得環境對我來講很特別。就像很多人說你開咖啡店、開民宿，真的是實現很多年輕人的夢想。我說沒有那麼浪漫，我從來都沒有意願自己要來。是真的因為家人要來，家裡買了房子，說真的我也不能夠置之不管，我家裡也不是這麼有錢，那我就應該在既有的資源上做最好的發揮。我前期有很多的能力真的就是為了求生存。有時候也在想說為什麼我突然會有很多有機農業的知識跟觀念，後來才知道原來就是家裡有個有機農夫，而我日積月累的去觀察這裡面遇到的困境，有很多的知識是在生活裡面去學習。因為環境養成，你必須面對，問題發生你就要去解決，甚至要預測問題，你要做準備。」

　　賴冠羽認為花蓮因為營業成本低，使得他有較多機會去成就自己，若是在臺北，他可能得為了支付高昂的租金與各種行政成本，而讓自己必須投注更多時間去賺錢，壓縮他社會投入的時間和心力。然而賴冠羽也強調，雖然在花蓮營業，但他並不輕忽每一個經營中該有的品質，面對每一份事業，他都努力培養自己在該事業中的核心能力，讓自己的東西無論到了哪裡都充滿競爭力。不過對賴冠羽來說，相當的經驗與實力累積後，一直都是選擇的問題，選擇在哪過生活的問題。對造就「生活」新想像這件事，始終是賴冠羽在乎的核心。

　　「我前陣子做果醬，結果你知道，我從果醬的瓶子，不只是美感，包括容量，連專業的標籤、營養標示、送研究實驗室、研究水活性、氣密度，我就是比照一個品牌推出的所有細節去做。做這些事情就是要建立很多的知識和know how，你把每個細節都做好了，就可以被市場驗證。所以今天如果我的店在臺北，我覺得是有辦法生存下來，而且可能獲利會更高，可是缺點是我的時間一定會被壓縮，我一定沒辦法像現在這麼自由自在。」

「過生活」的核心思考：「不取」為捨

　　花蓮相對物質簡單的環境，提供了賴冠羽對於簡單生活的實踐場域，也或許影響了他對「過生活」本質的思考。

　　「我覺得organic這個名詞，雖然大家用得很氾濫，但我一直覺得它其實可以融入生活的每個角度。譬如說我很認同蔡穎卿老師說的，捨

是從不取開始，就是說從一開始就不要拿那才是捨，而不是你擁有了然後捨棄。我們的時代是一個物質過多的年代，你太多機會拿到東西了，我覺得一直都在很資本消費的概念裡操作。你需要清楚知道自己要什麼，譬如說你要一個剛剛好、具有平民美感的家，當你要增加一個東西的時候你可能會換掉一個東西，可是一個好的東西它可以陪你很久，你就不用常常購買，做無謂的花費。這些概念是在我自己生活裡面學習的。」

守住一方淨土：只要熱情存在，便能進一步影響

談起這幾年他對花蓮快速商業化，原抬頭可見的山頭漸漸被建物遮蔽，越來越多只求快速圖利，以及缺乏人文關懷的商家進駐花蓮的情形，賴冠羽表示擔憂。「因為這幾年的改變有點出乎我預期的快，是用光速的方式在被破壞中，所以我也不知道，會有一點徬徨，坦白說。」

面對這樣的情形，賴冠羽有無動念離開花蓮？

他有些正經而激動地回應：「我覺得還可以為我的國家做些事情，我覺得不要放棄，即使現在環境不好，可是如果連一方淨土我都無去守住，講那些其實都太遙遠。有時會覺得很生氣或什麼，可是我都跟自己講說不要眼高手低，能做多少事情我一定要盡力做好，而且要讓大家看到可以守護這樣的地方。我覺得只要熱情存在，它就是有影響力，雖然未必有機會反轉時代，但至少這是一個機會，我就可以影響

法采時光公共空間（賴冠羽提供）

一些人，他們又會影響其他人。

「也許在這二十年我不會動。當然我可以賣掉這房子賺一些錢跑到山裡面去，獨善其身，可是我覺得我的時間還沒到，到六十歲以前應該都還可以再做一些事情。而且現在檯面上的長輩們，其實是一些資源的擁有者，我要從他們身上學習可以再進步的地方。未來如果有機會有這樣資源的時候，我怎麼把它做好。如果我知道花東還有機會可以變得更好，我一定要去做個可以助力的人，我一定是一份子，雖然可以做到怎樣的程度其實我不知道。」

在臺灣，常有人說我們是為了工作而生活，擔心太重視生活會讓我們失去競爭力。而《天下雜誌》第526期的報導裡，則訴說了北歐得以成為創意大國的基礎正是他們努力把日子過好。在追求美感、永續與生活的平衡的過程裡，北歐的設計師致力於用設計改變生活、讓社會福利得以持續、讓人本關懷得以展現。在賴冠羽的訪談分享裡，都能聽見花東地區有一群人，正試圖透過消費型態的引導，改變人們對生活和發展的想像，他們就像顆火苗，以自己的店作為基地，點燃進到店裡的人們對生活的熱情。

近年，臺灣也有許多吹捧生活中的小確幸，將這些店內營造出的舒適感視為生活的一種調劑，然而透過賴冠羽的訪談也讓我們看到，這些看似浪漫生活的背後是無數個無眠夜晚所闖出的一片天空，這一份用價值選擇的生活，其實走來一點也不輕鬆，那是需要讓自己踩在土地裡，投身進入那片天空後才能找到的答案與智慧。

他山之石

法采時光模式的參考意義

主要的創新關鍵

● 作為移居者生活社群網絡的基地創造，法采時光空間的形成經驗具參考價值

1. 老屋整修與經營經驗轉化為方法知識：法采時光的空間形成，來自移居者賴冠羽對於老屋的活化利用，將社群理念結合營利用途，使空間自足。難得的是其本身從無到有的知識與技術經驗積累，他將此整理成著作分享，更延伸後續新的空間創造與應用。現於花東已有不少移居者朝類似模式來創建其生活基地，然在十多年前即如此發展，並積累出更加成熟完善的經驗，相當值得作為移居花東者之參考模範。

2. 彈性的營運空間依據不同階段的理念多功能推展：法采時光的空間營運，不僅單純作為民宿的營業使用，而是隨經營者在不同的人生規劃階段所追求的理想來營運。因此，餐飲曾經支持著友善土地小農的產品，也回應過自身興趣的轉型；民宿不僅連結志同道合店家商品，亦曾整合在地資訊、舉辦活動，成為在地窗口。而民宿客人

往往成為活動舉辦時的最佳志工與支持者。

3. 空間成為在地店家與議題社群交流的網絡據點：法采時光不僅作為
營利空間使用，在不同時局，藉由經營者理念性地推動讀書會、慢
城花蓮的店家串連活動，促成在地店家、朋友與空間消費群之間的
連結關係，形成關心花蓮生活價值的社群網絡。

● 法采時光經營人（移居者）的特質

無論是法采時光空間上的經營，抑或慢城花蓮與花蓮好事集在組織
上的推動，主要關鍵在經營者的特質。賴冠羽給予自己一個移居在花
蓮的角色定位：美好生活的傳教士；憑藉其經營的空間，串起在地志
同道合的店家與朋友，進行各項人文活動，有使命地思考花蓮的未
來，大家要什麼樣的生活等。此外，賴冠羽本身的自習能力，讓他能
在一開始移居花蓮時，便能懂得順應花蓮環境所賦予的限制條件與潛
力空間，習得在地生活感與適應能力，從中發展出可能性。再則其本
身在管理與行銷上的專才，也在生活的第二、三階段相關的網絡與組
織基礎之上，而有所投入與發揮，因此，向外推廣活動、形成串連的
同時，也在向內集結社群網絡的熱情與力量。

● 推動「慢城花蓮」的概念的實質在地網路支持

作為慢城花蓮的發起人，在他移居生活的第二階段，碰上持續不斷
的蘇花高爭議，究竟居住在花蓮的人要什麼樣的生活，以及花蓮的未
來可以有什麼樣的想像，是賴冠羽持續關心的事。相關的議題與各種
想法的發酵，持續不斷在讀書會，以及其他交涉、辦理的活動上激

盡。花蓮城市本身實際不符合「慢城」組織的原則建立，然而就賴冠羽來說目標是透過在地對花蓮生活的關心與想像，社群網絡能不斷維持討論，不斷被彼此照顧與看見，才是最重要的。因此賴冠羽以法采時光空間為店家基地，透過店家串連、辦活動的方式，集體展覽、集體被看見，彼此相互交流，同時設立加入聯盟原則，以舊店家帶新店家的方式，鼓勵新的移居者加入，形成一種慢城網絡效應。

靜巷裡的二十七號空間（賴冠羽提供）

現階段的弱項

● 法采時光空間的經營主要仍是以店家營利事業經營形式為主，經營情況仍取決於店家主人本身。法采時光由早期販賣農產品與咖啡，到經營餐廳與民宿，到收起餐廳，並進行讀書會，到人文活動與慢城花蓮的空間據點等，均來自主人對自己在人生階段性規劃與在花蓮的生活想像，而有所調整與變動。因此，當法采時光這樣的空間在花蓮城市已然形成一個集結與交流的據點時，也會因為主人在不同時期的調整變動，而形成不固定的發展狀態與鏈結，累積相對不易。

● 以法采時光為空間據點所集結的人際網絡，實際在長期的運作下，難免有變動與不穩定的來去狀態。特別是曾由賴冠羽發起的慢城運動，在賴冠羽將重心轉移至花蓮好事集後，空間據點的集結也因此轉移。慢城既有的網絡，也因年輕一輩新店家的進駐花蓮，而形成各自集結、流動的氛圍。

可轉移性

● 具有社群連結功能的營業空間

法采時光不單純為一處營業空間；透過這個空間，邀集外地來的人從事協助在地的活動；也透過這個空間，建立起一種能串連在地人進

行議題討論的平臺。除了豐富營業空間本身，也是豐富人文性，更是讓空間內來去的人們，有了皆為花蓮生活想像而產生更有意義性的交流與行動。

● **移居花蓮所具備的態度：過在地生活，並為美好的生活想像付諸行動**

賴冠羽的經驗說明了，順應花蓮環境空間特性與在地人文條件，學習曾未有過的在地的特殊經驗，才能藉此真正了解花蓮本身所蘊含的空間潛力與彈性，也才有機會在長期的生活空間裡，融合自己的專長順勢發揮。而核心價值仍然在於過生活，「過生活」基於對花蓮整體性的、公眾事務發展的想像，並非獨身，而是透過在地社群的串連與集結而努力實踐的。

對花東發展的貢獻

● 法采時光空間的經營模式，創造一種非一般的消費空間。以店家為基地，鼓勵支持小農、店家串連、慢城與市集理想的集結，透過此種消費型態的引導，逐步改變人們對生活和發展的想像。此創業與空間經營的模式，其一提供了欲移居花東者的參考模式；其二在花東城市裡為數不多的具理想性店家串連，容易形成整體性的集結效應，帶來更友善生產地與環境的消費模式；其三作為具有交流平臺的功能，讓關心花蓮發展的一群人、一群店家得以集結與討論，賦

予花蓮生活新想像的可能性。

●身為花蓮移居者的賴冠羽，既是法采時光空間經營者，同時也是慢城花蓮發起人，以及花蓮好事集的行銷推手。如同作為交流平臺的法采時光空間，其本身即為一種串連平臺，透過這樣對花蓮發展與生活具理想性的人，集結一群在地熱心者與店家的力量，逐步建構一種別於開發主義主導下另種可能的生活想像藍圖。花東在人文與公民意識的發展上，需要更多像賴冠羽這樣扮演串連、傳遞美好生活角色的人，這也正是賴冠羽在面對近年來開發不斷的花蓮，願意堅持存在，期許能持續影響更多人扮演像他這樣的角色。

延伸閱讀

1. 法采時光臉書粉絲專頁：https://www.facebook.com/facaitimeless
2. 法采時光網站：http://www.facaitimeless.com/
3. 靜巷裡的二十七號臉書粉絲專頁：https://www.facebook.com/lane.no.27/
4. 靜巷裡的二十七號網站：http://serenealley-no27.strikingly.com/
5. 劉崇鳳，〈現在就是最幸福的時候-法采時光咖啡館〉，《活著的城—花蓮這些傢伙》，2014/1/1，寫寫字工作室出版，O'rip生活旅人發行。
6. 〈法采時光‧冠羽‧溫柔堅定的生活實踐家〉，BIOS。http://www.biosmonthly.com/contactd.php?id=3687
7. 〈找一份慢步調，就在法采時光〉，國立東華大學左岸電子報【早安花蓮】：http://faculty.ndhu.edu.tw/~LCenews/e_paper/e_paper_c.php?SID=8

藍色日出
一份早餐裡的創新與堅持

　　花東之於臺灣，長期在區位發展政策不平衡下，形成了迥異於西部的發展模式，相對行政與經濟建設等資源缺乏，遲緩的開發，也因而保留自然地景與相對寬大而彈性的生活空間。

　　在人口持續不斷外移的窘境下，這十幾年間西部的經濟開發與城市發展卻也呈現飽和、壓力反撲的狀態，反而促使一波波曾歷經建設高峰期汲汲營營工作的人反思生活的品質與追求，十多年前花東地區因而成為退休生活的夢想地，也成為西部城市為追求更健康的生活品質的家庭的遷徙之處。

　　然而近幾年來，在全球經濟環境對年輕人不友善的推波助瀾下，有另一波的青壯年移居花東。其中動機除了有一批是跟著務農或半農半X築夢生活而來，也有一批是為了想在花東過生活，試圖在花東環境中找出生存之路。更有一批只是希望透過在花東的生活與摸索，釐清自己真正要什麼，在任何可能性中跌跌撞撞，摸索出自己想走的路。

　　近十年前，在臺東一家以健康料理為訴求的藍色日出早餐店，便是一位結合了上述後面兩者動機的年輕人所創業經營的。在今日，各大城市許多以健康食材、安全料理為名的早午餐店如雨後春筍般發展，然而在十年前的臺東，可稱為創舉。重要的是，在這十年中，一名外地年輕人移居臺東，從無到有地摸索自己的道路，堅持下來，並以這樣的早餐服務與消費型態帶給臺東在生活品質上的改變，回應當前社會對食安的重視與想望，確實也實踐了一個他與臺東環境同步摸索與發展的過程中，逐漸形塑出來的生活想像——一種抵抗講求速度、利潤、便利、效率等主流價值，在此之外的生活與發展型態的可能性。

小小店面擠滿客人（陳尊鈺攝）

走出一條自己的路：
堅持以手工自居的早餐店

　　移居臺東十多年的藍色日出早餐店老闆江英煜，和許多移居花東的人一樣，帶著對生命的想像與追求而在臺東落腳。生活圖像或許在一開始尚未清晰，然而在這個允許人把事情做得誠懇實在、讓人有嘗試與犯錯的空間裡，江英煜在時光中雕鑿，漸漸生活出一個屬於自己、屬於地方的運作模式。

　　歷經不同工作身分的嘗試，赴瑞士念餐飲，卻發現那不是他所願意服務的方式，認同人本理念而到森林小學教書，卻發現難以克服與體制內學校慣習所產生的內在衝突，甚至猶豫是否要回頭考教師甄試。在多方嘗試，歷經人生的刪去法，江英煜更清楚在自己要什麼樣的路子上不要的細節是什麼。2005年10月，他開始經營藍色日出早餐店，憑著自己的喜好，雕琢出早餐店空間的氛圍與經營風格；帶入開放式廚房與無油煙的概念，親自購買原始食材以及無任何添加物的備料，配置一樣樣讓客人憑食材喜好選擇搭配而成的餐點，處處充滿為顧客在健康飲食上調製的貼心，也充分顯現早餐店主人本身細心與堅持的個性。

　　江英煜形容自己經營早餐店的模式，就像經營手工業一般，全部手作，不希望與消費者只是一般早餐店之間的商業關係，而希望在這享用早餐的短暫時間裡，建立在臺東吃早餐的悠閒生活感，間接影響消費者對健康飲食的觀念與消費型態。

　　十年前在臺東像此類為數不多的早餐店經營模式，要能找到顧客群，並讓這家店持續自主經營下去，實屬不易。江英煜也曾猶豫過這樣的做法是否真能在一般商業連鎖或在地傳統早餐店的經營型態中，殺出一條自己的生存之道，然而大環境的改變，包括民眾對飲食習慣的反思、食安問題的憂慮、外縣市移住臺東的人們日多，以及一種屬於慢活、慢旅的小眾觀光型態的改變，間接在江英煜的堅持中讓這家早餐店逐步有了相應的市場。也在今天，臺東各個小角落裡，慢慢出現了不少類似的早餐店，不僅讓講求飲食健康、生活感的人們有了另一種早餐習慣的選擇，也逐步影響了臺東城市與鄉鎮居民思考要什麼樣的早餐，這樣的消費型態，也帶來一種什麼是更適合東部環境的飲食與生活想像。

藍色日出早餐店經營者：
江英煜

訪談時間：2013年11月20日

訪談：夏黎明、洪翠苹

訪談稿：洪翠苹

編撰：林慧珍

江英煜本人（陳尊鈺攝）

找家的種子

回想來到臺東經營早餐店的歷程，江英煜如實地爬梳著那段像是顆在空中漂盪、尋找合適土壤生根種子的歷程。

「我覺得那應該是一個怎麼了解自己的過程，很多階段的起承轉合大都不是我預料的。現在回想起來，應該說我一直都不知道自己要做什麼，但是我知道我的興趣很廣，什麼都可以做，所以之前的工作都不是我去找的，都是人家來找我，或是說那個工作機會在那個時間點來找我。

「像我第一個工作是去代替一名公務員的位置。當了兩年的公務人

員，下一個工作回學校當助教。也是剛好就在那個時間發生，因為原來的公務員要回來，我就沒工作了，所以學校老師問我要不要回去當助教。雖然原有工作地點也有缺，我想說乾脆兩個都試試看，結果我去應徵又上了，所以就回學校當老師。

「當了兩年又到一個轉折點，做得也不錯，工作也很穩定，但覺得好像不想這樣一直下去。而我一直對餐飲很有興趣，就想去試試看，所以在當助教的時候，我去京華飯店當過服務生，為之後的餐飲做一個簡單的認識和準備，後來也離開學校到瑞士去留學。但是讀了一年餐飲專業又覺得，這不是我要的，應該說那不是我想要的一種經營方式，那是一種階級式的，好像是為貴族服務的一個行業。那跟我的一些理念或感覺是有抵觸的，在裡面工作，有時候我覺得那不是一個很人性化的地方。不是很人性化的一些制度或行為，讓我不舒服，所以我回來後，又決定不走餐飲業。

「回來臺灣後，先到森林小學當一年老師。那一年也是一個很大的轉折，我當老師當得很痛苦，可是我對教育又抱持著很大的使命感，因為那對傳統的教育體系是一個很大的扭轉。我從小就在體制內長大，而且是在體制內的好學生，求學很順利，工作也都是自己找我，所以到那個體制外的學校教書才發現，哇，那裡的教育體系完全不一樣。因為我沒有那樣子學習過，所以在裡面遇到很多困難，那一年我很痛苦。臺北的天氣讓我的身心兩方面都沒有很舒服，可是在理念上，我非常認同人本，基本上，我是贊成那麼細緻和長期的教育工

作。

「之後，會來臺東讀書應該是一種妥協吧！因為你可以了解，在一般社會價值中，一個高學歷的人，在工作上一直流轉，我猜沒有一個家人能夠受得了，尤其是父母。所以後來就跟家裡妥協說，好吧，我去當老師，於是就回來臺東大學補修教育學分。可是兩年專業讀完後，我又很確定說，我不要當老師。

「所以，我不知道我要做什麼，但我知道我不要做什麼。因為那些

工作我都做過，像公務人員、老師，或是，我也做過一陣子的農夫和麵包師傅，不過那都是短期的，就是去打工。然後也在麵店或飯店工作過，教育學分完成之後就去實習，感覺又更深刻了，後來再跟家裡做一次討論，就決定我不考老師，想留在臺東，不回去西部。」

料理早餐（陳尊鈺攝）

在人生的刪去法裡，江英煜用自己的生命去經歷長輩要他扮演的角色，或是親力親為的試著每一種興趣。最後，都在嘗試過後Say No，為之後餐飲路上確定了更穩定的步伐。

從生活的想像裡找出路

對江英煜而言，為何以早餐店作為他在臺東的生存之道？他坦言來臺東就是為了生活。

「當學生可以早睡早起，所以我就在想怎麼找一個可以早睡早起的工作，又可以在工作之外保有一點自己的時間，好像最後只剩早餐店。自己手作餐飲，又覺得那是我比較有把握的事，因為我對做食物本來就很有興趣。」

在為生活而工作的日子裡，這間從2005年10月22日開始營業至今的小店，像是紀錄著江英煜自我認識與自我肯定的歷程。

「其實我前一兩年真的沒有自信耶！沒有生意的時候，常常會有一些聲音說，為什麼那麼認真，為什麼沒有人支持，或沒有人想要吃呢？一開始，我用的牛奶是去買生乳回來自己殺菌，這種沒有經過均質化的生乳比較不會造成乳糖不耐。直到2013年底，因為一些原因無法再取得生乳，才改用鮮奶；而肉的部分我也都是自己處理，盡可能不使用加工食品，我想改變一些東西，但沒有人支持。」

「後來我發現其實還是有客人認同這真的好，他吃得出來，只不過

那是少數，或是很多人不知道。回想這過程我覺得前一兩年並沒有把我的全力放在這裡。我想試試看這是不是一條可以生存的路，那試了，一有點受挫，就有點擺盪和猶豫，但是我竟然選擇去接外務來補貼這塊，而不是想讓它更精進。後來我接了三個外務，再加早餐店，共四個工作，結果我每一樣都做不好。例如家教，以我的本能教書，OK，但說真的我沒有為學生去準備很多東西，因為剛好那學生很聰明，不用花太多精神，可是就覺得有點虛虛的。兼差工作也沒辦法全心去做，像是接林務局的一個文案，那時候幾乎晚上都在熬夜寫文案，白天早上還要起來上班，所以後來身體也不行。我發現，我去當代課老師來補貼這邊竟然不夠，最後決定把外務全部推掉。」

方法，在時間的積累裡

抱著破釜沉舟的決心開始專注經營早餐店的江英煜，如何在具體的操作上發展出今日藍色日出的模樣？

「草創時期的營運思維是開店前有些想法的累積，例如我們店是開放式的，這是之前就已經決定了。我不要有油煙，我不喜歡去一家餐廳，出來都是油煙味，所以我們第一個設定就是不要有油煙味，開放式則可以跟客人互動。在菜單部分，當然有一些修正，但裡面的配料，肉的調配、配方都沒變過。我們增加一些新樣式，但是飲料好像一直都沒變，就多一兩項。主餐本來是四、五種，現在變九種，因為

增加喜願兒麵包。當然菜單怎麼設計會有一些前面的過程，我在開店前有去『內觀』，內觀吃的東西很清爽，他們都自己手作，都是天然的。那個經驗對菜單內容有影響，或裡面融入那樣的一些東西，然後看書，每一家早餐店都吃。全臺東的早餐店我都去看過，看裡面有沒有我可以用的麵包，有一些則是跟朋友討論、設計出來，又因為油煙，所以就避開一些東西。」

雖然臺東在近幾年也興起幾間早午餐概念的早餐店，然而十多年前藍色日出的經營模式和早餐價位，對臺東來說或許都是創舉。詢問江英煜過去有沒有做過市場調查，了解臺東居民能夠接受的價位，擔不擔心價位不被接受而有倒店風險時，江英煜的回應顯現他忠於自己的個性：「我還是會比較把它放在一個手工業的早餐店來定位，所以它不容易被複製。那時候很單純，曾經學過餐飲，大概知道一個理論就是，你食物成本大概抓三、四成。我那時候想大概一天只要兩千就能夠存活，如果不夠錢，我就某貨款先欠著，我先去賺，攢錢進來付那一筆，所以我去代課、接林務局的Case、兼家教。那時候接很多工作，前一兩年都是這樣子。」

雖然面對訂價和價格的調漲與否江英煜顯得焦慮許多，然而，他也在焦慮裡漸漸長出應對的智慧和篤定：

「訂價的部分大概可以用比價的，看有沒有類似的東西，價錢通常只要合理化，我覺得就可以了，不過有時候也要考慮到品質，這部分我也算進去。我覺得這是一個很誠懇的價錢，那客人你要不要吃，就

是客人的決定，我就比較不會care客人的接受度。像有些客人會評價我們的奶茶怎麼樣、怎麼樣，我剛開始會很生氣，有時候也會很猶豫要不要跟客人講那麼詳細，說我們為什麼要訂這樣的價錢，怕自己是不是有點在自抬身價。後來對自己產品有信心之後，你就會微笑，寬心以待，每個人有每個人的選擇。像現在會有些客人進來說他要培根蛋或什麼，我說那你可以去哪邊買，我們店真的沒有這個，不好意思。因為一定沒有辦法吃到所有的客層，那就安心地接受我的客層在哪裡。剛開始我們還是會耐心跟他解釋，我們有哪些東西，要不要吃決定還是在於你，如果你真的第一次不小心吃到了，覺得這食物還不錯，那以後變成我們的客人，我們就真的覺得很高興，也是一個令人開心的過程。」

或許就是這樣一種不卑不亢的態度，藍色日出逐漸建立其知名度，也吸引不少觀光客前來消費。對尊重食物和店內氛圍十分重視的江英煜，在面對人數較多的消費群時，也在這多年的經營裡，漸漸摸索出一套自己的應變智慧。

「有時候我會要求他們選擇別的地方或者做外帶，除非他先預訂，那我可能先把他們的餐都確定好，他們來可以立刻出餐，就能減少衝突的時間。」遇到太大團可能會佔盡店內大半空間的情形時，江英煜除建議對方另擇別家，也提出配套供消費者做選擇：「我說如果你們很想吃沒關係，我給他們方案選，像他們有三十個人的，我就跟他們討論看能不能分三天來吃，或是說外帶、錯開時間，或是說你們可

客製化菜單（陳尊鈺攝）

以哪個時間來，那我讓你們全包。」在遇到強勢客人時，一向溫和的江英煜也顯現他堅持的一面：「他們有的還是會很強勢說，他一定要怎麼樣，那個時候我會比他更強勢就不接，因為從以前的經驗來看，這類型的消費者有時候是看名氣來，他不是真的喜歡你的店。」

對消費者是喜歡店本身還是店名氣的在意，訴說的是江英煜對食物的重視：「我很不喜歡一群人來然後一堆食物都浪費，因為他們不見得吃得慣。所以現在來很多觀光客時，我們都一直強調我們有哪些食材，我們會把菜單講得更詳細，就是不希望浪費食材。因為那是我很大的忌諱，我覺得這些東西都很辛苦地被生產出來，每次看到食材被浪費都很心痛。觀光客對我們店來說，當然是一個很大的收入來源，可是有時候我又很猶豫。」

做工作裡的情緒DJ

聊到店內的人員管理時，江英煜嘆著說這真是很大的學問。

「我以前滿專制的，其實在那一塊很多東西我很強勢，我很要求員工要按照我的方式做，是生活習慣的要求。像我希望他們是重視乾淨的，我一直跟他們強調，這個部分一旦發生事情就毀了，客人其實不會記住你一百次的好，但會記住你一次的不好。我們不要求要非常好吃，但一定要衛生，所以衛生那一塊我比較強調。但食物比例上，我比較不強調，因為我覺得每個人有每個人的手法，基本上不要太離譜就好。像我們洗菜要求也比較高，我們都會洗個二十分鐘，分兩階段的水洗，屬於衛生這塊會比較要求。與客人互動那塊，有時候我真的沒辦法強求，他們有他們自己的個性，而且說真的，對學生而言，那個有時候是一個很大的學習。」

雖然經營的是餐飲，然而，待人處世的調整與學習似乎總比廚藝精進的路還漫長。談起聘僱人員的方式，江英煜說：「第一年有專職，我到第二、三年才開始請工讀生，之前都是請朋友幫忙。這也是很大的功課，後來發現，在臺東如果你還想繼續保有朋友，就不要跟朋友合作。不過現在都很好，只是在當下不是很愉快，有些人可以跟你共患難，有些人不能，當然有一部分也不都是他們的問題，一定是我們兩個都有問題。」

回憶起那段和朋友共事的經歷，如何成為一位對主雇和朋友關係拿

捏得宜的掌舵者，是草創時期的他最困擾的事情之一：「後來找Part time是因為發現全職我真的是負擔不起，而且因為是朋友，有些事情我又不好意思叫他們。我那個時候真的不會做老闆，工作、權責分配上、跟朋友之間的角色都混淆，到最後我又不知道該怎麼叫他們做，又擔心損害到友誼，到最後就很亂，有些東西真的是有理講不清，那些是不能用理來講的。」

在與朋友合作一年多後，朋友求去，惜情的江英煜挽留多次後，朋友遂建議他請工讀生。這個建議使江英煜做出聘請多名員工輪班的決定。「他給我建議說，你去請學生好了，這樣比較單純。那時候我沒有請過學生，也不知道怎麼辦，其實我第一、二年的時候真的很沒自信，很多事情沒有辦法自己做主。那朋友說了很多想法，我自己又沒有辦法做決定，所以最後搞得很亂。大概一年多之後，我下定決心說，這是我自己的店，我真的不能再依賴任何人。我會請那樣多的工讀生，是因為我不希望他們每天做，我希望大家可以輪流，可以把今天不舒服的心情沉澱一下，不要明天來又要面對。

「經營到後期，語氣上我會比以前柔軟。學生其實都滿怕我，他們還是把你當成老闆而不是同事。可是如果是比較同輩的員工，雖然他們有些年紀還是比我小，但比較是同級的，互動就會很流暢；可是相對的，你也要承受他今天的脾氣跟心情。有些他今天來可能是帶著別的地方的情緒來，如果是學生，就不會在我面前表現，但你可能會知道他今天狀況不一樣。你很容易發現到，因為工作方式和默契就不一

時常與客人互動（陳尊鈺攝）

樣。有時候我們要跟客人介紹菜，你聽他介紹的過程，你就知道他今天的狀況；你聽他拿杯子的聲音，走路有氣無力，你都可以發現每個人的情緒。我覺得這家店有個好處就是因為店太小，可以觀察到每一個人情緒的流動，連客人都觀察得到。」

在店內營造重視服務的藍色日出，或許與店主細膩的心思有關。總在言談間透露出店內節奏、氛圍的掌控是店內經營很重要的一環，而江英煜都如何處理他口中節奏亂掉的時刻？

「我覺得自己可能也要先調整，先讓自己緩下來，其他部分才會跟著緩，因為我後來發現自己才是這家店節奏的主導者。說真的，我的

夥伴也蠻容易受我影響的，因為默契是不知不覺中建立起來，他也在感覺我的脈動和節奏，所以我只要氣一來，節奏一亂掉，他也會受我影響。有些夥伴如果默契很好，通常一個強，另一個不會太強，如果我弱了，他會來彌補我的角色。我們現在有些部分是可以達到這樣子，有些當然還不行，主要還是靠我在主導。有時候我就會下達指令說現在不接客人，因為你知道前面可能還有十幾個還沒消化掉，再接，後面可能還會一直亂，就當下暫時不接客，我先把這一波消化掉再接。你一定要犧牲掉一些東西，這就是我可以掌控節奏的部分。」

經營的變與不變

江英煜在開店前兩年在臺東大學念書和生活的累積，原本認為這樣的人際網絡對藍色日出的經營初期是有些幫助的，但實際仍有限。校園的人際網絡在同學畢業四散後會有變動，而在求學時連結起來的南島社大志工群，雖有許多朋友買了餐券，卻往往因為飲食習慣不同而未兌換。

「基本上還是靠客人慢慢累積起來的網絡，現在新開店，網絡我覺得比以前容易建立，因為網路真的還滿可怕的，很多學生透過網路來集結客人，我覺得是有用的。但我覺得開店時要想清楚的是，我要開多久？要開長久的話，網路當然可作為一時之用，但後面還是要靠產品，就店內提供的東西。」江英煜點出一間不作投機生意、想長期經

營的店家需以品質為本、行銷為輔的道理。

從一開始身兼數職只為讓藍色日出得以運作，到斷絕自己後路、毅然決然全心投注店內經營，在走過前兩年的搖搖晃晃到現在漸行漸穩的步伐裡，江英煜也在思考店內有哪些經營需與時俱進、哪些又需維持「傳統」。

「關於我希望把餐點定調在變和不變的想法。其實是我本來擔心，客人會不會吃膩了，可是後來覺得，如果我讓它變成是一道經典菜呢？可不可以是這樣的一個思考模式：像我們很多菜，它的配方有些是可以做幾十年、幾百年不變的。我現在在思考這樣的一條路線，希望這家店是不是到了十年後，它裡面空間還是不變，客人進來後發現跟他十年前看到的是一樣的；觀光客，十年後再來，店還是在這個地方，我還是在這邊等著你，老闆還沒有變太多。像在歐洲很多店，地點就是不變，可能幾十年都賣同樣的菜色，我有點在思考我們店有沒有辦法做到這樣子。」

另一方面，在與客人互動過程中，江英煜習慣細膩地觀察客人的行為，並記住客人的喜好，依此客製化地保留或調整菜單內容。

「我們店內現在希望盡量做到客製化，通常是針對很熟的客人。有些客人進來都不講話，你就知道他要什麼，那是長久累積下來的默契和直覺。因為如果他今天要改變會直接跟我講，若他不講，就表示老樣子。變的部分是，要不要再開發一些新的菜色，有時候我在想它的可能性。如果以營養學和食物學來說，有沒有必要，如果我的食物已

經包括所有的營養成份，有需要再開發一些新的嗎？」

江英煜在思考菜單上的變與不變，或許也反應在他的生活上：「我後來在想為什麼我可以做這家店這麼久，因為它每天都有新的東西出現，它可能比較符合我原本的個性，這是為什麼我以前的工作最多做兩年就不行了。」那新的東西是什麼呢？他說：「像我今天在店裡發生一些事情，下午沉澱過後，我知道明天又是一個新的開始，明天跟今天不會一模一樣。」

路，在持續前進的方向上

或許，決定事物有無變化和新意的從不在事物本身，而在個人對該事物的熱情影響了其感知的態度。也因此，過去不斷切換人生跑道的江英煜，終於在臺東找到合適的土壤，為理想找到一個可持續實踐和積累的出口，在一方土地裡生根發芽。

「我後來覺得點點滴滴累積下來也是件蠻可怕的事情。如果以一個比較小的角度長久來看，它也是一個很可觀、影響很大的量。從這個角度看，它也是不容小覷。如果放在臺東，我現在會比較想說，如果是因為這樣的消費行為，找到一個好的生活方式，那它就是一個值得走下去的生活方式。

「好幾年下來，我也領悟到，每天要做同樣routine的東西，持續性是一件很重要的事情。每天要一直做類似的東西，我為什麼有辦法？

在這過程中，你要找到自己的定位，面對那些掌聲、噓聲，你要用怎樣的心情或怎樣的視角看待，我覺得最後還是要回歸到生活那一塊。我常常跟朋友說一個很好評估態度的方法。每次一起床，面對工作是用什麼樣的心態？如果是賴床，我實在不想去。我就知道，那應該是我不喜歡的工作，我很簡單地用這樣的方式來判斷。我現在起床很少發生這樣的狀態。」

思緒像是進入至記憶中某個畫面裡的江英煜，繼續說著：「藍色日出的工作是我生活的一部分，有時候快樂和幸福我很難定義，但有些時候在一些吉光片羽間，在藍色日出的某個片段，我覺得我真的滿幸福的。在整個流暢的商業行為操作下，裡面有一些不是商業行為的東西，像跟客人的互動，或在整個店的氛圍下面，微觀這整個片段畫面，就覺得這一刻實在太美好了，覺得藍色日出有這個片刻就夠了。」說著這段心得的江英煜嘴角上揚，而聲音中傳遞出的幸福感，也讓身旁的人滿溢芬芳。

對早餐店營運這十一年的成長，江英煜說：「我覺得熟練是有的，因為我已經找到那個節奏和頻率，甚至是有效率的，我可以知道事情的輕重緩急、按部就班，已經有一個比較清楚的模式，這是關於技術上的；那心情，當然有很多的轉折，這幾年來發生太多事情了，在這店裡面的人的流轉，來來去去，那進入我生命裡面跟我生命的互動，經歷的事情太多了，但我覺得它就像歷史一樣，你不知道之後會發生什麼事。」

　　這生動反應了當工作也是生活方式的一部分時，多重身分在同一時空下的扮演和切換，總讓人變得更鮮活些。江英煜提起八年前經歷自己無能為力的生死課題時，曾一度想放棄店裡的經營，然而在離開臺東後，清楚別離是無法逃避的課題，因而重新回來面對：「歷經生死之後，店的經營就變順了。我不知道那事件是不是一個禮物或是庇佑我的力量，從那之後店就非常順，反正我心態也改變，沒有什麼更困難的事，沒有過不去的難關，沒有比這個更難。」

夢想的實踐，在跨出去的那一步

　　如果說夢想實踐有四階段：有心→概念→方法→行動，這四階段不是一個線性過程，而是一個持續不斷精進的循環。問起江英煜藍色日出經驗複製的可能性，江英煜回答到技術的部分應該可以，但整間店的運作或許很難。他說他完全不認為藍色日出這間店有什麼商業機密，過去也曾有一些人想來學，但都做不來。他想或許是在學習後發現過程太繁複，也可能是各方評估後認為利潤不高而放棄。江英煜說，在經營藍色日出上他付出了相當多時間，也因此，他將這間店定位為手作店。

　　在江英煜的分享裡，可能很難找到有如標準作業流程般的運作模式，然而，也不難聽出支持藍色日出走到今日的關鍵或許是：因為對生活的想望，使他找到一個得以平衡工作和生活的出口；因為對食物

的熱情和對傳遞真食物的堅持，以及他想藉由另一種消費行為的創造，提供人們一種好的、可持續的生活方式想像，牽引著他去找那可能尚未出現的答案與方法。也因此，他得以在每天看來日復一日的例行工作中發掘驚喜，在學習者看來辛苦的工作中不以為苦，為著可能只出現五分鐘的吉光片羽，繼續努力多年。

藍色日出早餐店外觀（陳尊鈺攝）

他山之石

藍色日出模式的參考意義

主要的創新關鍵

●早餐店經營人的特質

　　作為一家迥異於一般商業早餐店的經營型態，在早期尚未有健康飲食早餐消費型態的臺東開拓市場，並在高人力成本的備料、客服方面與商業利潤兩端中取得平衡，取決於店主的經營理念與符合現實生活的實務運作。

　　藍色早餐店經營人江英煜在歷經人生道路的摸索中，確立自己要留在臺東闖出一番事業，並用長期的時間堅持自己在餐飲上的做法，包含無油煙、開放式廚房與客人互動，以及不計人力成本地，運作非純商業消費型態的早餐店，他個人的特質與想法實屬關鍵。觀察與準備食材上的細膩，以及照顧客人在飲食上的行為是他本能的特質。更重要的是在想法上，他聆聽自己的興趣與感受，長期耐心地形塑一家店的經營風格，並且重視自己在臺東「過生活」的核心理念。只要能平衡成本持續開這一家店，並讓自己快樂，不在意一家店的商業利潤，或者為了吸收更多客層而改變自己的做法，反而是讓這樣一家店能風

格獨具、能長壽的經營之道。

●迥異於一般早餐商業型態的手作業定位

藍色日出早餐店主人將自己定位為一種手作行業，期待經營中帶進非商業性的行為，包括與客人互動過程中傳遞真食材與可持續生活的觀念，創造另一種消費行為。作為手作業的早餐店，是寄生活的想望於工作中，找到一個得以平衡工作和生活的出口，是工作也是生活。這樣定位的想法與做法，在這十多年的經營時間裡，默默影響越來越多這類早餐店的開設。

●經營的變與不變

藍色日出早餐店主人精準地拿捏其變與不變的經營之道，是讓一家店能永續經營的關鍵做法。店家位址、店內的擺設、經營規模與型態，甚至到維持經典菜的不變，讓熟客得以在十年、二十年後甚至更久都還能尋覓得到並且回味不斷，具有長遠經營的眼光，成為當前臺灣飲食店變換不斷的狀況下，異軍突起的經營型態。而變化來自飲食中健康食材的精進，搜索並廣泛運用更多在地的食材加入菜色，以及每日與客人之間互動所營造的氛圍，讓一家店隨時擁有新生命，使客源持續不斷。

現階段的弱項

●十年前迥異於一般商業早餐店經營方式，並講求健康食材與烹煮原

則的早餐店，有其經營上的優勢。然而面臨現今許多同類型早餐店的開設，以及近年觀光客倍增帶來非在地可持續性的消費型態，如何把握原有經營原則，並維持一定規模與穩定客層，則成為其當前挑戰。然就整體臺東早餐店的發展型態而言，若同類型店家之間有意識進行合作或串連，將更具鼓勵健康飲食、多元性消費存在的正面意義。

可轉移性

●藍色日出早餐店的創業成本、技術方面的經營規模與做法，甚至經營健康食材料理的配方與相關宣傳行銷，都值得作為在臺東創業者參考，也是最容易複製的。

●然而其經營理念存在於創業主人身上，包覆著個人想法、特質與地方關係的熟稔程度，卻是不容易複製的。不過其移居者的心路歷程，包括如何真實遵照內心的興趣與生活感，值得移居臺東創業者參考與了解。

對花東發展的影響

●這樣一家不同於一般商業連鎖經營型態的早餐店，傳遞對食物的熱情與健康食材理念，在十年前的臺東有其創舉與影響性。也在這十

年之間，默默鼓舞了同類型早餐店的開設，藉由另一種消費行為的創造，提供人們一種好的、可持續的生活方式想像。

● 對欲移居花東的人來說，藍色日出早餐店的創業經營理念提供一種啟示：將早餐店經營視為一種生活，將對生活的想望投注在工作經營中，以及日常生活中緩慢影響他人對飲食與消費型態的認知。不求商業利潤，僅求一個得以平衡工作和生活的出口，是更符合花東生活適宜永續的調性，也是花東居住環境條件所賦予的。

延伸閱讀

1. 藍色日出Blue Sunrise臉書粉絲專頁：https://www.facebook.com/taitungbluesunrise

2. 〈黃哲斌：通往花東之路〉，2013/3/26。http://opinion.cw.com.tw/blog/profile/51/article/235

黑潮海洋文教基金會
以海為航行座標的行動者

　　置身西太平洋島嶼的臺灣，海洋性格相當濃厚。遠洋及沿海海域不啻是自古島嶼先民賴以維生的重要資源，更是連結住民生活與深厚信仰的文化場域。然而因為國家發展下的歷史因素，臺灣長期以來深受大陸思維的影響，各項發展著重於對陸域的經營管理，缺乏海洋視野。國家政策上，長期採取「以陸看海」、嚴格限制海域活動等管理方式，切斷島嶼人民與海洋的臍帶，使其受制於海域軍事與漁業經濟的控管，普遍對海洋環境與資源認識不足。海岸於焉形成一道圍牆，人民缺乏海洋相關體驗、航行活動等途徑，海洋文化的發展遲滯不前。

　　花東地區擁有極為豐富的海洋資源，以及原住民性格濃厚的海洋文化，然而由於開發上的地理邊陲性與國家統治造成孤立的區位特性，東部海域資源的發展極不受重視，與海洋的關係呈現不合理的停滯與隔閡。

　　近年來，臺灣社會受先進國家提出的「藍色國土」概念影響，經由種種環境議題運動反思臺灣內部的國土發展，進而反省臺灣與海洋的

關係;其揭示出對海事與產業、海洋資源保護、海洋生活文化等議題的種種缺漏。因之,民間不僅逐步進行對海洋文化的書寫,以及環境保育等運動,亦努力推動政府於政策和教育等方針上的改變。

這當中,扮演興築陸地與海洋的橋梁角色,主要為1998年在花蓮成立的「黑潮海洋文教基金會」,於民間對海洋意識的推動上,有莫大助力。其不僅面向所經營據點的花東海域,為花東地區展示另一種發展場域的可能性,同時也面向臺灣全島,拉近民間對花東海洋資源的認識與互動、開啟民眾的海洋視野,進而影響其他團體對臺灣沿海海域保育的重視。

黑潮海洋文教基金會(賴威任提供)

黑潮裡的游魚：
開啟花東海域新想像的社會實踐

　　邁向第十八個年頭的「黑潮海洋文教基金會」（以下簡稱黑潮），來自一群在海上追逐夢想的人，延伸既有團體「臺灣尋鯨小組」，所組成的一個民間組織。成員秉持著「關心臺灣海洋環境、生態、資源及發揚臺灣海洋文化」的宗旨，嘗試於陸地上開啟東部海域新想像。

　　以「黑潮海洋」為基金會的名稱，是由於黑潮在海洋中具有深遠的意義。黑潮是一股溫暖清澈的洋流，以穩定的速度流經東部海域，帶來豐富的鯨豚、漁業等資源，也默默影響臺灣島嶼的地理與人文環境。黑潮基金會自許是黑潮裡的游魚、鯨魚或海豚，不僅關心鯨類動物，也關懷整個海洋環境、生態，以及海洋文化。

　　黑潮主要以非營利的方式落實海洋資源研究與推廣教育工作。為了達成目標，他們集結社會上眾多的人力和資金，舉辦各式的活動，像是志工培訓、推廣教育、生態資源調查與航行體驗等；同時，也在環境議題上與其他的環境組織結盟。此外，黑潮也與在地賞鯨業者多羅滿賞鯨公司合作，推動東部海域的賞鯨活動、鯨豚解說與調查，甚至

開發各項體驗行程，不僅提供在地漁民轉型機會外，也成為基金會重要的財務支持。

黑潮主要的工作方向是研究鯨豚的海上生態，花蓮海域只是調查的第一站。計畫也包括花蓮以外的「墾丁國家公園鄰近海域鯨類調查計畫」，以及與海洋生物博物館合作的「臺灣東部海域鯨類調查計畫」。至於研究工作的成果與經驗的分享，則主要透過海上生態解說、研習營、演講、發行影像紀錄等方式進行推廣教育。

黑潮選擇以「環境教育與推廣」的方式為未來扎根，透過海洋種子營、親子營、海岸行旅，引領更多人了解海洋、親近海洋、航向海洋。而黑潮的工作夥伴，以及許多參與活動的熟面孔，則多是透過各種親近海洋的活動積累，逐漸確認出與黑潮共同前行的方向。

黑潮基金會的創辦人、執行者：
廖鴻基、賴威任

訪談時間：2013年12月9日、24日
訪談：夏黎明、洪翠苹
訪談稿：洪翠苹
編撰：林慧珍

身為黑潮的開山鼻祖，廖鴻基
為基金會運作之始至今奠定了重

黑潮的先行者廖鴻基（賴威任提供）

要的創始精神。曾身為漁夫的他，在海上領受了大海的禮物後，用筆
寫下黑潮的序幕。在那個一般社會大眾尚未關注、海洋意識仍薄弱的
1990年代，廖鴻基堪稱海洋書寫的領頭羊。

　　爾後他買下漁船，以鯨豚調查紀錄工作為開端，實際進行環境教育
活動和海洋環境監測行動，而在這個長期對海警戒的島嶼國家的禁閉
視野上鑿了個洞，牽引越來越多的人划向那一片藍，倘佯在海上的無
垠和富足，也開啟了黑潮從1998年開始與海洋相互扶持的友誼。

　　黑潮成立後的第二年，經常參與黑潮活動的賴威任成為基金會志
工。隨時間更迭，在長期跟著黑潮出海的過程裡，他決定不再只是單

純地分享想法，更要親身落實。在黑潮逐步走向穩定發展的階段、邁入下一個十年之時，當時董事會委派張泰迪擔任執行長，同時將辦公室運作交由當時黑潮的資深志工賴威任經營，成為黑潮辦公室主任。爾後，賴威任著手試圖建立相對更為穩定的解說志工機制，並連結其網絡，進一步確立海洋環境教育推廣的方向。賴威任從一位談理念不需考慮財源的志工，在黑潮的後續發展階段，成了在現實與理想的擺動中嘗試取得平衡的經營者。

黑潮成立緣起

黑潮海洋文教基金會自1998年成立迄今已有十八年，在成員的努力與每任執行者的充分授權和信任下，從一個地方環保團體，漸趨發展為具制度規模的組織，實屬不易。黑潮成立的關鍵人物是創辦人廖鴻基。他於1996年寫出深獲大眾迴響的《討海人》一書，成功聚焦民間對海洋的關注，也拉近大眾對漁業生活的認識與興趣；與此同時，自己也在擁有了第一艘漁船之後，轉而以行動來積極實踐自身對海洋議題的關注。

廖鴻基提及：「我個人在1991年去討海。這五年的討海經驗裡，在海上觀察鯨豚的經驗很豐富。對我來說，鯨豚遭遇相當精彩，因為過去從來沒有想到說我們海裡面會有這些生物存在。這五年被幾千隻鯨豚包圍，相當精彩，可是當我把這樣的海上遭遇回到陸地上跟我的朋

友說，他們都不相信海裡頭有這些鯨魚跟海豚。」

他再補充說：「過去，雖然我們的漁人曾經獵捕牠們當作平常漁獲在賣，可是一般社會大眾並不知道海裡頭的鯨豚生態這麼豐富，所以在捕魚到第五年也就是1996年，我寫了《討海人》這本書，也剛好買了自己的漁船。擁有漁船的第一件事，我就想把船上的漁網、漁具、漁鉤全部卸掉不再打漁，打算用這艘船當作工作船。目的就是去海上記錄鯨魚跟海豚，就是要證明牠們的存在，屬於我們海域裡的生物，甚至想把牠拍成片子什麼的，一開始就有這樣的念頭。

「不過那時候雖然有了工作船，最大的問題是船還是要加油，要請一些工作人員，還是要有一些基本的工作費用，但是那時候很窮，也沒錢，結果最後就寫了一個調查計畫。」

同年，廖鴻基於是自發性地提出一個花蓮海域鯨豚生態調查計畫。初始目的是想把海上的鯨魚和海豚記錄下來，證明這些海洋生物存在於我們的生活海域。希望在當時政府及民間這種背向大海的思維發展之下，能引發社會大眾關注，以環境保育的角度重視花蓮海洋資源與生態議題。透過初期募款，他成立了三人的尋鯨小組，從1996年的6月至9月，藉由30個航次的穿越線資源調查，提出東部海域擁有豐富海豚資源量的報告結果，引發當時媒體的關注。而這三人的尋鯨小組，也在其後成為民間組織的開端。

「這個計畫是有計畫性地做一次穿越線的資源調查，當時成果非常豐富，記得兩次上了頭版頭條，連《自由時報》都派記者來到第一線

拍我們的船。1996年的秋天，發現我們的鯨豚資源這麼豐富，特別是海豚資源量發現率高達92.4%，很多賞海豚的國家也沒有我們這樣豐富的資源量。那個時候就動了念頭想說，如果我們有一艘船能夠帶著不親海的人們到海上去，那臺灣這種背對大海的心態，這最困難的一步就踩出去了。」廖鴻基說。

這些親歷的種種資源調查結果，促使廖老師進一步思考該如何讓當時生活在這片擁有豐富鯨豚資源的海域、卻又不親海的人們，能有機會認識這樣的海洋生態環境，同時進行其他海上調查活動。1997年出海賞鯨活動的想法，開始於花蓮石梯港付諸實現。除了與專業的船長合作，也與學術單位合作進行鯨豚記錄與調查，共同參與賞鯨活動的規劃與解說。然而這部分的活動卻在執行過程中發生一些問題而停頓了一段時間。1998年，廖鴻基認為需要有比尋鯨小組更具代表性、更中立的組織來操作像這樣的活動或計畫，因此創立了黑潮海洋文教基金會。

草創時期：招募志工，
推動海洋調查與鯨豚解說教育

「臺灣一直都背對著海，但其實海洋資源與條件是相當優渥的。特別是面向太平洋這一側的鯨豚資源，如果能好好應用，以海洋教育營區概念來經營的話，先別說理想，就是單用營利角度來看，是可以跟

企業談合作的。當初這個想法類似於林務局現在做的生態教室，雖然我們沒有像公部門那樣擁有充足的條件，但海洋這個領域確實是我們掌握得比較好的。假使我們在海岸邊設立營區，這個基地可以教我們觀浪、親水、划獨木舟的基本能力訓練，等等這些，都是可以在營區內做的事情，以實際行動來親海，而不是停留在教室裡的海洋教育。」廖鴻基說。

黑潮成立初期在缺乏任何正式的人力編制與資金運作下，廖鴻基的構想藍圖是透過營隊運作的方式來經營一個基金會，發展一個海洋營區的基地概念：針對活動性質招募不同人群的參與，包括各項海上調查、海洋教育與賞鯨活動。資金方面，一開始除了募款，也接公部門、學術單位的計畫，包括對花蓮海洋及漁村方面的文史調查計畫，提供相關運作資金。同時透過在花蓮幾所大學的講座，招募大學生以志工形式參與計畫，進而從中揀選、培訓海洋調查與解說人才。賞鯨活動的舉辦方面，除了堅持初心想讓更多民眾藉由親近海洋、認識鯨豚資源外，也是考慮到此項收入能讓基金會在不完全依賴公部門計畫資金的情況下，自給自足地運作。

廖鴻基說道：「那時候尋鯨小組剛擴大成為一個民間團體，只有少數幾個人，也沒太多錢。後來很辛苦地募到兩百萬卻沒有人來做，所以第一個考量的問題其實是人。於是這個部分我們開始考慮到大學生，他們比較成熟而且有時間來參與，所以當時就規劃在花蓮的三所大學辦講座。剛好基金會那時接到幾個計畫，其中一個是『大家來寫

村史』，花蓮的鳥踏石漁村剛好是基金會成立用來練兵的第一站，於是便透過這個計畫招募大學生一起來做。過程還滿熱鬧的，而且活動過後好像整個基金會就比較底定了，不管是人或是運作模式。」

廖鴻基繼續說：「第二個考量的問題，是想到一個民間組織並不是能夠固定從政府那邊拿到資源，所以一定得有自己生存下去的辦法。所以基金會剛開始營運的同時也推了賞鯨活動。先前1997年在花蓮石梯港推第一艘賞鯨活動，算是起了個不錯的基礎，但後來因為某些原因不得不放掉，不過還是覺得很不服氣。因此當時我很慎重地跟草創初期的夥伴說，再給我一年的時間，一年的時間我從這裡重新開始，所以1998年賞鯨船就從這裡再出發，那是很大的堅持。」

或許因為曾經受過海的洗禮，成立之初遭遇諸多風雨甚至差點觸礁的黑潮，在廖鴻基對海洋和漁民的情感下，終究挺過一次又一次的風浪。在這些濃厚的情感之外，廖老師憑藉著當年的夢想藍圖，一次次劃破航行於現實中遇到的巨浪。

「1998年推動賞鯨船的那一年，波折真的很大。賞鯨船開始有點知名度的時候，很多勢力就一直進來，包括企業。譬如說賞鯨活動這一塊，他們看好這一塊，你只要把所有的資源都賣給他，他就出一大筆資金把你壟斷，也就是他們來安排，他們來賣，這背後就很複雜了。我不想這樣子，因為本身漁民討海出身嘛！我覺得說漁民的轉型刻不容緩，漁民已經沒魚可抓，這個時候讓他們轉型剛好是一個契機。雖然只是少數一些人能夠成功轉型，我還是覺得機會應該留給當地漁

民。因為他們最熟悉，由他們來開船也好、維修船也好、發現海豚也好、解說也好，他們應該都是在地的、最好的，可是企業經營就不一定有這些了。所以我當初是滿堅持跟企業有一定的界限，雖然不排斥他們投資，但要有一定的合作方式，而不是全盤接收。畢竟我個人或我們這個小團隊對這方面都不是太熟練，也不是那麼社會化，所以要去跟他們談這個，我們都覺得不是對手，其實有一點退縮，並沒有很勇敢地踏出去。」廖鴻基說。

推動賞鯨活動方面，鑑於先前的教訓，廖鴻基很明確地定位這是基金會活動的其中一部分，並與意欲投資合作的企業劃定界限，堅持合作的賞鯨公司必須提供就業機會給在地漁民，強調此種做法是為討海人在漁業資源日益凋零的情況下提供一個職業轉型的契機。另外，基金會也招募志工，培訓賞鯨解說員，藉此達到賞鯨遊憩兼具海洋教育的目的。

運作關鍵：破除非營利組織不能碰的營利思維

十八歲大的黑潮，除了一路的堅持，廖鴻基認為一開始便務實面對生存問題，是主要關鍵。黑潮破除了許多所謂「非營利組織不能碰的營利」，在初期奠定理念先行的組織型態之餘，即思考與營利結合並朝向公益目標的未來走向。提起黑潮決定與賞鯨業者合作之前的那段內部革命，他說：

「黑潮財務上一直都很吃力,一個民間組織可以維持到今天,我覺得已經不簡單。通常,特別是有關環境生態的團體,一個議題夠了,大概也就結束了,壽命大概就這樣子,能夠一直這樣十幾年,從1998年到現在,已經讓我很意外,也很堪慰。能夠持續這麼多年,而且當初跟賞鯨公司的合作也一直都在,它成為初期存活很重要的一個資源。當然對於這樣一件事情,我們內部也做了很多討論,特別是很多年輕人認為非營利組織不應該碰營利的慣性,那個時候我被批得蠻慘的。最後一次我很不客氣地跟會議上在座的夥伴說:『你有拿錢嗎?我有拿錢嗎?沒有的話你在怕什麼,我們是拿錢在做有意義的事情,你在怕什麼?』」

十八年前,社會企業的概念不像今日那麼普遍,在臺灣多數環保團體尚未思考以營利作為組織運作經費來源的風氣下,廖鴻基先進的想法,或許可追溯到他在美國參加海廢會議時所受到的啟發。

「我曾去美國參加一個C&C會議,也就是『海灘廢棄物監測計畫』。那時有機會拜訪一個有關海洋的基金會,我到華盛頓D.C.去看他們的辦公室,一個基金會、民間團體擁有D.C.的一棟大樓,它裡面有律師、有開發部,他們這個基金會的預算甚至超過臺灣環保部的一年預算。他們有自己的賞鯨船、禮品店,可是他們還是非營利組織。那時我想,我們臺灣對非營利組織有一種潔癖,潔癖到說非營利組織就是不能有任何的營利行為。透過接觸的這些,我告訴自己,我可以賺錢,可是賺到的錢不是放到自己的口袋,是放在基金會要做的事情

上就應該是合法的，不管是道德上、法律上，應該都是合法的。可是在臺灣，偏偏就是會引起很多批評。像跟賞鯨公司的合作就被批得很慘，但是當初如果沒有賞鯨活動來支持黑潮走過前幾年，我想黑潮早就倒了。」

後十年階段：發展海洋論述，推廣環境教育

黑潮初期在廖鴻基朝向營隊概念的經營之下，多年來培訓出一批批調查與解說志工，透過民間自發及學術單位的合作，逐漸累積出豐厚的鯨豚調查資料庫，基金會的運作也因而漸趨穩定、成熟。

廖鴻基在黑潮邁入第四年時便不再介入基金會的運作。從1999年擔任黑潮志工，到近年成為全職人員的賴威任說，黑潮承接著廖老師的想法，基金會的董事把決策權交由工作人員，董事則扮演諮詢顧問的角色。而加入的新血多半來自黑潮所培訓的解說志工，他們不僅對海洋、鯨豚與組織情況有著基本了解，同時也將外部的嶄新觀點帶入組織。「海洋是一種開創與冒險的態度」，黑潮夥伴承襲廖老師說過的話，在近幾年間，也陸續做了許多嘗試。

黑潮海洋文教基金會主任賴威任（賴威任提供）

　　賴威任說：「前半段包括廖大哥在內，我們做的是文史調查，以及生態資料的累積，包括鯨豚資料的調查。早期比較多是用調查資料，明確告訴大家花蓮是很適合賞鯨的地方，從1998到2002年大概是這樣。但是2003年之後大家開始有些比較開創性的想法，像是開船繞島，很原始的概念是想讓大家去親近海。那時候繞島是用文史調查的名義出去的，因為臺灣的海防限制實在太多了，體制的衝撞是免不了的。而當初的做法，實際也提供後面的人如何迂迴進行的參考，慢慢開始就有很多人從事獨木舟繞島等活動了，但在黑潮之前其實是沒有人這樣做的。」

　　對展開新階段的黑潮來說，2003年的開船繞島活動是個起始點，初心是要以不同的體驗方式讓大家親近海洋，並擴大關注的範圍，轉移至沿岸海域。黑潮認為沿岸海域是島嶼人民最直接接觸的海洋，沿岸航行或繞島航行的紀錄，則是連結島嶼和海洋最直接的方式。對此，賴威任提到地方團體必須關注地方性議題的重要性，相較於關注遠洋議題的國際型環保組織綠色和平，作為駐守花東地區的地方性組織有必要關注沿岸海域議題。「我們比較想看沿、近海，這些對我們來說是更切身的問題，因為近海捕撈的人口是非常大的。雖然說遠洋企業因為實力、資本都非常雄厚的關係，他們的漁撈量當然非常恐怖，值得關注，但是沿、近海其實也是相當多人口的，而且光是一個政策就影響沿海生態，進而影響眾多人口。過去可能是一百條魚給一百個人分，現在是五十條魚給一百個人分。」

以海洋為出發點，隨著不同工作夥伴的特性，在每個時段都會因這些個人色彩而有不同側重與發揮的黑潮，運作方向關注的範圍持續不斷擴大，涵納多樣性的黑潮則一直包容各種活動類型的可能性。繞島航行、關注沿海的活動之後，賴威任提及黑潮一度想發展議題：「衝撞體制之後，我們就覺得基本上要做議題，所以曾經有一段時間是黑潮想要發展議題的階段，但議題的操作方式基本上就會跟我們之前操作的方式不太一樣，很可惜的是它並沒有很具體的成形，所以現在還是維持在環境教育推廣的部分。」

「環境教育與推廣」的操作方式一直是黑潮的主軸，面對海洋議題，目前也是以推廣的方式來運作，較少形成倡議行動。除了組織內部對操作海洋議題有不同的聲音，如對倡議效果的質疑，而難以形成共識外，賴威任也坦言目前黑潮尚未出現有能力操作海洋議題的人才。「我們希望做議題，但是現在做議題的人選難找，再加上我們是不是有這樣的資源把這些人找來，也是個問題。我們就很羨慕地球公民基金會李根政老師手底下有一群強將，而且都是臺灣目前在做議題部分非常優秀的人才。我們一直覺得海洋需要有專責的人做議題，但是這個東西在臺灣真的很少人有，海洋團體已經不多，裡面又要有人會做議題的，關注面向又那麼多，像海岸開發、漁業議題都是我們在努力的部分，只是涉及層面太廣，我們又不是專作這方面的，所以有點不得其門而入。」

不過，對海洋議題的操作，廖鴻基則抱持相對審慎而小心的態度。

他認為，必須站在地方團體的發展角度來考量，議題的推動，除了倡議，其實也需要透過長期的調查資料累積，與環境教育推廣活動配合，才能吸納各類型的民眾，得以讓關心在地議題的地方組織能有較為包容、開放性長足的成長。他提到：

「我想臺灣的NGO自我設限的成份很多，也就是沒有把自己放大來經營這一塊。很多民間團體是議題式，它只關心這個議題，開記者會提訴求，熱熱鬧鬧地開完就沒有了。結果你耕耘一大堆往前衝，後面沒有人去做紀錄或收尾的動作，轉化成一個論述也好，或是出版品也好，那都是很可惜的。」

他繼續補充道：「就是說你回頭看，看不到什麼東西，很多團體就是一路往前衝，抓個議題就連署，關心海洋議題的、環境議題的往往就這一群人，其實不太長進，應該一個組織就要很有野心地發展議題、形成論述，因為它能夠在這個社會產生的力量是很驚人的。有些政府顧慮東、顧忌西不敢做什麼事情，民間團體可以做，那個東西就是NGO很有力量的部分，應該好好的讓它成為社會上一個很大的力量。

「這個力量必須是多元的參與，學術、企業以及收尾做論述的部分應該是分工多元的，需要很多人力經營，而且這樣才留得住人才。要不然這樣人來來去去，對一個剛畢業的年輕人踏進來磨練個幾年是個不錯的工作場域，可是真要一輩子待在這裡打議題，但議題本身無發展，這樣就會有很大的問題，因為它畢竟不如外面那樣是個正式的工

作。可是如果你把它經營成一個正式的團體的話，像剛剛講的多元的團體，它就可以變成是正式的工作，你就可以付出一輩子，在這裡得到你的榮譽，得到你生存的意義，應該要這麼做。」

實際上，賴威任提到黑潮對議題性的操作，本身就是融入黑潮長期在海洋生態資源調查與環境教育推廣的運作目標裡頭的。唯有透過對海洋的親身體驗，才能真正因喜愛而產生認同，進而關懷發生在海洋與海岸的各樣議題。黑潮期待透過教育，讓單純來賞鯨或參加體驗活動的旅客，轉變為關心環境的一顆顆種子。而透過長期資源的調查累積，才能真正在倡導議題時提出有力的證據，擁有夠份量的發聲權。他說：

「最引以為豪的是我們鯨豚的觀測和調查，在全臺灣我們是擁有最多這方面資料的團體，而且全部都是民間自發地去做。像我們現在的資料大家備而不用，因為今天我可能會知道鯨豚比較常出現的位置在哪個區域，但還沒有出現衝突或爭議，不曉得將來會不會用到。譬如說麗娜客輪它會不會對鯨豚有影響？但萬一他們有，等到事情發生了我們就可以比較快地做出回應。」

除了觀測與調查資料的積累，賴威任也提到透過推廣教育來提升大眾對議題的關注。「另外跟鯨豚有關的事情就是圈養、海豚表演這件事。因為它違反動物行為，再加上牠們的身體其實都不是很好。社會大眾有沒有可能以後不要到海洋公園去看海豚這件事不知道，但海洋公園現在都標榜它是環境教育，有很多學校會把他們的活動拉到海洋

公園去辦，這對孩子的身
心靈發展也有不當的發
展，原因是這就會讓孩子
認為這是正常對待對動物
的方式。所以對於鯨豚的
部分，我們想的會比較多
一些。鯨豚跟海廢議題的

海洋環境教育推廣（賴威任提供）

部分是有長時間在進行
的，所以這兩邊可掌控的話語權相對也比較高。

　　「現在大家都在討論海洋議題的面向要如何擴大到社會上做連結，
但對基金會的將來而言，如果以現在來看的話，我覺得我個人在這裡
所扮演的一個角色是讓基金會的運作基礎再踏穩。所謂的踏穩是指如
果很平實、平淡地去推廣環境教育的時候，大家還是會認可你在環境
教育這裡做出一定的品質。」

　　在基金會接續後十年的這個階段，黑潮承繼先前的運作基礎上，開
拓多元的發展領域與活動類型。例如：發展海洋體驗教育模式，將
純解說的賞鯨活動，結合調查行動，並開發PHOTO ID資料庫建置系
統，讓參與活動之學員直接觀測與記錄鯨豚動向，對鯨豚的認識不再
只有聽的理解，也包含實作的領會。再者，推動黑潮海洋大學，舉辦
海岸活動體驗，將海洋保育焦點擴至海岸保育的範圍，內容包括沿岸
漁村體驗行旅、海岸寫真、地圖繪製等踏查活動，記錄沿岸環境。這

部分也與多羅滿賞鯨公司合作，就調查所得資源，再開發出多樣性的體驗行程，如海洋與海岸行旅的結合。

此外，在推廣教育方面，除了不斷累積解說志工培訓外，也持續舉辦海洋研習營隊及講座，推行海洋生態教育。並藉由海洋攝影展覽、鄉土教材設計、出版海洋軟性議題的刊物與繪本，做更大範圍的民眾教育推廣。此外，進一步組成「黑潮觀點」寫作群，用文字為臺灣的海洋努力，同時開設「海洋工作坊」，推廣海洋文化創作。而在面向海洋議題上，持續以調查、記錄、海廢環境監測，並透過「黑潮觀點」鼓勵民眾以論述發表的方式，持續推動海岸議題。除此，立基於海洋文史調查的基礎上，定期發行黑潮電子報，並製作影像紀錄與出版，以促成海洋保育論述的成形。

黑潮基金會的核心運作成員不過個位數，卻在這十年間發展了多元且穩定的各種工作項目。此不僅有賴最初所培育的黑潮解說志工群，以及後來形成的志工網絡的支持。這樣的運作模式，確實喚得越來越多的人關心海洋，並以實際行動支持，回應黑潮的「環境教育推廣」的運作主軸。

黑潮為臺灣留下什麼，以及後續

訪談過程中，賴威任的分享讓我們看見一個對人、對海洋充滿關懷的組織，而廖鴻基的分享則讓我們看見了黑潮為臺灣開啟的海洋視

野，及其嶄新的格局。廖鴻基說道：

「黑潮從賞鯨開始，所以海洋鯨豚資源是首先要談到的。把鯨豚資源發展成賞鯨活動後它形成一定的資源量，而且帶來的影響是，從1997年到今天，這裡的海豚不再被漁人漁船獵殺，那是非常清楚的改變，這裡的漁人已經用全然不同的觀點在看待海豚。一開始一群人在觀賞鯨豚還會有人拿標槍在獵殺，但現在已經不會有。畢竟在這十幾年裡，大家就已經認同這動物不是用來殺的，也不是用來吃的，這個至少改變了海豚與海島的關係。

「另外，花蓮本身就是一個觀光地區，觀光客來的也不少，觀光資源再結合海上的話，那真的是其他地方沒得比，這算是花蓮走在其他縣市前面幾步之一。走向大海的、賞鯨活動的、黑潮基金會，包括海洋文學等，都是走在臺灣前面的部分。如果縣政府看得見的話，我想縣政府會很尊重這一塊，只可惜這種能讓花蓮發光，又能讓花蓮保持一個獨特的、最好的這個東西他們沒看到，也沒有好好地被應用。」

對黑潮接下來要做的事，賴威任希望能去做廖鴻基老師先前所期盼的「收尾」動作。他說：「我們以前比較是發散式的，現在要把它收回來，所以我後續的工作調整是要把鯨豚聲紋的部分，看是不是能夠用學術論文的方式書寫下來。希望做這方面的書寫，對我來講也是個挑戰，我希望多花一點時間去研究，怎麼把它做一個比較系統的整理。另外，基金會董事吳明益老師希望我們之前做的海人誌能集結出版，這是他對我們的期許。

「此外，我們也幫基金會簽了一份十年的長約，讓我們不用再搬家，起碼離海稍微近一點。以往可能因為房租三年搬家一次，至少讓它穩定，現在就可以構思比較長遠的事務。在現有的空間上，我們希望一樓的空間將來能做一個展場和咖啡廳的結合，當然咖啡廳不是我們自己經營，但是它會有我們自己在做的東西，希望可以在這個基礎上再跨出一步。」

對董事吳明益的母親每年捐贈十萬提供黑潮作海洋生態、文化、教育的獎學金，並持續捐贈二十年的鼓勵，賴威任說這個責任真的很重大。面對下一個二十年，賴威任希望工作夥伴得以在這個至少十年不用搬家的新辦公室裡，安心而專注地規劃黑潮更長程的發展，使黑潮在未來十年、二十年的路上走得更穩健、更有力量。

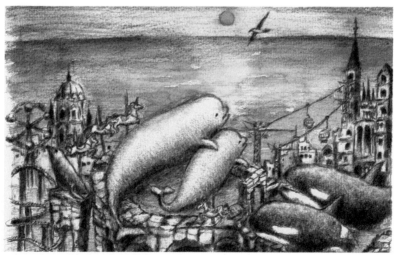

反圈養明信片：城堡不樂園（賴威任提供）

他山之石

黑潮模式的參考意義

主要的創新關鍵

● 非營利組織與營利事業的結合

作為非營利組織的黑潮海洋文教基金會，在思考基金會存續與發展的問題下考量與營利結合的可能性，以及如何攜手達到公益的目標。黑潮將鯨豚解說與觀光業結合，藉此推廣對鯨豚的認識與教育，也讓單純賞鯨的觀光產業更添意義。同時與賞鯨公司確立清楚的合作界線，要求提供在地漁民在魚汛短缺時期有工作機會。現階段則與賞鯨業者合作，開發多樣性的體驗行程，拓展觀光業單一的旅遊模式。

● 建置以解說為主的志工培訓系統與網絡

黑潮基本工作人員為數不多，而其鯨豚資源調查、海洋教育推廣方面卻影響寬廣。此與黑潮在前階段便已奠定解說志工培訓系統與聯繫網絡有關。現今看來，志工似乎無所不在，然在1990年代其實還是個不普遍的名詞。時至今日，黑潮擁有龐大的志工群，除了促進培訓課程內容多元化以外，工作人員的擢拔也通常來自黑潮資深志工。

● 開創海洋體驗教育模式，與旅遊、資源調查、解說結合

早期基金會運作的方向主要聚焦鯨豚資源調查、解說培訓與賞鯨解說，三者屬分散式主題進行。後續發展上，黑潮則以當前流行的「體驗行旅」為概念，整合這三項區塊並加以延伸，以環境教育為主題貫穿，開創了整合性的海洋體驗教育模式。

現階段的弱項

●財務方面一直是小規模的營運狀態。主要經費來自兩部分：定期定額的捐款、公部門合作計畫案，以及與多羅滿賞鯨船合作的回饋金與其他週邊商品。在財務規劃上，目標希望定期定額的捐款能維持至少一名工作人員的穩定薪資，這幾年也都朝這個目標持續努力。

●面向海洋議題的部分，黑潮一直對除了倡議這條運動路徑外，有較深耕而長遠的想像。如賴威任所言，希望議題是藉由黑潮在進行環境教育過程中，慢慢累積發酵，去影響更多原先不甚關心的人。然而這部分一直缺乏相應的專業與人力來進行議題的調查分析與整理，甚至推廣。

可轉移性

●推廣教育與旅遊產業結合的模式

黑潮在此模式上有幾個階段的發展：從初期單純的賞鯨旅遊與鯨豚

解說教育的結合，到以多樣性體驗行旅為主題，結合海域資源調查與環境議題的認識。其將海洋議題與調查手法融入生態旅遊行程中，不僅達到推廣教育之效，也為基金會帶來部分營收，此得以部分自主發展的模式值得參考。此外，原先高門檻的解說教育訓練課程，經由黑潮海洋大學的推動，拓展並深耕不同面向的海洋議題，吸納更多志工群，也促進更多更廣的海洋保育實質行動。

●與在地資源的連結與合作

黑潮在推展營利事業的部分，始終思考如何與在地資源連結。除了初期透過與賞鯨業者的合作，提供在地漁民就業轉型的機會，也在後期發展上，將海域與漁村調查資源轉化為在地文化資產，形成另一種社區發展與觀光方面的資源。此做法相當值得其他組織參考。

對花東發展的貢獻

●引進新的社會想像：海洋臺灣，開啟民間對海洋的視野

1990年代後期，在臺灣本土意識浪潮下，民間團體的活躍促進對臺灣內部國土發展的反思，也連帶反省了臺灣與海洋的關係。而當時，除了漁民以外，大部分身為島民的人是對周圍的海洋一無所知的，黑潮基金會在這個時間點成立，以海洋生態資源調查和環境教育推廣為方向，在推動民間發展海洋意識上，有莫大的助力。黑潮以長期被漠視的花東海域為據點出發，透過海洋揭示另一種發展的可能。同時也

面向臺灣全島，拉近民間對花東海洋資源的認識與互動，開啟民眾的海洋視野，也影響其他團體對臺灣沿海海域保育的重視。

●**追求新的社會價值：海洋保育，調查記錄累積，海洋議題論述**

黑潮在鯨豚調查方面長期的資料累積、解說及保育志工的訓練，以及海洋議題論述與文學書寫，直至今日仍是走在相當前面的位置。其貢獻不單是將對海洋資源的認知，由掠奪場域轉化為觀光資產，提倡海洋保育成為現代公民意識的一環，也實質改變了鯨豚生態與海島之間的關係，成為共存而非掠奪。而其結合海洋資源與多樣性觀光型態，也為花東海域開啟除了開發主義外，另一種發展的可能性。

延伸閱讀

1. 黑潮海洋文教基金會網站：http://www.kuroshio.org.tw/newsite/

2. 黑潮電子報：http://enews.url.com.tw/kuroshio.shtml

3. 黑潮海洋文教基金會facebook粉絲專頁：https://www.facebook.com/koef.kuroshio

4. 〈潮‧生活〉黑潮海洋文教基金會海洋寫作培訓集結：http://www.kurosummer.org.tw/

5. 黑潮文教基金會，〈花蓮賞鯨地圖〉，2001/05/01。

6. 黑潮文教基金會，〈黑潮尋鯨記+海豚的圈圈：黑潮映畫二部曲〉，2011/02/23。

7. 黑潮海洋文教基金會相關報導，上下游市集電子報：https://www.newsmarket.com.tw/blog/author/kuroshio/

8. 黑潮海洋文教基金會相關報導，環境資訊中心電子報：http://e-info.org.tw/taxonomy/term/6716

【終章】
新想像·
新動力·新地方

　　如果我們把臺灣定位為一個太平洋邊的國家，那麼東部就成為面對太平洋的「前山」，而不是「後山」。——夏黎明，2011。[1]

　　二十年前，新的發展論述「永續花東」出現，東部被視為臺灣最後的淨土，環境與文化資源逐步受到區域政策上的重視，南島文化、太平洋意識成為花東永續發展的一個重要環節；國家公園、特定風景區、生態和地質保育區相繼設立，族群意象、文化展演陸續以各種形式揭露，對太平洋的多元想像逐步浮現。

　　然而在東部近年發展過程中，對於發展的態度，地方一直有整合與區隔這兩個「雙重性」存在。其一為，生活在東部的人希望東部的社會、經濟能整個融入臺灣的系統裡。與其市場、建設、行政等連結性

---

1. 編註：夏黎明教授演講詞。2011, "The Land-Locked Island: Taiwan's Lack of Pacific Perspective"（陸封的海島：臺灣太平洋意識的貧乏），https://www.youtube.com/watch?v=iIYkt-5cFdE

和整合度越強，東部發展所需的機會、選擇或成本會更不同，對東部發展會相對有利。另一則主張東部和西部應當呈現某種區隔，尤其擔心不適當的開發損及在地環境與特色。正因為對外連結性不高，臺灣東、西部才容易產生區隔性，才能藉此顯示出在地資源的獨特性而有所發展。出現這兩個雙重性發展論述的決戰點，始於是否興建蘇花高速公路的爭論。蘇花高讓東部人必須直接面對東部要如何發展這個問題，這是過去未曾被如此論及的。

然而，這種雙重性直至今日仍然存在，在任一時刻的決戰點上往往被簡化為「要開發」與「不開發」的絕對立場，兩條線因之持續交錯、衝突，或是各走各的路，體現在發展各種層面的態度與操作上；如對特定風景區的開放與管理、南島文化的展演形式、東海岸大型飯店開發案、花東快速道路建設，甚至是在觀光發展上對陸資與陸客的態度，是機會還是威脅？是否要整合到臺灣、兩岸或是全球架構中，或者要將東部的發展區隔出來，不靠西部系統，走其他的路？

在這種整合與區隔的雙重性爭論中，一個個錯落於東海岸與縱谷間的地方發展故事，經年累月地默默從在地議題的脈絡中長出；用自己的方式，一種創新的思維與模式，轉化地方上被視為相對匱乏與弱勢的處境，成為可發展資源的優勢條件，枝枒日漸茁壯，伸展出在地的社會價值與能動性。此毋寧為這雙重性的兩條路線論爭中，另行走出一條以長出在地自主、社會意義為優先的道路。其中，有以發展自身條件為前提去開拓外部市場的整合性思維，也有追溯自身文化、發掘地方資源，於主流市場外發展自主經濟體的區隔性思維，為表層的整合與區隔雙重性論調上，深植一條厚實可行之路。

在地創新故事的社會性意義

　　地方發展在針對區域核心與邊區發展的課題上，當前趨勢是走向地方整合發展取向（Integrated Area Development approach），意即如何滿足地方需求的課題與資源發展取向不應二分，不論是分析過去地方社經發展的軌跡，抑或對現在及未來另一種機會的建構。滿足地方需求的焦點，在許多方面反映的不再只是對過去的疏離與剝奪，也是對新未來的企盼。

　　對地方發展不再僅止於聚焦在傳統意義上弱勢結構與資源分配議題的問題解決或滿足需求的操作取向，而是基於對地方／社群的力量、願景及資源價值上的定義與認同，以多樣性基礎及未來定位的發展路徑作為綜合考量。（p. 17, Moulaert, 2009）

　　近年針對社會創新與地方發展有大量研究的Frank Moulaert[2]教授，在論及歐洲與拉美城市及其邊區的地方整合發展取向脈絡下，提出其思考觀點，或可為臺灣內部次區域發展的花東地區，在內部依賴發展

---

2. 編註：Frank Moulaert，比利時天主教魯汶大學（Catholic University of Leuven）建築、都市設計與區域規劃學系教授，專長領域：社會創新、都市與區域規劃。https://en.wikipedia.org/wiki/Frank_Moulaert

結構下，其所面臨發展的「整合／區隔」雙重性路線，以及這些正在
發生的地方發展故事背後所回應的地方議題，提供參考意義。

地方發展意義上的社會創新

　　Moulaert提到，「社會創新」並非一嶄新詞彙，當今再度使用於科
學著述與政治實踐上，主要是針對後工業化社會的市場邏輯，以及影
響大多數經濟分配體系的擴大私有化運動方面，其概念可視為另一種
選擇或機會，是以透過團結與互惠的形式來表現。（p. 14, Moulaert,
2009）社會創新在地方發展上，涉及社會關係在空間上的轉化，地方
基礎的認同與文化的再生產，以及地方基礎治理結構的再形塑。經由
社會關係的轉化，以滿足疏離的人類需求。（p. 12, Moulaert, 2009）

　　在地方整合發展取向的脈絡下，「社會創新」涉及的意涵主要有兩
點，一為在個人與群體社會關係上的創新，在團體或社區組織上建立
優勢與弱勢民眾的溝通管道，或在當地的弱勢層級上創造人民民主。
同時必須包含治理關係的創新，即治理的制度與實踐面的轉化，以克
服當地或社區內部不同的瓦解因素所造成的斷裂。另一點則是在強化
第一點的社會關係上，喚起社會經濟與社會工作的「社會性」。亦即
對於發展需求的定義必須是有脈絡的，是需要國家／區域經濟在涉及
當地權屬的發展上，必須對應到權利剝奪的社區居民／團體（如收
入、教育、經濟利益等剝奪）的基礎需求方面。因此，社會創新強調

創造一種由下而上的制度的重要性，包含決策與參與，以及基本物資
與服務體系的生產與分配。（p. 18, Moulaert, 2009）

社會創新在花東地方發展

社會創新的具體化，是有意義地依據在地生活空間的關係與想法來
體現；事實上社會創新即是這樣一個生活空間，會產生想像與符號去
發展一種新的語言，以及產生想像的工具去概念化一個未來的社會空
間。（p. 21, Moulaert, 2009）

當社會創新的概念對應到當代東臺灣的地方發展，花東十四個地方
發展故事的實踐過程，正一一嶄露出地方或社區／社群的各種發展體
在組織、制度及空間關係上的社會創新意涵，包含建構新的社會關
係、追求新的社會價值，以及帶來新的社會想像。這些具有社會創新
意涵的發展故事，小至個人店家，大至部落社區，大致上均屬於微型
或小型的組織操作模式。

隨著東臺灣的社經結構脈絡，社會創新在操作上表現出自有的特
性：(1) 組織模式扁平化、簡化或沒有階層；(2) 決策模式採取直接民
主與擴大參與；(3) 運作機制主要是將現有各小系統再模組化；(4) 基
於互惠、合作、賦權／支持弱勢原則的生產、服務體系的重分配。

社會創新並不強調原創性或全新的組織及操作模式，而是在原有的
社會系統中，正視那些被市場經濟與勞動市場排除在外的資源或群體

的價值，透過社會關係的轉化，系統的再結構，產生新的運作模式。

發展故事的創新模式帶來的社會性意義

　　十四個發展故事皆個別又交錯地自花東發展議題的脈絡中長出，在
發展可能性的思考中茁壯，包括「農業困境與新模式的可能性」、
「部落走向文化復振與產業自主」、「偏鄉社會服務自立的可能」，
以及「花東生活價值翻轉的契機」等面向。故事的背後，正具體地以
其操作的創新模式，及其所展現的創新價值，來回應其地方發展議
題，也帶來其社會性意義，成為驅動地方發展的新動力。

多元自主微型經濟的產生

　　無論面向花東任何一個議題，地方發展首重其經濟生活的可持續
性。花東卻也因為被市場邏輯邊緣化而造成經濟發展不易的環境下，
反而在這十幾年間分別出現各種別於主流體制的多元經濟關係。如合
作式經濟（加納納部落合作農場、巴喜告食工坊、奇美部落），微型
社會企業（大王菜舖子、花蓮好事集、五味屋），社區／部落產業
（鸞山森林博物館、拉勞蘭小米工坊、向陽木工坊），還有接近社會
資本主義的微型企業（夏耘農莊、O'rip、法采時光、藍色日出），
以及社會經濟（黑潮文教基金會）等。這些試圖以各種微型或草根經
濟模式發展出有別於資本主義中心論的經濟體，正意味著經濟不單只

是自由市場機制中利潤最大化的追求，更是所謂鑲嵌在特定文化脈絡中的人群，在參與勞動、生產、消費與貿易互動交錯的社會關係中所展現的經濟生活追求。其社會關係在經濟過程中蘊含著信任、互惠、理念、權益爭取等社會性，而非單方面利潤與權力的存在。

在運作這些多元而自主的微型經濟的同時，也促使某種社會關係的轉變正在發生，包括在地勞動力結構以及生產與消費鏈結關係的轉變。其社會性意義有以下三項：

1. 生產者角色的更新與擴充，增加多元的工作性質與機會

農場裡的農夫不再是傳統型意義的農夫，而可能兼具直接面對消費者的銷售者身分，甚至是包裝自己產品的加工者或行銷者。部落裡的採集或捕獵經驗者，同時可轉化為部落導覽者；傳統文化資源應用者如編織或漂流木，可轉化為部落工坊生產者。以加納納合作農場為例，新近的青年在合作組織的體系下，與老農分工合作，負責相對擅長的產品包裝、行銷與聯絡等事務，擴充了相應的工作機會與人才需求；以奇美部落為例，族人入股共同推動文化泛舟產業，結合本身的傳統文化與生活經驗，成為部落文化導覽者。在經濟關係型態的改變下，新角色改變了部落／農村勞動力的分工，提供了部落／農村青年得以回鄉工作的位置。

2. 傳統資源的認同與正面運用，突破現有生產型態的局限性

以拉勞蘭小米工坊為例，透過恢復傳統小米收穫祭及耕種文化的連結，進而發展小米產業。其產業的形式與內容，成為排灣族小米文化

的延伸與推廣，也促使現有耕作與產銷方式轉型為符合自然、傳統合作關係與友善土地的型態。此外，鸞山森林博物館的例子，則說明了山坡地自然保留區的應用。透過「現地博物館」的概念，結合布農族的山林與文化生活智慧於自然資產的經營上，突出其自然環境與部落文化價值所在；以此前提下所經營之生態旅遊模式，提供部落山林採集或耕作工作型態以外的經營機會。

3. 通路型態的改變，促進產銷關係的變化，形成顧及在地、對等互惠的平臺關係

以大王菜舖子為例，通路經營者為具教育、保障體系理念的微型社會企業。以社群支持型農業為概念所建立的通路平臺，一邊支持穩定小農的生產，另一邊提供消費者健康的食材購買。平臺本身亦創造產地連結社區的工作機會，產地連結消費者的教育機會。另外針對在地消費群與在地小農的直接互動則透過市集的營運，市集本身成為更直接的互惠關係與減少物流成本的通路平臺。如每週一次的花蓮好事集與每季一次的臺東秀明自然農法農夫市集，前者正嘗試與推行參與式認證，後者則以推廣自然農法理念與產品給在地消費者為主。

此外，合作式經濟的加納納部落合作農場、巴喜告食工坊，則主要透過本身生產組織作為窗口，預估消費者購買市場，調節生產種植，以及農產品的集體行銷包裝與銷售等經營。此類通路平臺，以在地小農為經濟主體，與生產調配、保障小農耕作體系密切相關。

臺東自然農法社群夏耘農莊，則提出「小農也是小型企業」的概

念。與一般大型農企不同，而是由農夫自身直接面對消費者，負起銷售自家農產品的責任，兼顧公關與行銷宣傳等業務，拿回銷售的經營權。透過這樣的推廣過程，開放自身經驗與資源共享，鼓舞更多人加入務農行動，支持自然農法產品，形成長期穩定的聯繫與信任網絡。

另外，值得一談結合二手物通路型態與教育的五味屋，試圖在捐物者、物品本身、受贈者，以及二手買賣這一套流程關係中納入教育意義，用來作為生活教育的教材。實際捐物者與受贈者、販售者與消費者關係因此改變，非僅停留在單純的捐贈、買賣關係。五味屋因而成為人與人之間的友善連結平臺。（參見表6-1）

地方組織／社群型態的創新

這些發展故事的背後，因為不同的地方微型經濟型態，在既有的社會組織脈絡與關係轉化上呈現新的型態，包含合作意識、公共討論參與、扁平化決策，間接重新結構社會

課題	社會創新意涵
	發展案例
農業產銷新模式	1.加納納合作農場
	2.大王菜舖子
	3.花蓮好事集
	4.夏耘農莊（鹿野自然農法社群）
部落發展	5. 奇美部落
	6. 拉勞蘭小米工坊
	7. 鸞山森林博物館
	8. 巴喜告部落
扭轉偏鄉弱勢結構	9. 五味屋
	10.向陽薪傳木工坊
花東生活新價值	11.O'rip生活旅人
	12.法采時光
	13.藍色日出
	14.黑潮海洋文教基金會

表 6-1 發展案例經濟型態創新比較表

多元自主微型經濟的產生		
經濟類型	經濟型態的創新	社會性意義
合作式經濟	生產者角色的更新與擴充	小農透過合作自主，突破既有產銷體系的局限。
微型社企	通路型態的改變	消費社群成為花東小農的穩定支持者。
微型社企	通路型態的改變	地產地銷的農產物流與銷售體系。
微型企業	生產者角色的更新與擴充	新農身分發展的多元性與生活價值。
合作式經濟	傳統文化資源保存與利用，生產型態的創新	透過連結文化認同本身來推動產業發展，不僅增加工作機會，亦促進文化推廣。
部落產業	傳統文化資源保存與利用，生產與銷售型態的創新	透過連結文化認同本身來推動產業發展，不僅增加工作機會，亦促進文化推廣。
部落產業	傳統文化資源保存與利用，觀光產業的創新	透過連結部落文化意義來推動生態旅遊產業的發展，促進可持續經營，以及文化推廣。
合作式經濟	傳統文化資源保存與利用，生產與教育型態的創新	透過工坊運作，連結文化認同本身以深化部落教育發展，並推動在地經濟。
微型社企	通路關係與型態的突破	捐物者與受贈者關係轉變，五味屋成為兩者友善關係的連結平臺，並以社會企業的經營模式，提升教育與在地出路的可能性。
部落產業	1. 生產者角色的更新與擴充；2. 公益性質兼具工廠營運規模的產銷通路模式。	1.工廠營運的制度化與彈性的勞力分配模組，間接提升部落族人的就業態度與專業生產的尊嚴。2.一定規模的產銷通路經營，帶來穩定的工作機會。
微型企業	刊物通路、旅行產業型態的突破	新型文化媒體窗口，促進在地真實生活文化的傳播與認識
微型企業	—	—
微型企業	—	—
社會經濟	體驗經濟模式的產生	非營利組織與在地產業的連結合作、互利共存

組織與關係，成為由下而上的地方治理型態的另種選擇。其社會性意義如下：

1. 以文化為主體推動產業發展，透過經濟體的籌組，進而締結部落／社區認同與文化結構再生

　　以合作式經濟的加納納農場為例，透過農民以股金參與合作社組織的概念，使農民意識到需要透過合作集結產量、提升品質與建立通路，以對應當前市場競爭機制的邏輯。此合作參與模式促使小農積極參與農場公共事務的討論，同時也改變部落農民生產上相互合作的生活關係。

　　巴喜告部落則是透過工坊模式，以部落教育與文化傳承為發展核心，不以一般工坊將人置於各層級分工的方式運行，而是透過部落裡人的連結關係與流動，各自形成社群，讓每個工坊所面對的場域產生價值與意義，部落的人也因社群連結而提高其認同感與凝聚力。

　　奇美部落與拉勞蘭部落則是以部落的傳統社會制度為基礎，將現行主流文化轉化為族人可操作的邏輯與形式，以傳統文化為主體而發展的產業，進一步強化社會組織本身。例如奇美部落透過年齡組織操作部落產業，在增強共同運作的產業結構同時，將會留住更多人，強化既有的社會組織。拉勞蘭小米工坊，將傳統文化中小米歲時祭儀、食物分享的概念，結合現代食品安全健康走向的產業。其自主營運而讓部落有收入空間的同時，進一步鼓勵更多部落族人投入小米耕作與發揚其文化。

2. 出現追求社會價值的社群平臺，扮演串連與傳遞的角色

近年來，陸續出現以營利實體扮演傳遞社會價值或串連其他店家或社群相關活動的平臺角色。這樣的平臺功能往往形成在地與對外的窗口，也經常促使在地個人、店家或社群針對在地話題或事件得以聚集溝通、集結力量。

以O'rip生活旅人為例，主要扮演連接花蓮在地與外界的文化窗口，傳遞在地生活價值，讓外界真正認識花蓮，也藉由外界到花蓮的實地走訪，增進在地的自我認識與自信，具體發揮平臺的雙向溝通功能。另外，法采時光的經營空間，則在不同階段作為在地集結慢城、小農市集理想的人文據點。透過此交流平臺，集結一群在地熱心者與店家的力量，討論相關議題、學習，甚至行動。（參見下頁表6-2）

新的生活價值想像

花東發展故事的實踐本身，因其對社會、對生活價值的追求，與相應的微型經濟、組織型態轉變，甚至社群平臺的建立，翻轉了一般對花東的想像，帶來一種新的生活價值的可能性。

其一，促成公民意識與對話討論的契機，對地方發展之想像。當過去花蓮居民面對蘇花高議題有不同看法時，《O'rip》刊物則以軟性正面的基調關注花蓮開發議題，發掘花蓮美好生活的既有資源；法采時光則推動花蓮慢城的討論與店家串連，試圖提出一種屬於花蓮在地生活者的發展想像。

表 6-2 發展案例地方組織／社群型態創新比較表

課題	社會創新意涵	地方組織／社群型態的創新	
	發展案例	組織型態的創新	社會性意義
農業產銷新模式	1. 加納納合作農場	農民入股當家、共同決策的合作事業運作	促進小農積極參與農場公共事務，改變農民生產合作的生活關係
	2. 大王菜舖子	社群支持型農業；外地消費群與在地社群的共學平臺	開創在地農業與生態的知識／體驗經濟的可能性
	3. 花蓮好事集	以生產者為主要社群團體的市集平臺運作	促進小農積極參與市集公共事務，以及消費者參與產地認識機會。
	4. 夏耘農莊（鹿野自然農法社群）	秀明自然農法社群的合作串連與組織公約	串連集結的力量引動更多在地友善農法的種植
部落發展	5. 奇美部落	以既有傳統社會組織套用現代合作式組織產業運作	強化既有傳統社會組織，並於當前主流社會社會發展部落自主的道路。
	6. 拉勞蘭小米工坊	以部落社會組織概念來操作部落／社區型產業經營	團結部落社會組織及產業經營模式。
	7. 鸞山森林博物館	—	—
	8. 巴喜告部落	工坊作為部落與學校的中介，以工坊模組的形式組織社群，轉化既有社會關係。	建立部落社群在教育、農業發展上相互扶持的照護網絡，建立部落文化認同。
扭轉偏鄉弱勢結構	9. 五味屋	扁平式決策型態的團隊運作，並形成認同其理念的社群連結平臺。	提高在地孩童與大人的社群參與，與建立教育輔導網絡。延伸發展在地經濟與在地生活認同。
	10. 向陽薪傳木工坊	—	—
花東生活新價值	11. O'rip生活旅人	扁平式決策型態的團隊運作；並形成認同其理念的社群連結平臺。	傳遞在地生活價值，提升地方社群對藝文公共事務的認識與參與。
	12. 法采時光	關注生活與發展議題的在地社群連結。	傳遞在地生活價值，提升地方社群對公共事務的認識與參與。
	13. 藍色日出	關注生活與文化內容的在地消費群網絡連結。	針對消費者傳遞在地生活價值。
	14. 黑潮海洋文教基金會	扁平式決策型態的團隊運作；建構成熟的志工社群網絡平臺。	滾動跨地域性的各地志工參與；成熟的志工網絡亦成為NGO組織的部分重要區塊。

其二，展現花東農業生活新價值：合作式／社群式的友善耕作生活及在地社區／社群的支持性消費網絡。舉凡臺東秀明自然農法農夫，推動農法理念的同時，亦推行與自然共存的一種耕種、飲食的生活方式，同時以開放交流、互助互惠的形式，達到在地社群支持無毒農業、產銷自給自足的目標。或如加納納部落合作農場或、拉勞蘭部落小米工坊，恢復與改善部落傳統與自然共諧、群體合作的耕作文化生活。

其三，開啟與東部海洋文化、海岸生活緊密相連的新想像。對開啟民間的海洋意識方面，黑潮在東部海域的長年經營，拉近民間對花東海洋資源的認識與互動，轉化海洋資源由掠奪場域成為觀光資產的價值，進而提升海洋保育成為理所應當的公民意識。其結合海洋資源與多樣性觀光型態，也為花東海域開啟另種發展的可能性。

其四，正視屬於花東基調的生活特質，與之融合而實踐新的生活想像。對花東生活的一般想像，從過去的落後、不便，到二十年前的養生、休閒、退休養老之地，到近年更趨近東部環境特質的自然簡樸、務農或小品生活的想像。這些想像的變化，促使著花東地區從人口外流到逐漸吸引不同背景與年齡層的人移居或流動。而這裡提及移居花東發展的例子，則在過程中正視了這些表層想像底下屬於花東基調的生活特質，並透過各自帶來的外部資源與思維，與之融合、生活，實踐出新的生活態度與想像。花蓮O'rip生活旅人，以移居者的眼光，正視花蓮生活美好的特質在於物質匱乏下的街坊人情事故，同時也透

過藝文活動的引入，展現在地人文的新想像。法采時光則透過學習在地經驗，連結在地人文條件與空間特性，提出「過生活」的態度，即基於對花蓮整體性的、公眾事務發展的想像。（參見下頁表6-3）

可持續發展的參考觀點或模式

針對這些發展故事往往兼具自主性與可持續發展性，其背後的運作模式或原則性觀點值得參考。

1. 任何發展均以文化主體為優先

從奇美部落、拉勞蘭小米工坊、鸞山森林博物館、巴喜告部落等例子可見，任何發展或產業推動，必須以文化為主體為其重要前提。在部落發展範疇中，若缺乏文化主體或傳統社會組織為基礎，則在部落的產業推動方向與實質內容上，將容易因利益糾葛而偏移部落原初共同的核心目標，甚至脫離部落發展本身。

2. 非營利與營利事業並行，成為有利持續發展的策略之一

基本上這十四個發展故事，多具有在營利事業本身延展非營利事業或社會價值追求的部分，然而對一開始便以理想性的非營利事業起家的，亦可與營利事業體的合作或自內部開創可經濟運作之空間，在這些例子的實踐中，可見成為其有利持續發展的做法。

作為非營利組織的黑潮基金會，結合鯨豚解說教育與觀光業，維持基金會生存，也讓單純賞鯨的觀光產業更具意義性。巴喜告部落教育方案以非營利為導向，但在食工坊發展的部分，協助轉型成無毒農業

表 6-3 發展案例新的生活價值想像比較表

課題	社會創新意涵	新的生活價值想像
	發展案例	新的社會關係或發展想像意義性
農業產銷新模式	1. 加納納合作農場	更為友善合作的生產生活，與直接面對消費者需求的關係網絡。
	2. 大王菜舖子	形成與生產者緊密連結的社群支持性的消費網絡。
	3. 花蓮好事集	在地小農的耕作多樣性保存，以及消費關係更親近產地。
	4. 夏耘農莊（鹿野自然農法社群）	自然農法的種植與生活理念的發揚與推廣。
部落發展	5. 奇美部落	重建部落傳統與生產生活結構；提升文化自主及信心，與在地經濟接軌。
	6. 拉勞蘭小米工坊	重建部落傳統祭儀與文化認同，並以自主產業發展與在地經濟接軌。
	7. 鸞山森林博物館	經由生態旅遊體驗，建立外在消費群對鸞山布農文化的認識。
	8. 巴喜告部落	學校與部落以原住民教育為主體的相互成長，健全部落照護網絡關係。
扭轉偏鄉弱勢結構	9. 五味屋	透過教育生活價值真正的實踐，發展出在地弱勢家庭與學子自立自濟的可能，扭轉一般對「偏鄉教育」一詞的刻板印象。
	10. 向陽薪傳木工坊	在工坊工作的部落族人有機會獲得專業技術培力，或被容許依其背景狀況獲得彈性的勞力參與，間接提升其在部落生活的信心與工作尊嚴。
花東生活新價值	11. O'rip生活旅人	1. 在地的價值生活被看見。2. 提升在地群眾公民意識，以及對地方發展的想像與討論。
	12. 法采時光	1. 正視花東基調的生活特質實踐對美好生活的想像。2. 提供在地社群對地方發展想像的討論空間與機會。
	13. 藍色日出	正視花東基調的生活特質實踐對美好生活的想像。
	14. 黑潮海洋文教基金會	開啟地方民眾對東部海洋文化、環境生活的新想像。

的部落農民得以銷售農產，讓利潤回饋食工坊本身，得以持續營運。拉勞蘭小米工坊、五味屋以及向陽木工坊的營運形式直接進入銷售市場，內容上則是以照顧部落／社區教育的非營利導向為立基。

3. 產官學的合作模式

向陽木工坊與花蓮好事集的創立，一開始皆由學術單位帶進公部門的計畫支持成份居多。其與地方合作，引入外部資源或技術知識，規劃產業方向與規模，為後續地方產業能自主營運打下立基。（參見表6-4）

表 6-4 發展案例經驗參考點比較表

課題	社會創新意涵	案例經驗移轉的可參考點	
	發展案例	可持續發展的參考模式	現階段的發展局限／挑戰
農業產銷新模式	1. 加納納合作農場	1. 人力培訓模式，連結青年與地方關係的工作位置；2. 彈性的產銷模組。	管理開銷大，不足累進資本，規模有限。
	2. 大王菜舖子	1. 通路模式的建立；2. 學習型社群的建立；3. 農法學堂模式	1. 制度化經營的挑戰；2. 市場擴大有限。（但其不必然擴大經營規模）
	3. 花蓮好事集	1. 產官學的合作模式；2. 參與式保障體系的概念建立。	1. 市集管理與行政人才的培育需求；2. 市集規模化與多角化經營的挑戰。
	4. 夏耘農莊（鹿野自然農法社群）	1. 小型企業管理概念的自產自銷方式，與消費者信任網絡的建立；2. 共同理念的在地社群創建。	銷售會因人力成本與產量不穩定而經常波動。

部落發展	5.奇美部落	1.以部落文化主體為立基；2.部落深度文化旅遊模式；3.穩固的傳統社會組織為重要基礎。	1.資本不足支持產業的推展；2.行政與管理人才的培育需求；3.部落產業與文化時刻面臨外部競爭和挑戰。
	6.拉勞蘭小米工坊	1.部落文化認同與傳統組織建構；2.部落文化產業模式；3.非營利與營利事業並行模式。	1.自主營運收支勉強平衡；2.人力調度與擴充不易；3.小米產業面臨的外部競爭，以及企業化的風險。
	7.鶯山森林博物館	1.以文化主體為立基；2.「現地博物館」的可持續經營模式。	與部落的現實情況連結性稍弱。
	8.巴喜告部落	1.以部落文化主體為立基；2.非營利與營利事業並行模式；3.工坊模組的形式操作。	1.方案發展經費來源不穩定，自給自足模式尚在發展中；2.計畫管理的行政人才需求。
扭轉偏鄉弱勢結構	9.五味屋	1.經營模式：二手店務結合民宿與課輔書屋的模式；2.平臺定位，形成教育資源網絡；3.非營利與營利事業並行，成為有利持續推動理念之方法。	1.營收尚無法完全負擔人力成本，多靠計畫支持；2.中學升學系統對五味屋的教育經營上仍為一大挑戰。
	10.向陽薪傳木工坊	1.產官學的合作模式；2.兼具工廠制度性及照顧部落勞力彈性的工坊營運模式；3.非營利與營利事業並行模式。	1.工坊營運本身與部落發展產生連結的目標不容易達成；2.營運利潤勉強撐起相關設備成本。
花東生活新價值	11.O'rip生活旅人	1.刊物、小旅行等營利與非營利並行的經營模式。2.串連在地及對外的窗口平臺角色定位。	成熟的營運模式隨人事流動及事業體轉型有所變化與調整，穩定性有待時間考驗。
	12.法采時光	1.營業空間實踐：具有連結在地社群的平臺功能；2.具備在地「過生活」的態度，是順應東部環境的重要條件。	地方社群的連結會因法采空間經營的變動而不穩定運作。
	13.藍色日出	早餐店經營理念與模式：將早餐店經營視為一種對生活的想望。	同類型店家之間未有進一步合作串連的企圖與機會。
	14.黑潮海洋文教基金會	非營利與營利事業並行模式：發展海洋環境教育與旅遊結合的體驗經濟模式。	1.財務與人力擴充不易；2.環境倡議專業人力的需求。

差異化帶來的挑戰與優勢：
花東發展的條件

　　時至今日，面對東臺灣在當前發展課題上，仍不脫全球化的市場運作邏輯，尤其在產業方面傾全力發展觀光經濟上，積極專注於兩岸高密度的交流。在未有明確的相關立法管控機制下，地方政府多循自由市場法則，透過大型觀光案與外來資本的引入，企圖以此帶動觀光潮流，提升市場需求與就業人口。卻在土地漸次流失、房價高漲、原有弱勢結構更形見絀的情況下，同時壓縮地方發展的自主性，升高失去東部特殊環境與文化特性的危機感。

　　十四個創新發展故事一直是個現在進行式，還有許多正在興起的故事，它們同樣不斷在面對公部門及部分地方人士所發出的論調，認為東部發展應被整合融入臺灣西部市場系統。這些發展案例本身並不排斥與外部市場的合作機會，但前提在於正視與發展自身條件，形成可持續經濟體，去開拓市場，而非全然融入西部系統。對於當前外部資本快速流入東部發展的狀態，對這些長久努力經營的地方來說，其所憑藉並翻轉為正面的差異化資源，可能在融入西部市場系統的趨勢下逐漸消失，造成生存環境上的競爭壓力。

　　因此，關於東部發展的雙重性路線論爭，必須置於區域整合發展的框架來談，特別是近年當公民意識與參與得以介入區域政策發展時，民間作為地方行動者／實踐者的作用應一併考量。首先，對區域差異化條件及發展需求定義的理解，必須於當前發展的論調與現實脈絡下釐清。其次，思考這些地方創新發展案例所帶來的社會創新意義，對差異化與發展需求是否提供了什麼樣新的詮釋，成為地方發展趨向何方的動力與想像。

　　政府與民間對地方發展需求與差異化條件，在不同的發展認知觀點、不同的區域政策重點，以及涉及相關利益團體或工作部門的角度下，各有不同的說法。在過去，通常以西部中心論的資源發展取向認知下，差異化條件普遍被視為客觀不利條件，包括東部在產業區位的不利、自然地勢造成的交通不利，因此東部農業運銷成本高、大型產業投資低迷、工業及都市化程度低、相對文明基礎與服務業娛樂建設較少、人口外流與社會問題等等相繼而生。因此在地方需求目標上在於縮減差異化，例如認為需要基礎建設解決基本民生問題；認為需要有大型產業的投資以振興地方經濟，早期是工業產業，現今是大型觀光開發案；同時也認為需要強化交通建設，包括除了開通與拓寬各項通往北、西、南部的公路，以及增列直達北部都會的快速列車等，以增加物流系統、觀光客、民眾通行的便利等。

　　然而就地方整合發展取向的觀點，差異化條件意指為每一個地方都有其可競爭之優勢資源。如東部獨特的自然、人文景觀與資源、孤立

區位下自成一格的經濟方式與生活特性、多元族群文化、相對乾淨的土壤與水源等。在地方需求目標上則在於理解與維繫差異化條件，例如認為發展有機農業為在地優勢，需要設立有機專區、提供技術培訓與認證支援；認為利用花東的自然環境優勢可發展出綠能科技與觀光休閒的結合，需要在資源盤整的基礎下引進新能源科技，以及特殊地理環境的結合應用；認為部落／社區可發展文化相關的微型產業，需要地方的產業管理方法與治理制度等。

若由上述花東地方創新發展案例所帶來的社會創新意義看，包含多元自主微型經濟的產生、組織型態的創新、新的生活價值想像等，顯見由地方自己根據花東發展差異化的條件下，可以發展出一套可持續發展的經營模式。其中組織或經濟型態的更新或設立方面，一種由下而上的組織動能型態上的轉變，以及社會關係的轉化過程，正同時回應差異化帶來的問題，以及運用因為差異化而存在的資源優勢。因之面對發展需求的定義上，同樣也依其組織模式上的階層扁平化與民主參與特性，或對等互惠的平臺模式，由在地自主能動的共識來決定需求是什麼，以及透過什麼樣的發展方式來滿足地方需求。

那麼在區域整合發展的框架下思考，東部發展的「整合／區隔」雙重性路線論爭將不必然，反之，更應尊重這些一個個地方發展故事正在發生的、所表現的，社會創新模式中組織動能與社會關係轉化的意義，以及其帶來的地方發展的自主動能趨勢。此正呼應在地化如何與全球化相互對應。即在今日意識到全球化發展過程中，必須重新建立

自己以確立自身主體位置，免於捲入全球化的潮流中而失卻立基。而在地化就是要經過這樣一個過程：透過了解、參與，並重新界定它、詮釋它，賦予新的脈絡、意義以及想像。「化」這個字即有這樣的意義，亦即重新界定在地的一些特質。如果沒有這個過程，在地化不會出現。因此在地化對應的是，努力思考花東發展的差異化條件，才能找到自己的位置和機會。

參考文獻

1.Frank Moulaert (2009), "Social Innovation: Institutionally Embedded, Territorially (Re) Produced", in D. MacCallum, F. Moulaert, J. Hillier, S.V. Haddock (eds), *Social Innovation and Territorial Development*, Surry: Ashgate.

2.蔡筱君、張興傑編《花東地區永續發展策略論壇討論實錄》，2012/4/14-16，財團法人臺灣大學建築與城鄉研究發展基金會。

後　記

　　執筆至此，彷彿抬頭便可瞥見，您就在東岸海上雲端，露出一貫的笑容。天空此時更加明朗，遠方的綠島清晰可見。這半年間與您遙遠的共筆，書的結果或許不是您在意的，而書的完成，或許您才覺得，對曾經幫助我們訪調的朋友有所交代，也或許，才認為對得起這些在東岸土地上認真生活的人們。

　　——敬本書作者之一，夏黎明老師

　　對經常自許獨立研究者的夏黎明老師而言，花東區域發展一直是他所關心的課題。特別在2011年「花東地區發展條例」通過後，以及一連串的施行計畫，是轉機，也是風險。對夏老師而言，他明顯感受到地方動能的浮現，在地公民意識正逐步提升。適逢自大學教職退休的他，積極投入民間發展，除了參與「2022花東願景公民論壇」的運作，也自2013年初著手進行小英基金會所支持的「根著與超越：面對東臺灣當代發展議題計畫」，亦即此書的前身——地方創新發展的個案調查。

　　每一個發展故事的走訪調查，夏老師總與計畫夥伴們親力親為，經常開著他的小黃車縱橫山海省道，駛入迂迴曲折的海岸山脈，甚至縱谷、南迴山區部落間。然而一次次漫長的訪談過程中，收穫最大的往往是我們。無論是對友善土地堅持的大王、顏嘉成、黃正宏、陳玉英、吳其璁、林義隆，或是堅持部落自主的吳明季、戴明雄牧師、撒奇努、利曉鳳、阿力曼、鄭漢文校長，又或是專注部落就業機會發展的孫瑞隆與後來接手的郭香君、偏鄉教育機會發展的顧瑜君老師及其團隊，以及為著實現花東生活價值而深深扎根的廖鴻基老師、賴威任、賴冠羽、江英煜、王玉萍、蘇素敏、陳亞平與黃啟瑞等受訪者，每一位本身都是精彩的生命故事。他們言談之間流露的誠懇，道出對花東這片土地的情感與努力，理想在漫長的時間軸裡緩慢地推移、擴散。我們往往學習到的，不僅是方法，更是那背後如此堅持與在乎的理念。

　或許就在不斷領受訪談的感動之餘，促使夏老師決定將此調查計畫出版，他說過，每個地方發展故事的背後，深具意義、歷程艱辛，如果不能以出版的方式被看見，便可惜了那些努力的汗水。然則，一旦涉及出版，要能顧及呈現地方發展的心路歷程、又須具備原有調查的分析視角，以及整體要表達的意義、甚至可讀性等諸多考量，這樣一本書的完成便因此複雜起來。曾經，夏老師與計畫夥伴為著每個發展故事的創新性有過無數次的討論，為著個案的揀選標準與揀選過程中經常意見相左，甚至質疑這些調查究竟是否成熟到可以出版，花東還有許多發展故事正在發生，尚未能真正走訪。於是，一本書的形貌，就在這經常來來回回的辯論之間緩慢雕刻著，而夏老師也在這段時間裡帶著他未完成的心願離開了我們……。

　接下夏老師的棒子，是理解老師急切地想完成這本書的念頭，是明白急切的背後，希望藉由這本書傳達，在這片花東土地上生活的人們努力創新求發展的過程。過去，只要坊間一出現關於介紹花東人文與發展的新書，夏老師便馬上拿給我看，直說道，我們的出版很重要，因為這不是一本在形塑花東的美好想像，鼓勵人前來移居的書，而是一本道盡美好想像的背後，所混雜失敗與成功經驗的汗水，滲入土中滋長花東養分的書。當下，一方面，承接夏老師這樣的期待，另一方面，卻也不免小心地質疑我們究竟有多少能力去支撐起這樣的出版目的，又或者，這樣的出版目的具有多少實質上的意義？

　於是，心頭抱持這樣的疑問，在這半年的撰寫過程中，爬梳夏老師

生前關於花東的論述，站在東海岸聽著湛藍如常的浪聲，不停地與遠方的他對話。寫到書的最後，當這些地方生活場景歷歷在目，每位受訪者忙碌的身影穿梭其間，那畫面躍然而起的瞬間，彷彿有些明白，究竟這本書所能提供的主要意義為何：書裡頭的每一篇故事，獨立起來都是個精彩的歷程，也具個別啟發，然而一旦集結起來，它變得更有力量，將更有機會形成論述，為花東發展提出重要的參照。

這本書，或許陳述不夠周延、分析不盡完全、論點也非全然強而有力，卻都是為著實現可能性的一種嘗試。感謝所有花東夢想的編織者，那些曾經接受我們訪問的朋友、師長與前輩們；也感謝協助編織成網的夥伴們，參與計畫訪談與紀錄的許珊瑜、洪翠苹、林明玉，和莎伊維克·給沙沙；以及，特別感謝讓《編織花東新想像》有機會得以成型的東台灣研究會的董事們，以及協助出版的曹永和基金會。同時，在形成出版的過程中，上述的師長、朋友與夥伴皆個別協助訪談文章的校訂，並感謝戴興盛老師、吳勁毅、蘇羿如、陳君明等人的外部協助校訂。此外，特別感謝東台灣研究會董事趙川明老師對史實方面的校訂，黃宣衛老師協助出版工作的主持，以及林玉茹老師協助綜覽本書的檢閱與修訂。

林慧珍，2015,9,1

跋：眾人的溫暖匯注
完成的一本書

　　多年以來，花東，尤其是臺東，在多數人心中是全臺灣最落後、最窮困的地方。1985年，黎明研究所畢業決定要到臺東工作時，父母親都覺得不可置信。還有人跟他打賭，一年後他如果沒離開，就在臺東最高檔的飯店辦桌。

　　這樣的貧窮且偏遠的地方如何變身呢？兩地的政府想到的都是引進財團的資金來開發。他在臺東縣府擔任多年環評委員，直到美麗灣第一次環評未通過，整批環評委員均被撤換為止。所以，他有機會知悉由上而下的開發思考模式。還能有什麼樣的發展方向呢？花東陸續有些不同的新亮點引起他注意。2011年4月，小城市大未來的論壇中他提出「微型企業」，從民間出發的思考與嘗試有多面性的思維，這些以少少的資本甚至還需申請計畫來支撐的改變與創新，究竟意味著什麼呢？

　　他以「根著與超越」為標題向小英基金會資助的巴喜告計畫申請經費來聘用助理協助研究。他與助理經過討論後選擇個案，先行蒐集相關資訊，擬訂訪談問題，共同訪談，經由助理寫好訪談稿後再討論修

改。

　　先後有四名助理一起合作過。2013年，黎明請認識多年剛從英國留學回臺灣的許珊瑜為助理，一起走訪花蓮的奇美部落、加納納農場與大王菜舖子。後來珊瑜考上正職當老師，就此中斷合作。本想找從事影片翻譯的林明玉繼續做，但是明玉有自己的生活規劃，所以僅答應做她很感興趣的秀明自然農法農夫林義隆此個案的訪談。曾到印尼擔任搶救熱帶雨林志工的洪翠苹，因為參與八八風災部落重建來到臺東工作，黎明以每月完成三個案的約定聘請她為助理。三個月後，翠苹應聘轉到桃園做她本行的環境教育。當時林慧珍在寶桑小旅行擔任專案，出色的文字功力，對品質高度的自我要求，讓黎明十分激賞，而聘請慧珍擔任「根著與超越」一年的專任助理。除了持續個案訪談，他也請慧珍把之前訪談的文字風格統一。黎明與慧珍定期討論分析這些素材，並共同於2014年第六屆發展年會發表〈社會創新與地方發展動能性〉。

　　黎明原本設定在2014年年底將訪談研究成果出版。曾舉行半天的工作坊，找來所有曾參與訪談撰稿的人，對訪談稿的改寫提供意見與補充，同時邀請曾在出版社工作的林以德提供出版角度的建議。但是，黎明一方面希望這本書能讓一般非學界的人讀得下去，一方面又希望有嚴謹的學術論述。在這兩端間猶豫讓慧珍難以定調下筆。

　　2014年底黎明被檢出癌症，且已經轉移到肝臟與脊椎骨等多處，住院三週多黎明離開了，留下這本尚未完稿的書。

人已經不在了，要怎麼共同書寫呢？

慧珍有強烈意願繼續完成，但是我的本行是自然科學，無法提供協助。2015年3月下旬，東台灣研究會召開董事會，在董事會前我以e-mail提出這件事，請求大家協助。透過雲端資料，董事們得以先行看過已經完成的文稿與原本訂好的架構。當天包括鄭漢文、黃宣衛、林玉茹、李玉芬、陳文德、陳鴻圖、我與林慧珍提早於東台灣研究會碰面、討論，定調並確認修訂的架構與書名。林玉茹翻找多本參考書籍供慧珍參考。與黎明交情深厚且共同合作社會創新論題的黃宣衛主動接下總審定的擔子，董事會也同意以董事捐款等方式籌經費持續支薪以讓慧珍可以專心撰寫。

爾後慧珍將寫完的稿件送上雲端，多位董事各自認領文稿，審稿提供修改意見。我做了什麼呢？就只是個普通讀者一般，讀著文稿，搖旗吶喊而已。

已不在人世還能以共同作者的角色出版這本書真是不可思議。

感謝慧珍沉潛寫稿，東台灣研究會眾董事合作來完成這本書。

黎明有這麼多人協助成全，真的很幸福！

許淑玲（夏黎明遺孀，臺東高中退休教師），2016,4,18